# 跨境电商多平台教学实务

莫紫惠 赵国庆 主编

清华大学出版社
北京

## 内容简介

本书主要围绕当前国际市场的主流跨境电商平台亚马逊、速卖通、阿里巴巴国际站、Shopee、eBay 等，分别介绍其注册、选品、商品发布、店铺管理、营销技巧、订单管理、仓储物流全过程，并梳理了跨境电商发展历程、相关法律法规及不同平台政策。本书以平台运营与卖家双重角色思维，图文并茂地介绍了当前跨境电商热门平台运营实操的全流程，使读者快速地从入门到精通。本书可作为电子商务类、工商管理类专业的教材使用，也可作为跨境电商从业人员的参考用书。

本书封面贴有清华大学出版社防伪标签，无标签者不得销售。
版权所有，侵权必究。举报：010-62782989，beiqinquan@tup.tsinghua.edu.cn。

**图书在版编目(CIP)数据**

跨境电商多平台教学实务 / 莫紫惠，赵国庆主编．—北京：清华大学出版社，2024.8
ISBN 978-7-302-65404-9

Ⅰ.①跨⋯ Ⅱ.①莫⋯ ②赵⋯ Ⅲ.①电子商务－商业经营－教材 Ⅳ.①F713.365.2

中国国家版本馆 CIP 数据核字(2024)第 043491 号

责任编辑：聂军来
封面设计：刘　键
责任校对：刘　静
责任印制：沈　露

出版发行：清华大学出版社
网　　址：https://www.tup.com.cn，https://www.wqxuetang.com
地　　址：北京清华大学学研大厦 A 座　　邮　　编：100084
社 总 机：010-83470000　　邮　　购：010-62786544
投稿与读者服务：010-62776969，c-service@tup.tsinghua.edu.cn
质量反馈：010-62772015，zhiliang@tup.tsinghua.edu.cn
课件下载：https://www.tup.com.cn，010-83470410

印 装 者：三河市龙大印装有限公司
经　　销：全国新华书店
开　　本：185mm×260mm　　印　张：15.25　　字　数：369 千字
版　　次：2024 年 8 月第 1 版　　印　次：2024 年 8 月第 1 次印刷
定　　价：52.00 元

产品编号：101442-01

# 编审委员会

主 审：
　　　　杨晓培
主 编：
　　　　莫紫惠　赵国庆
副主编：
　　　　吴江岚　黄忠电　刘　军　陈　娜　廖圆圆
参 编：
　　　　李海峰　张玉刚　陈莉莉　卢鹏燕　吴　键

# 前言
## FOREWORD

党的二十大报告指出:"高质量发展是全面建设社会主义现代化国家的首要任务。必须完整、准确、全面贯彻新发展理念,坚持社会主义市场经济改革方向,坚持高水平对外开放,加快构建以国内大循环为主体、国内国际双循环相互促进的新发展格局。"坚持以推动高质量发展为主题,提升国际循环质量和水平,离不开高水平的跨境电子商务人才的培养。我国已成为一百四十多个国家和地区的主要贸易伙伴,货物贸易总额居世界第一,相关领域的高水平人才需求不断扩大,而当前跨境电子商务实操类的专业教材较少,更加凸显跨境电商实战教学课程的重要价值。

**一、编写目的**

1. 培养学生的爱国情怀

"一带一路"倡议的实施为跨境电商的发展提供了得天独厚的契机和平台,跨境电商逐渐成为影响全球经济的新的网上"丝绸之路"。在国家不断推出与跨境电商发展相适应的政策、跨境电商发展的大环境下,我国跨境电商的前景也必将更加广阔。

在跨境电商人才培养的过程中,仅建构实操技能的知识体系还远远不够,必须全面贯彻党的教育方针,落实立德树人根本任务,通过本课程的思政教育,培养学生把握好习近平新时代中国特色社会主义思想的世界观和方法论,坚持好、运用好贯穿其中的立场、观点、方法,坚持人民至上、坚持自信自立、坚持守正创新、坚持问题导向、坚持系统观念和坚持胸怀天下。在跨境电商活动中既有礼有节、热情友好,又充满自信、不卑不亢;既具有买全球、卖全球的国际化视野,又有在"两个大局"中识变应变求变的战略眼光,还能在国内、国际大局同步交织、相互激荡中厚植爱国情怀。

2. 提升学生的专业能力

本书全面介绍了当前世界主流的跨境电商平台,如亚马逊、速卖通、阿里巴巴国际站、Shopee(虾皮)、eBay等平台运营的理论知识和实操步骤,系统阐述了跨境电商的概念、物流、收付款方式以及常见的跨境电商法律法规,使学生能更加深入地了解跨境电商平台的基本功能及注意事项,熟悉跨境电商平台的交易流程与步骤,掌握跨境电商平台的操作技巧与方法,能够独立观察、分析和解决跨境电商业务运营中发生的实际问题。

本书培养学生具备独立采集、处理和分析跨境电商业务数据的基本技能,具备独立选品、编辑产品详情页和制定广告投放策略的能力,具备独立分析跨境电商店铺运营绩效指标的变化特点和变化原因并能采取相应对策的能力,具备独立分析和解决跨境电商运营中复杂问题的能力,培养学生具备诚实守信、遵守跨境电商国际规范和国家政策法则的意识,能够理解和适应跨境电商中的国际文化差异,具备良好的跨境电商沟通和跨文化协调的专业素养以及国际市场开拓意识。

## 二、编写经过与任务分工

2022年6月初,"跨境电商多平台教学实务"编写组成立,莫紫惠召集编写组全体成员进行了初步的讨论,确定了本书的名称,在以往跨境电商教材的基础上,突出职业性、实操性,图文并茂地介绍各平台的运营实操全流程。

### 1. 编写经过

2022年8月,由莫紫惠和赵国庆再次召集团队成员,讨论并确定了本书的总体框架、编写原则、材料选取、格式要求;2022年8月底,按照拟定的框架与章节内容,根据教师的专业与研究方向,进行了明确的编写分工。初稿于2022年12月下旬完成;2023年5月中旬完成第二次修订,同时做了必要的增补与调整;2023年12月上旬完成第三次修订,12月下旬完成全书的统编工作。

### 2. 任务分工

本书共分为8章。具体分工如下。

第1章和第2章包括跨境电商的概念和发展历程、主流跨境电商平台概述,主要编写者为南昌职业大学莫紫惠副教授和江西省教育评估监测研究院吴江岚老师。

第3章至第7章包括主流跨境电商平台的详细介绍和开店运营实操。主要编写者为一百大牛(深圳)技术有限公司赵国庆老师及其公司的技术团队成员与南昌职业大学的相关老师。

第8章包括跨境电商涉及的法律法规及相关政策介绍。主要编写者为广西国际商务职业技术学院黄忠电教授、广西职业师范学院外国语学院刘军教授、广西农业职业技术大学人文与艺术学院廖圆圆老师。

此外,本书课程思政部分撰写者为江西财经大学现代经济管理学院思政教学部陈娜老师。

## 三、资料来源

在本书编写过程中,我们广范收集了行业专家及一线企业的意见,参考了诸多相关企业平台资料、行业数据及公开发行的研究专著、图书、论文等资料。

## 四、本书内容

本书内容丰富,共8章。第1章与第2章的主要内容包括:跨境电商定义及跨境电商发展历程,跨境电商营销途径,跨境电商多平台的发展为企业提供的商业机会,并对跨境电商欧美平台以及东南亚平台做了简要介绍,为本课程的后续学习奠定了必要基础。第3章至第7章对跨境电商平台亚马逊、速卖通、阿里巴巴国际站、Shopee、eBay各个板块的平台、后台基本功能、交易流程、操作方法及注意事项做了全方位、全过程、全链条的详尽介绍,主要内容包括:注册开店、选品技巧、Listing详情打造、广告推广、储物流管理、客户服务、财务管理、账号安全、卖家后台功能运用等,使学生初步具备在各大跨境电商平台开店运营、从事跨境电商产品买卖的实操能力。第8章对跨境电商法律法规进行介绍,帮助读者了解各个国家跨境电商的相关税法以及各跨境电商平台相关法规政策,以提高学生的跨境电商法律意识。

由于编者水平有限,书中疏漏及不妥之处难免,恳请读者批评指正。

编者<br>
2023 年 10 月

# 目录 CONTENTS

第1章　跨境电商概述 ········································································· 1
　1.1　跨境电商的定义及历史沿革 ···················································· 1
　1.2　跨境电商营销 ········································································ 4
　1.3　跨境电商物流 ········································································ 6
　1.4　跨境电商发展趋势 ·································································· 9

第2章　跨境电商平台 ······································································· 14
　2.1　跨境电商平台分类 ································································ 14
　2.2　跨境移动支付平台 ································································ 17

第3章　亚马逊平台 ··········································································· 20
　3.1　注册开店及站内选品 ····························································· 20
　3.2　产品详情页的打造 ································································ 39
　3.3　跟卖与黄金购物车 ································································ 50
　3.4　仓储物流 ············································································· 56
　3.5　学习亚马逊实操与应用 ·························································· 58

第4章　速卖通平台 ··········································································· 73
　4.1　注册开店与选品 ··································································· 73
　4.2　商品管理 ············································································· 79
　4.3　物流服务 ············································································· 92
　4.4　店铺运营及运营工具 ··························································· 109

第5章　阿里巴巴国际站 ··································································· 122
　5.1　阿里巴巴国际站入驻开店概述 ·············································· 122
　5.2　产品图片要求 ····································································· 129
　5.3　店铺装修 ··········································································· 130
　5.4　营销中心 ··········································································· 136

5.5 物流管理 ………………………………………………………………… 140

## 第6章 Shopee 平台 …………………………………………………………… 145
6.1 Shopee 注册开店 ………………………………………………………… 145
6.2 订单管理 ………………………………………………………………… 150
6.3 物流配送 ………………………………………………………………… 157
6.4 商品管理 ………………………………………………………………… 162
6.5 学习 Shopee 平台实操 …………………………………………………… 167

## 第7章 eBay 平台 ……………………………………………………………… 175
7.1 注册开店以及站内选品 ………………………………………………… 175
7.2 Listing(产品详情页)的打造 …………………………………………… 183
7.3 eBay 政策解读 …………………………………………………………… 186
7.4 站内营销 ………………………………………………………………… 205
7.5 eBay 的实操与应用 ……………………………………………………… 212

## 第8章 跨境电商法律法规 …………………………………………………… 220
8.1 欧盟及东南亚地区跨境税法 …………………………………………… 220
8.2 跨境电商知识产权 ……………………………………………………… 226

**参考文献** ………………………………………………………………………… 236

# 第1章　跨境电商概述

## 1.1　跨境电商的定义及历史沿革

跨境电商概述

【学习目标】

知识目标：了解跨境电商的定义和特点，以及发展历程。

能力目标：知悉亚马逊、速卖通、阿里巴巴国际站、Shopee、eBay等现在的主流跨境电商平台。

素质目标：培养学生的国际视野及全球观念，坚定从事跨境电商工作、为中国跨境电商新业态发展贡献力量的决心与信心，树立做大做强中国跨境电商的自强意识与爱国情怀。

【重难点】

教学重点：跨境电商的定义和特点。

教学难点：各大主流跨境电商平台的解析。

### 1.1.1　跨境电商的定义与特点

**1. 跨境电商的定义**

跨境电子商务是指通过电子商务平台达成交易、进行支付结算，并通过跨境物流送达商品、完成交易的一种国际商业活动，简称跨境电商（Cross-Border E-Commerce，CBEC）。从贸易方向上看，分为跨境进口电商与跨境出口电商；从贸易形式上看，主要分为B2B跨境电商、B2C跨境电商，其中，B2B跨境电商又称在线批发，是外贸企业间通过互联网进行产品、服务及商品交易的一种商业模式。B2B跨境电商企业面对的最终客户为企业或企业集团，B2B跨境电商的代表企业主要有敦煌网、中国制造、阿里巴巴国际站和环球资源网等。B2C是跨境电商企业针对个人消费者开展的网上零售活动。目前，B2C类跨境电商在中国整体跨境电商市场交易规模中的占比不断升高，代表平台主要有速卖通、亚马逊、eBay、独立站等。

**2. 跨境电商的特点**

（1）全球性。由于经济全球化的发展趋势，商家依附于网络进行跨境销售，使得跨境销售也具有全球性和非中心化等特征。

（2）匿名性。跨境电子商务的全球性和非中心化导致很难识别买家身份和具体的地理位置。虽然在线交易的买家大多不会显示自己具体的位置和身份,但是这并不影响交易的进行。

(3) 无形性。网络的发展使得数字化产品及服务传输盛行,而数字化传输则是通过不同类型的媒介,这些媒介在网络中主要是以数据代码的形式存在,因而是无形的。

### 1.1.2 跨境电商的历史沿革

**1. 跨境电商的发展进程**

跨境电商直到 2014 年才逐渐进入广大互联网用户的视野,以下是跨境电商发展的几个重要时间节点。

1) 2000 年以来:代购

随着海外留学、经商、出国旅游的兴起,代购开始出现了。

2) 2007 年:海淘

随着掌握外语的人数逐步增加,以及双币卡开始普及,逐渐出现了主要以海外留学生和海外华人为的海淘族。

3) 2014 年:跨境电商

伴随《关于跨境贸易电子商务进出境货物、物品有关监管事宜的公告》和《关于增列海关监管方式代码的公告》的推出,政府层面首次认可了跨境电商的模式,中国正式进入跨境电商的爆发和快速增长期。

4) 2016 年:跨境电商发布新政

财政部等发布税改,"正面清单"发布,跨境电商开始变革历史的趋势显而易见。首先,跨境电商的发展随着需求的增大逐渐向正规的公司化运营发展;再者,跨境电商是一个受政策影响很大的行业。

**2. 当前世界主要的跨境电商平台**

(1) 亚马逊(Amazon):成立于 1995 年,电子商务行业的鼻祖。目前亚马逊已成为全球商品品种最多的网上零售商和全球第二大互联网企业,为客户提供数百万种独特的全新、翻新及二手商品,如图书、影视、音乐和游戏、数码下载、电子和计算机、家居园艺用品、玩具、婴幼儿用品、食品、服饰、鞋类和珠宝、健康和个人护理用品及户外用品、玩具、汽车及工业产品等。

(2) eBay(中文名电子湾、亿贝、易贝):成立于 1995 年,美国版淘宝,是一个可让全球民众上网买卖物品的线上拍卖及购物网站,人们可以在 eBay 上通过网络出售商品。目前 eBay 在全球范围内拥有 1.2 亿活跃用户,以及 4 亿多件由个人或商家刊登的商品,其中以全新的"一口价"商品为主。

(3) 洋葱 O'Mall(原名洋葱海外仓):成立于 2014 年,新兴跨境电商平台。近年来发展迅猛,用户量已达千万级。由 ORIENTAL SKIN RESEARCH 商贸集团(海外)、DT Group 科技公司、YANG SUPPLY CHAIN 国际贸易集团(海外)3 家跨国企业联合筹建。至 2021 年业务已辐射至澳大利亚、新西兰、德国、法国、荷兰、韩国、加拿大、马来西亚、美国、日本、泰国、新西兰、以色列、意大利、英国、西班牙、挪威等地。洋葱创建至今已获得险峰旗云、亦联资本、赛富基金共 4 轮一线资本鼎力投融资。

(4) 全球速卖通:成立于 2010 年,阿里巴巴旗下平台,被称为"国际版淘宝"。速卖通是阿里巴巴帮助中小企业接触终端批发零售商,小批量多批次快速销售,拓展利润空间而全力打造的融合订单、支付、物流于一体的外贸在线交易平台。目前主要以俄罗斯市场为主,开店条件简单易操作,适合新人、个体经营。

(5) 敦煌网:成立于2004年,全球领先的在线外贸交易平台,是国内为中小企业提供B2B网上交易的网站。它采取佣金制,2021年2月20日起新卖家注册开始收取费用,只在买卖双方交易成功后收取费用。敦煌网致力于帮助中小企业通过跨境电子商务平台走向全球市场。

(6) 兰亭集势:成立于2007年,以技术驱动、大数据为贯穿点,整合供应链生态圈服务的在线B2C跨境电商平台,从事电子产品、机械设备、五金交电、家用电器、纺织品、服装服饰、日用品、工艺美术品、珠宝首饰(不含黄金、裸钻)、文体用品及器材、建筑材料(不含钢材)、化工产品(不含危险化学品)的批发,以及佣金代理(拍卖除外)、进出口及相关配套业务。

(7) Shopee(中文名虾皮):成立于2015年,隶属于Sea Group,总部设在新加坡。Shopee是东南亚国家及地区的电商平台,目前Shopee可以在新加坡、马来西亚、印度尼西亚、泰国、越南和菲律宾等站点销售商品。其中已开通了跨境卖家业务的有新加坡、马来西亚、印度尼西亚、泰国和菲律宾站点。Shopee拥有广泛的产品种类,从消费类电子产品到家居生活、美妆、母婴、时尚与健身器材。

(8) Lazada:成立于2012年,东南亚地区的在线购物网站之一。Lazada平台有超过155 000卖家入驻,其中品牌供应商超过3 000家,用户数覆盖5.6亿人。主要目标市场是东南亚6国,即马来西亚、印度尼西亚、新加坡、泰国、越南、菲律宾。主营产品:3C电子、家居用品、玩具、时尚服饰、运动器材等,Lazada被称为"东南亚版亚马逊"。

(9) 阿里巴巴国际站:成立于1999年,帮助中小企业拓展国际贸易的出口营销推广服务,它基于全球领先的企业间电子商务网站阿里巴巴国际站贸易平台,通过向海外买家展示、推广供应商的企业和产品,进而获得贸易商机和订单,是出口企业拓展国际贸易的网络平台之一。简单来说,阿里巴巴国际站主要是从事外贸业务,网站页面是全部英文的,主要针对出口市场。

## 思政小课堂

通过本节的教学,让学生了解跨境电商的定义和特点、发展历程,以及知悉亚马逊、速卖通、阿里巴巴国际站、Shopee、eBay等现在的主流跨境电商平台。引导学生正确认识世界百年未有之大变局和新时代以来中国跨境电子商务的发展趋势,从而培养学生的时代责任、历史使命、国际视野及全球观念,不断增强"四个自信",坚定从事跨境电商工作、为中国跨境电商新业态发展贡献力量的决心与信心,树立做大做强中国跨境电商的自强意识与爱国情怀。

## 本节小结

通过本节的学习,了解跨境电子商务是通过电子商务平台达成交易、进行电子支付结算,并通过跨境电商物流及异地仓储送达商品,从而完成交易的一种国际商业活动。了解跨境电商有着全球性、匿名性、无形性等特点。认识亚马逊、速卖通、阿里巴巴国际站、Shopee、eBay等跨境电商平台。

## ? 复习思考题

1. 什么是跨境电商？
2. 跨境电商的特点有哪些？
3. 跨境电商的历史发展给你带来什么启示？

## 1.2 跨境电商营销

【学习目标】

知识目标：知悉跨境电商的推广途径、营销模式、法律法规的主要内容，以及如何建设营销型外贸网站、运用营销工具和聘请专业人才。

能力目标：具备运用营销工具和建设营销型外贸网站的能力。

素质目标：培养学生诚信经商、规范经营的职业道德，以及精益求精的学习精神，积极投入跨境电商新业态的建设中。

【重难点】

教学重点：跨境电商的推广途径、营销模式、法律法规。

教学难点：具备建设营销型外贸网站、运用营销工具和聘请专业人才的能力。

### 1.2.1 跨境电商的推广途径

跨境电商营销是指在两个不同国家或地区开展的营销活动。这种营销方式的关键在于能够准确地针对目标市场进行推广。

与传统电子商务相比，跨境电商要打破多项壁垒，因此需要通过一些特定的渠道来进行营销。

### 1.2.2 跨境电商的营销模式

跨境电商营销是指在国外市场销售中国商品的营销方式。它通常包括从中国出口商品到海外市场采取的直接营销渠道，这些渠道包括社交媒体、公共关系、广告、博客和其他内容营销方式。

跨境电商营销的主要目标是通过向海外市场推广中国的产品来促进对中国企业的认可度，同时也能够为中国企业创造一个良好的形象。

目前，跨境电商已经成为促进中国企业走向全球化的一个重要平台，能够帮助企业快速扩张海外市场份额，拓展新的市场空间。

### 1.2.3 跨境电商的法律法规

跨境电商是指将商品或服务销售至海外市场的电子商务活动。国内企业通过开设在线商店,利用互联网、移动互联网、物流及支付等技术手段实现对外销售,顾客则通过互联网完成下单、支付及交付。随着全球化的不断深入发展,跨境电商已成为传统国际贸易的重要补充形式,也是一种新的贸易方式。

传统国际贸易存在诸多障碍,如出口国家或地区的关税壁垒、进口国家或地区的市场准入门槛、语言障碍、不同市场的法律法规差异以及时差问题。而跨境电商则克服了这些问题,使得传统国际贸易得以大大简化。

对传统国际贸易而言,非常重要的前提是必须要有进出口许可证。但是对于大部分小企业来说,申请进出口许可证是一个很复杂也很费时间的过程。即使申请到了进出口许可证,也并不意味着完全没有违法风险。而通过开设在线店铺来实现对外销售,则避免了传统国际贸易中存在的风险。

此外,通过物流方式将商品递送到海外市场成本昂贵。而通过电子方式实现对外销售能够大大降低物流成本。同时,使用物流方式递送到海外市场也有一定的风险性(如被海关扣留或者盗版风险)。

目前绝大多数 B2B 采购行为是以网络搜索为起点,采购商的行为也随着互联网时代的到来发生了极大的变化。因此,跨境电商企业通过网络营销获取潜在客户是大势所趋。

### 1.2.4 建设营销型外贸网站

成功建设一个外贸网站不仅可以全方面展示企业实力,提升品牌影响力,而且方便企业获取精准客户,不再依赖平台流量。这就要求海外营销网站符合国外客户审美和浏览习惯,因此企业在建设网站的时候,着重点要放在提升网站访问速度及网站内容专业度上。例如,与其在网站中添加客户难以理解的荣誉证明,不如展示企业全面的公司信息及工厂图片等,增强企业的了解与信任。

### 1.2.5 运用营销工具

网络营销应该是全方面发力,多元化发展,不仅仅是单一平台的运营。营销工具的使用也是如此,熟练运用各种网络营销工具,便于企业开发和配置资源。例如,SNS 营销、E-mail 营销、搜索引擎营销、论坛营销及其他网络营销效果检测工具等,都应该熟练掌握以助力网络营销。

### 1.2.6 聘请专业营销人才

要做好网络营销主要有两种方式,一是公司配备专业营销人才,开展营销工作,但一般投入大,效果难以保证。二是选择专业的外贸营销服务公司合作,有专业的运营团队和强大的售后保障,是目前大多数中小企业的不二之选。

例如,万成云商为湖南跨境电商企业做专业的海外推广营销服务,为企业提供谷歌搜索推广、Facebook 广告、Linkedin 运营、YouTube 视频推广、Instagram 图片推广、社媒运营、外贸建站、外贸海外全网营销一站式方案。外贸询盘轻松获取,提升跨境电商企业海外推广营销新销路。

### 思政小课堂

通过本节的教学,引导学生站在中华民族伟大复兴的战略全局和世界百年未有之大变局交织的时代背景下,理解不同国家的制度差异,使学生知悉跨境电商的推广途径、营销模式、法律法规的主要内容,以及如何建设营销型外贸网站、运用营销工具和聘请专业人才。从而培养学生诚信经商、规范经营的职业道德,以及精益求精的学习精神,增强创新能力,激发创新活力,积极投入跨境电商新业态的建设。

### 本节小结

本节讲述了跨境电商的营销方式主要是通过从中国出口商品到海外市场的直接营销渠道来进行推广,这些渠道包括社交媒体、公共关系、广告、博客和其他内容的营销方式。通过建设营销型外贸网站、运用营销工具和聘请专业人才等方法,使企业获取精准客户。

### 复习思考题

1. 跨境电商的推广途径有哪些?
2. 跨境电商的营销模式主要有哪几种?
3. 如何建设营销型外贸网站?
4. 简述你对跨境电商营销工具的认识。

## 1.3　跨境电商物流

【学习目标】

知识目标:了解当今跨境电商的物流现状。

能力目标:具备在跨境电商行业中发货的能力。

素质目标:培养学生能够独立分析商品库存、处理跨境物流及发货问题的专业素养;引导学生形成准确权衡跨境电商企业效益最大化与顾客至上之间关系的现代管理理念及职业素养。

【重难点】

教学重点:跨境电商的物流运作模式。

教学难点:处理跨境物流及库存问题。

### 1.3.1　跨境电商物流现状

现在跨境电商卖家越来越多,每当做业务开始有订单时,第一个要考虑的问题就是如何选择快递物流把货发到国外去。一般来讲,作为跨境网商中基数最大的小卖家,他们可以通过平台发货,也可以选择国际小包等渠道。

不过,对于大卖家或者独立平台的卖家而言,他们需要优化物流成本,还需要考虑客户体验,这就需要整合物流资源并探索新的物流形式。

### 1.3.2 跨境电商物流模式

**1. 邮政包裹模式**

邮政网络基本覆盖全球,比其他任何物流渠道都要广。这主要得益于万国邮政联盟和卡哈拉邮政组织。万国邮政联盟是联合国下设的一个关于国际邮政事务的专门机构,通过一些公约法规来改善国际邮政业务,发展邮政方面的国际合作。万国邮政联盟由于会员众多,而且会员国之间的邮政系统发展很不平衡,因此很难促成会员国之间的深度邮政合作。于是在2002年,邮政系统相对发达的6个国家和地区(中国、美国、日本、澳大利亚、韩国及我国香港特别行政区)的邮政部门在美国召开了邮政CEO峰会,并成立了卡哈拉邮政组织,后来西班牙和英国也加入了该组织。卡哈拉组织要求所有成员国的投递时限要达到98%的质量标准。如果货物没能在指定日期投递给收件人,那么负责投递的运营商要按货物价格的100%赔付客户。这些严格的要求都促使成员国之间深化合作,努力提升服务水平。例如,从我国发往美国的邮政包裹,一般15天以内可以到达。据不完全统计,我国出口跨境电商70%的包裹都是通过邮政系统投递,其中我国邮政占据50%左右。我国卖家使用的其他邮政包括我国香港邮政、新加坡邮政等。互联易专注于跨境电商物流供应链服务,是一家集全球邮政渠道于一身的企业。

**2. 国际快递模式**

国际快递模式指四大商业快递巨头,即DHL、TNT、FEDEX和UPS。这些国际快递商通过自建的全球网络,利用强大的IT系统和遍布世界各地的本地化服务,为网购中国产品的海外用户带来好的物流体验。例如,通过UPS寄送到美国的包裹,最快可在48小时内到达。然而,优质的服务伴随着昂贵的价格。一般中国商户只有在客户时效性要求很强的情况下,才使用国际商业快递来派送商品。

**3. 国内快递模式**

国内快递主要指邮政特快专递服务(express mail service,EMS)、顺丰和"四通一达"。在跨境物流方面,"四通一达"中申通、圆通布局较早,但也是近期才发力拓展,比如美国申通2014年3月才上线,圆通也是2014年4月才与CJ大韩通运展开合作,而中通、汇通、韵达则是刚刚开始启动跨境物流业务。顺丰的国际化业务则要成熟些,目前已经开通到美国、澳大利亚、韩国、日本、新加坡、马来西亚、泰国、越南等国家的快递服务,发往亚洲国家或地区的快件一般2~3天可以送达。在国内快递中,EMS的国际化业务是完善的。依托邮政渠道,EMS可以直达全球60多个国家或地区,费用相对四大快递巨头要低,中国境内的出关能力很强,到达亚洲国家或地区2~3天,到欧美国家或地区则5~7天。

**4. 专线物流模式**

跨境专线物流一般是通过航空包舱方式运输到国外,再通过合作公司进行目的国的派送。专线物流的优势在于其能够集中大批量到某一特定国家或地区的货物,通过规模效应降低成本。因此,其价格一般比商业快递低。在时效上,专线物流稍慢于商业快递,但比邮政包裹快很多。市面上普遍的专线物流产品是美国专线、欧洲专线、澳洲专线、俄罗斯专线等,也有不少物流公司推出了中东专线、南美专线、南非专线等。

**5. 海外仓储模式**

海外仓储服务指为卖家在销售目的地进行货物仓储、分拣、包装和派送的一站式控制与管理服务。确切来说,海外仓储应该包括头程运输、仓储管理和本地配送3个部分。

**6. 头程运输**

中国商家通过海运、空运、陆运或者联运将商品运送至海外仓库。

**7. 仓储管理**

中国商家通过物流信息系统,远程操作海外仓储货物,实时管理库存。

**8. 本地配送**

海外仓储中心根据订单信息,通过当地邮政或快递将商品配送给客户。

### 思政小课堂

党的二十大报告提出,要加快发展物联网,建设高效顺畅的流通体系,降低物流成本。通过本节的教学,分析当今跨境电商行业的物流现状以及发展机遇。我国的物流业经历了探索和起步阶段、快速发展阶段、转型升级阶段,这些阶段反映了我国现代物流业从学习、引进、借鉴到自主创新发展,从物流弱国到物流大国再到物流强国,从传统物流向现代物流演化的历史。让学生明白便捷高效的物流离不开交通运输网络的畅通和现代化网络技术的发展,离不开国家以人民为中心的强大基础设施建设,以及国家治理体系和治理能力的现代化,进一步坚定中国特色社会主义道路自信和制度自信。在此过程中,涌现出大批先进物流企业和领军人物,他们表现出的使命感、责任感、开拓创新精神以及奋斗精神,极大地推动了行业新业务新模式的发展,使得我国的物流业发展成为现在的高科技行业。培养学生从实际出发,具备独立分析销售数据的能力;引导学生形成顾客至上的现代管理理念及职业素养。

### 本节小结

跨境电商的运作模式主要有邮政包裹模式、国际快递模式、国内快递模式、专线物流模式、海外仓储模式、头程运输、仓储管理、本地配送。通过本节的学习,引导学生养成处理跨境物流及库存问题的专业素养。

### 复习思考题

1. 跨境电商当前物流的运作模式有哪些?
2. 简述当前跨境电商物流的运作模式给你的启发。
3. 当前跨境电商的物流现状如何?

## 1.4 跨境电商发展趋势

**【学习目标】**

知识目标：了解跨境电商的发展现状、我国跨境电商发展中出现的问题及对策。

能力目标：具备从事跨境电商工作中解决问题的能力。

素质目标：培养学生的国际意识及全球观念，锻炼学生发现问题、解决问题的能力，为中国跨境电商新业态发展作出贡献。

**【重难点】**

教学重点：了解当今跨境电商及国内跨境电商的现状。

教学难点：研判分析跨境电商交易平台的发展特点、经营理念及应对运营中出现问题的应对措施。

### 1.4.1 跨境电商发展现状及新趋势

众所周知，网购对于人们生活带来的便利随处可见，人们可以不再受到距离、时限等因素的影响而完全依赖于实体店购买商品，拥有更多选择，对于海外来说，网购也成为消费新常态，它为跨境电商带来巨大的增量空间。随着国内市场竞争的加剧，企业急需寻找新的空间，而跨境出口电商作为新一代的主流贸易形式，可以帮助企业快速进入全球化电商市场，实现利益最大化。

**1. 我国跨境电商发展概况**

近年来，我国跨境电商交易规模持续扩大。据海关统计，我国跨境电商进出口交易额从2017年的902.4亿元增长到2021年的19 800亿元。从最新数据来看，2022年我国跨境电商仍保持平稳较快增长。据海关统计，2022年一季度我国跨境电商进出口交易额同比增长了0.5%，2022年上半年同比增长了28.6%。目前，我国跨境电商已经从高速增长阶段过渡到成熟发展阶段，具备较好的发展韧性。

跨境电商产业生态持续优化，跨境电商物流基础服务不断完善。据商务部统计，我国海外仓数量从2019年超过1 000个到2021年超过2 000个，总面积超1 600万平方米，业务范围辐射全球，其中90%分布于北美洲、欧洲、亚洲市场。部分龙头企业已经建成先进的信息管理系统，能够及时对接客户、对接商品、对接仓储配送等信息，还创新开展了高质量的售后、供应链金融、合规咨询、营销推广等增值服务。跨境电商金融服务从收结汇向全链条转变。我国银行通过与跨境电商平台合作，为境内跨境电商经营者提供身份认证、店铺授权、海外收款、监管申报、登记、境内收结汇、境内资金划转等一站式全周期的金融服务。我国第三方跨境收款服务向退税管理、索赔服务、跨境收单、value-added tax(VAT)付款、跨境物流等领域延伸。数字人民币开始应用到跨境电商领域。通过银行与跨境电商进口企业的共同协作，2021年5月，数字人民币在海南首次应用到跨境电商进口支付场景并成功落地，实现了从消费者到平台间的结算闭环，使跨境电商支付过程经济性、安全性更强。此外，目前外贸综合服务企业超过2 000家，进一步丰富了我国跨境电商产业生态。

**2. 我国跨境电商发展新趋势**

1) 出口商品品牌化

当前,我国跨境电商正式进入了下半场,以"新市场、新流量、新研发、新渠道"为特征,以国内实力品牌为主力军的品牌全面出海阶段。据亿邦动力测算,2022年跨境电商零售额超1 000万美元的中国出海品牌数量或将超过2 277个,其中,超过5 000万美元的头部品牌超过230个。同时,目前,全球流量结构已经从媒介形态转为视频为主,从搜索为主变成推荐为主,也为我国品牌出海提供了新动力。另外,我国跨境电商独立站将从站群模式向direct to consumer(DTC)品牌模式发展,跨境电商"赚快钱"的时代已经结束。未来,我国跨境电商出口将加快向品牌化发展。

2) 全链路绿色化

政策层面,国家鼓励跨境电商企业绿色发展,为碳达峰、碳中和贡献力量。在《"十四五"对外贸易高质量发展规划》中明确提出,构建绿色贸易体系,探索建立外贸产品全生命周期碳足迹追踪体系,鼓励引导外贸企业推进产品全生命周期绿色环保转型,促进外贸产业链供应链绿色发展。企业层面,国内主流电商平台在政策与市场的双重指引下,通过数字化的方式,实现了物流供应链优化,包装耗材减少。随着国内电商平台对绿色发展的持续探索,跨境电商在包装、物流供应链管理等方面也将复制相关经验,打造全链条绿色发展。

3) 品类服务化

我国服务贸易领域深化改革为跨境电商服务类产品发展注入了新动力。据商务部统计,2021年全面深化服务贸易创新发展试点稳步推进,122项具体举措中110项已落地实施,落地率超过90%,服务贸易国际合作不断深化。

数字技术快速发展催生了大量数字化服务需求,如视听、医疗、教育、体育等在线提供与线上消费大幅增长。据商务部统计,2021年服务贸易出口增长较快的领域是个人文化和娱乐服务、知识产权使用费、电信计算机和信息服务,分别增长35%、26.9%、22.3%。未来,我国跨境电商进出口品类中的服务类产品将不断增多。

4) 全流程智能化便利化

随着大数据、云计算、区块链、人工智能等新一代信息技术与各领域的深度融合,未来跨境电商将在产品研发、科学备货、仓储配送、营销推广、客服售后等各环节形成全流程的智能化。近年来,我国与23个"丝路电商"伙伴国积极推动海关、税务、交通运输、资金结算等领域的标准衔接,将进一步提升跨境电商的便利化水平。此外,随着区域全面经济伙伴关系协定(Regional Comprehensive Economic Partnership,RCEP)的生效,亚太地区电子商务在电子文件、电子认证、电子签名、海关、信息传输、原产地等领域的便利化程度也将大力提升。

### 1.4.2 我国跨境电商发展出现的新问题

**1. 风险防范体系建设需进一步加强**

当前,新型网络营销方式不断涌现,加强跨境电商诚信和风险防范体系建设势在必行。随着数字技术的创新应用和智能终端的普及,短视频、直播、网红等成为新型网络营销方式,进一步加剧了恶意炒作、刷单、产品质量差、价格欺骗等严重失信问题,突破了原有的跨境电子商务信用信息数据库和信用评价、信用监管、负面清单等信用监管体系。同时,也引发了非真实贸易洗钱、网络安全、个人信息保护等出现新的风险点,而且影响面较广,更易造成严重的社会后果,亟须通过在电商诚信和风险防范等领域加强建设来逐步解决。

**2. 综合服务能力需进一步提升**

随着我国跨境电商的快速发展,国内综合服务能力的短板日益凸显。在销售方面,目前,我国跨境电商出口商大部分选择亚马逊、eBay 等平台,其在亚马逊、eBay 上的销售量也远超国内相关平台。在支付方面,目前我国跨境电商企业仍是以使用 PayPal 为主。另外,在国际海运、海外仓储、分销售后、金融服务、法律服务等方面也严重依赖国外的平台或国外企业。因此,亟须在跨境电商全链条上提升综合服务能力,增加我国跨境电商抗风险能力。

**3. 跨境电商品牌化建设难度大**

品牌培育是跨境电商高质量发展的难题。一是我国跨境电商出口以低价值商品为主,多是中小企业。近年来,我国跨境电商出口品类以电子产品、服装、家居园艺、户外体育为主,大部分是日常低值消费品。同时,中小企业居多,品牌建设意识较弱,品牌建设能力不足,导致我国跨境电商发展的持续性较差。二是跨境电商企业品牌化建设渠道费用上涨。当前,我国跨境电商出口企业在海外营销上仍是以谷歌、Facebook 为主要渠道,通常占据商家 70%~80% 的广告流量采买份额,TikTok 增速非常快但目前尚未超过 20%。2022 年,Facebook 的营销成本同比增加了 40%,谷歌上购买流量的成本同比增长了 40%~60%。随着海外营销费用的逐年增加,我国跨境电商品牌培育难度将进一步提升。

**4. 跨境电商合规建设日益紧迫**

全球主流平台规则收紧,凸显我国跨境电商合规问题。2020 年以来,全球主流跨境电商平台持续加强平台规则建设,引发我国跨境电商出口主体调整。2021 年 5 月,亚马逊对平台规则管理进行整顿,明确提出:产品一旦被投诉侵权,轻则产品下架,重则店铺关门;不允许同一个卖家在同一个站点开设一家以上的店铺;不得利用小卡片、明信片、奖励等方式换取正面评论;实际产品品牌要与线上品牌介绍一致。在平台新管理规则下,我国在亚马逊平台上的卖家面临着下架产品、关闭店铺等冲击。据第三方机构统计,自 2021 年 5 月以来,已经有近 5 万中国商家受到亚马逊平台规则收紧所带来的负面影响。此外,2022 年 3 月底以来,PayPal 风控趋严,明确提出:当用户违反《合理使用规则》情况下,PayPal 有权限制、注销、暂停账户、冻结余额以及对于违反规则的每笔交易收取 2 500 美元的罚款。随着主流跨境电商平台管理规则的逐步严格,我国跨境电商出口合规建设将迎来新挑战。

### 1.4.3 对策建议

一是完善监管体系,推动行业健康发展。健全相关法律规范体系。有序推进数据立法进程,建立健全数据产权制度。细化数据安全和个人信息保护标准规则,完善新业态知识产权保护和监管框架,增强国家安全体系和能力建设。提升政府监管效能。重点关注平台责任,搭建事前事中事后全链条监管框架。加强跨境电商等新产业新业态新模式市场秩序的重点监管。创新监管工具,将科技监管理念融入监管,推动建设智慧监管体系。完善协同治理机制。坚持"线上线下一体化监管"的原则和监管方法,建立、落实与细化各监管部门抽查检验鉴定结果互认、案件会商和联合执法、联合惩戒机制等协同监管机制。构建多元共治格局，搭建涵盖政府监管、平台自治、行业组织自律和公众监督的立体治理体系。

二是培育多元化平台，提高综合服务能力。支持跨境电商平台企业做大做强，培育具有竞争力的跨境电商综合服务企业。鼓励有实力的跨境电商企业以自建或租赁方式建设海外仓，提升跨境电商出口的竞争力。支持银行机构与跨境电商平台、市场采购贸易联网信息平台通过系统直联模式，加强贸易真实性审核，提升跨境电商人民币结算效率。优化跨境电商园区服务，加快建设综合服务平台、物流分拣流水线、保税仓库等基础服务设施，提升跨境电商公共服务平台运维水平和运行效率。依托水、陆、空综合物流优势，把握自贸区、综合保税区、综试区等政策机遇，加快建设整合供应链体系，为跨境电商发展提供高效服务。

三是加速推进 B2B 模式，支持跨境电商品牌建设。依托相关监管模式、二手车出口试点等，推动具备国际竞争优势的产业与跨境电商融合，立足中欧班列、国际贸易陆海新通道等优化跨境电商国际物流通道，支持跨境电商 B2B 出口业务创新。鼓励企业建立全面的消费者画像以及全动态路径指标体系，利用用户数据驱动营销推广、产品研发以及用户全生命周期管理，提升用户体验和复购率。讲好中国品牌故事，围绕着产品应用场景、人群以及产品功能价值构建品牌故事。通过"直播＋品牌""社交＋品牌"等组合营销方式拓展品牌国际传播途径。

四是整合海外资源，推动海外仓高质量发展。提升海外仓智能化效率，通过机械设备、智能机器人完成货物的整理和进出库，提高产品在整个仓库内物流环节的效率，降低人工成本。整合物流信息、商业信息、资金信息，借助跨境电商平台发挥整体智能化效益。提升仓储末端服务能力，海外仓可与当地合作的物流服务商协调，全面优化本地资源，匹配精准配送渠道，提高配送效率，实现高效而精细化的物流运营管理，满足 B2B 和 B2C 业务需求。

五是争取先行先试，积极参与国际经贸规则制定。应充分利用自贸试验区、服务贸易创新发展试点、跨境电商综试区、经济技术开发区、高新区等开放平台，积极争取在竞争中性、数据跨境流动、跨境支付、个人隐私保护、人工智能等领域先行先试，开展压力测试，为全球电子商务治理提出中国方案。鼓励各国提高低值货物进口关税免税起征点，推动在部分电子商务比较发达国家或地区之间率先建立起统一、简便、分层征收的进口关税监管体系。支持与电子商务相关的物流和运输服务自由化谈判，鼓励各国物流企业在海外仓建设方面开展合作，增加对电子商务相关的基础设施建设投资。

 **思政小课堂**

通过本节的教学，使学生了解跨境电商的定义和特点，以及发展历程，将个人前途与民族复兴统一起来，在国际经贸的舞台上，肩负建设贸易强国的使命，科学认识中国在国际市场上的地位，树立大国自信、民族精神，培养爱国主义、家国情怀。党的二十大报告指出，推动经济社会发展绿色化、低碳化是实现高质量发展的关键环节。要通过正面引导，让学生明白人类命运休戚与共、绿色发展的重要性。在培养学生创业兴趣的同时，引导学生支持民族品牌、创立品牌、实现品牌出海，增强学生民族自信心和自豪感。同时勇于拥抱时代变革，紧跟信息技术和人工智能对跨境电商行业的影响,锐意进取、开拓创新。要熟悉客户所在地区及各平台相关法律法规,与客户沟通过程中,诚信守法,自信自尊,热情友善,不卑不亢。通过了解跨境电商的发展现状、我国跨境电商发展中出现的问题及对策,增强问题意识,聚焦实践遇到的新问题,不断提高战略思维、辩证思维、系统思维、创新思维、法治思维、底线思维能力,做出前瞻性思考、全局性谋划,从而培养学生规则意识及全球观念,锻炼学生发现问题、解决问题的能力,为中国跨境电商新业态发展做出贡献。

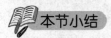本节小结

通过本节学习,让学生了解我国跨境电商的发展概况,跨境电商产业生态持续优化,跨境电商物流基础服务不断完善。通过学习跨境电商发展的新问题,引导学生善于探究问题,使学生学会反思,针对问题想出对策,可进一步提升学生解决问题的能力。

## 复习思考题

1. 简述我国跨境电商的发展现状。
2. 鉴于当前跨境电商行业的局势,我们该如何结合我国跨境电商发展政策,为企业制定发展战略?
3. 当今跨境电商的发展趋势是怎样的?

---

**职场通**

在跨境电商的教学中,使学生了解跨境电商的定义、特点以及发展历程。跨境电商作为企业间信息集聚、沟通协作的重要平台,是推动企业参与全球生产分工的重要载体。总体而言,跨境电商通过降低搜寻匹配成本和市场进入门槛促进企业价值链参与;通过学习企业营销模式,与相对规模较大的企业相比,跨境电商对相对规模较小企业价值链参与的促进作用更为明显。

# 第 2 章　跨境电商平台

## 2.1　跨境电商平台分类

跨境平台介绍

【学习目标】

知识目标：知悉各个国家的跨境电商平台以及收付款平台。

能力目标：了解跨境电子商务各国的主流跨境电商平台并分析它们的市场与优劣。

素质目标：培养学生对跨境电子商务的兴趣，让学生清楚了解到跨境电商平台的丰富性，使其坚定地从事跨境电商工作，为中国跨境电子商务人才发展贡献力量与信心。

【重难点】

教学重点：认识跨境电商平台。

教学难点：比较分析跨境电商平台。

### 2.1.1　我国的跨境电商平台

随着 RCEP 的正式生效，越来越多的人开始调整创业方向，考虑从事跨境电商行业。我国的电商平台迅速崛起，给人们生活也相应地带来了天翻地覆的变化。但跨境电商有哪些平台、新手卖家该如何选择却成了一个难题。以下是常用跨境电商平台的相关介绍。

**1. 亚马逊**

亚马逊公司（简称亚马逊，Amazon）是美国最大的一家网络电子商务公司，位于华盛顿州的西雅图。亚马逊成立于 1995 年，是网络上最早开始经营电子商务的公司之一，一开始只经营网络的书籍销售业务，现在则扩及了范围相当广的其他产品，已成为全球商品品种最多的网上零售商和全球互联网企业。

**2. eBay**

eBay（中文：易贝）是可让全球民众上网买卖物品的线上拍卖及购物网站。eBay 于 1995 年 9 月 4 日由 Pierre Omidyar 以 Auctionweb 的名称创立于加利福尼亚州圣荷西。人们可以在 eBay 上通过网络出售商品。

**3. 速卖通**

速卖通（AliExpress）正式上线于 2010 年 4 月，是阿里巴巴旗下唯一面向全球市场打造的在线交易平台，被广大卖家称为"国际版淘宝"。全球速卖通面向海外买家，通过支付宝国际账户进行担保交易,并使用国际快递发货。速卖通是全球第三大英文在线购物网站。

### 4. Wish

Wish 于 2011 年成立于硅谷,是一家高科技独角兽公司,有 90% 的卖家来自中国,也是北美和欧洲最大的移动电商平台。Wish 使用优化算法大规模获取数据,并快速了解如何为每个客户提供最相关的商品,让消费者在移动端便捷购物的同时享受购物的乐趣,被评为硅谷最佳创新平台和欧美最受欢迎的购物类 App。

### 5. 新蛋

Newegg(新蛋)网于 2001 年成立,总部位于美国加利福尼亚州的洛杉矶,是美国领先的计算机、消费电子、通信产品的网上超市。新蛋聚集约 4 000 个卖家和超过 2 500 万客户群。最初销售消费类电子产品和 IT 产品,但现在已经扩大到全品类,品类高达 55 000 种。吸引了 18~35 岁的富裕且熟悉互联网的男性。畅销品类是汽车用品、运动用品和办公用品。特别值得注意的是,大部分的消费者是男性,但女性消费者也在快速增长。

### 6. Shopee

Shopee(虾皮)是一个电子商务平台,总部设在新加坡,隶属于 Sea Group(详见后述)。

## 2.1.2 欧洲跨境电商平台

欧洲是世界人口排名第三的洲,仅次于亚洲和非洲。欧洲在地理上习惯分为北欧、南欧、西欧、中欧和东欧五个地区。欧洲作为发达国家的聚集地,产生出众多优质的跨境电商平台。本小节将介绍欧洲的几个跨境电商平台。

### 1. Cdiscount

Cdiscount 目前是法国第一大跨境电商平台,隶属于法国最大超商之一 Casino Group 集团,类似在线批发商城。Cdiscount 主要经营产品包括日常生活用品、食品、电子产品、家用电器、婴幼儿用品、箱包、玩具等,其经营模式类似于批发商城。Cdiscount 有 1 600 万以上的买家,其平台的每月独立访客数量也达到了 1 100 万。Cdiscount 是最早对中国卖家敞开大门的本土平台,有专门的中国招商团队,两年内卖家增速惊人,目前约有三千中国卖家,约占卖家总数的三分之一,其中约有 1 000 卖家使用 FBC,占 FBC 使用卖家的 80%。

### 2. Bol.com

Bol.com 是荷比卢地区(荷兰、比利时、卢森堡)最大的电商平台。Bol.com 拥有超过 750 万的活跃用户,拥有 1.6 万个卖家,并销售超过 1 500 万种不同的产品,覆盖 20 多个品类。Bol.com 是荷兰领先的书籍、玩具和电子产品电商零售商,超越了亚马逊。

### 3. BingaBinga

BingaBinga 是面向英国以及欧洲中高端人群的购物平台。平台目前品类包括床上用品和亚麻织物、装饰物、墙面艺术、钟表、灯具和蜡烛、烹饪和用餐、首饰饰品类、户外用品类以及定制类选品。

### 4. La Redoute

La Redoute 是法国电商平台,属于 Redcats 集团旗下品牌之一,创立于 1837 年,产品涵盖女装、男装、孕妇装、童装、配饰、鞋等。2016年6月20日,La Redoute中文官网正式上线,是法国女性服装的第二大销售商。它是法国顶级时装和家居的电子商务网站,每个月有超过920万的独立访问者。La Redoute平台有超过100个卖家,这些卖家需要提供法语服务和欧元的价格。另外这个公司在移动网络方面也表现不错,有70万的用户通过移动端访问它的网站。

### 5. Vente-Privée

Vente-Privée是法国最大的时尚电商,堪称闪购鼻祖,运营模式为会员制限时抢购,Vente-Prvée提供的产品包括服饰、鞋包、化妆品、奢侈品、婴儿用品等。业务范围覆盖了法国、意大利、西班牙、德国、英国、奥地利、比利时、卢森堡、荷兰、瑞士、巴西和墨西哥十二个国家。

Vente-Prvée的整个物流链比较经济,是在所有会员下完订单后才到供应商那里根据实际订单总量拿货,所以它基本能在仓储管理、库存积压、向供应商退货等方面把花费控制在极低的水平。

## 2.1.3 东南亚跨境电商平台

东南亚位于亚洲东南部,包括中南半岛和马来群岛两大部分及众多岛屿。中南半岛因位于中国以南而得名,南部的细长部分叫马来半岛。东南亚产生出了众多优质的跨境电商平台,让我们来了解一下东南亚跨境电商平台。

### 1. Shopee

Shopee是一个电子商务平台,总部设在新加坡,隶属于Sea Group,该公司于2009年由李小冬创立。Shopee当前已扩展到马来西亚、泰国、印度尼西亚、越南、菲律宾和巴西等地。Shopee为全世界华人地区用户的在线购物和销售商品提供服务。

### 2. Lazada

Lazada Group成立于2012年,是东南亚领先的电子商务平台。已经在6个国家(印度尼西亚、马来西亚、菲律宾、新加坡、泰国和越南)拥有业务,通过技术、物流和支付能力将这个广阔而多样的地区连接起来。如今,在东南亚地区该平台拥有最多的品牌和销售商,到2030年,其目标是为3亿客户提供服务。2016年,Lazada成为阿里巴巴集团的区域旗舰,并得到了阿里巴巴一流的技术基础设施的支持。

### 3. Zilingo

Zilingo总部位于新加坡,是一个东南亚市场的时尚电商平台。目前平台卖家已经超出2万个,业务目前已经慢慢扩展到了曼谷、菲律宾以及印度等多个国家和地区。Zilingo目前是少数几个可以接触到成千上万的时装以及生活品质类型产品的卖家之一。而且买家还能通过Zilingo找到以前不容易获得的产品,这也是在东南亚市场成功的原因之一。

### 4. Tiki

Tiki成立于2010年,是越南领先的B2C电商平台。从最初只销售图书,到如今发展成了一个商品多元化的线上市场。销售的商品包括玩具、数码设备、图书、生活用品和美容用品等,目前平台已拥有30多万种不同的商品,每年出售商品价值可达近2.4亿美元。过去

7年间,Tiki一直保持着每年三位数的高增长,是同行业增速的三倍,公司曾获得多家国际投资机构的战略投资。

### 5. Zalora

Zalora是欧洲时尚美妆电商Zalando的"亚洲版本",获得了德国电商孵化器Rocket Internet的投资。Zalora类似于非洲电商Jumia和南非电商Linio。Zalora时尚电商成立于2012年,入驻品牌有500个。

Zalora作为东南亚时尚成长速度最快的电商之一,Zalora Marketplace允许供应商和中小商家在Zalora网站内创建自己的品牌店面,Zalora专门客户经理会对Zalora卖家的运营和维护工作予以支持。

不管是做手工珠宝设计还是从事发饰、儿童服装销售的商家都可以入驻Zalora。Zalora平台给商家提供了一个很好的获取流量和客户的机会。

### 思政小课堂

通过本节的教学,使学生知悉美洲、欧洲及东南亚地区的主流跨境电商平台。培养学生严谨务实、实事求是的工作态度,引导学生掌握一定的信息素养,收集、筛选、分类、统计和汇总相关信息,针对不同平台的特点,因地制宜,有的放矢。使学生明确各国跨境电商平台的市场和特点,增进对跨境电商平台的了解,激发学生的创业热情,从而培养学生对跨境电商的兴趣,加深对跨境电商的认识,开拓全球跨境电商国际视野。

### 本节小结

通过本节的学习,了解到不同国家主流的跨境电商平台,了解到跨境电商常用平台有亚马逊、eBay、速卖通、wish、Newegg等,欧洲主流跨境电商平台有Cdiscount、Bol.com、BingaBinga、La Redoute、Vente-privée等,东南亚地区的主流跨境电商平台有Shopee、Lazada、Zilingo、Tiki、Zalora,这些跨境电商平台有着全球性、匿名性、无形性等特点。

### 复习思考题

1. 简述主流的跨境电商平台。
2. 欧洲和东南亚有哪些常用的跨境电商平台?

## 2.2 跨境移动支付平台

【学习目标】

知识目标:了解跨境收付款平台,知悉常用的跨境移动支付平台。

能力目标:具备在不同跨境电商平台,能够分析选择适合第三方支付平台和使用跨境移动支付的能力。

素质目标:培养学生诚信交易的诚信价值观,培养学生开源节流、节支增收的跨境电商经营理念与规范运营跨境电商平台的管理意识。

【重难点】

教学重点：跨境收付款平台概念和介绍。

教学难点：分析选择跨境收付款平台。

### 2.2.1 跨境收付款平台概念

跨境收付款平台，顾名思义就是一个协助境内外收付款的平台渠道，它最主要的作用就是让用户可以跨越区域、币种的限制，实现不同地区、币种间的商贸往来。

当前国内使用跨境收付款平台的用户主要集中在跨境电商商家及各跨境企业，对于跨境企业来说，跨境收付款是基础需求，为了方便企业发展，他们在选择跨境收付款平台时，往往还会考虑其他功用，比如缴税、费率、采购等。

### 2.2.2 跨境电商付款平台介绍

跨境收款支付是从事跨境电商行业需要考虑的一个重要因素。毕竟一个好的收款支付方式，能减少很大的一笔支出。以下为常用的跨境支付平台。

**1. Payoneer**

Payoneer简称P卡，是一家在2005年于美国成立的跨境资金下发公司，是亚马逊目前唯一官方推荐的收款方式，提供全球支付解决方案，还可以像美国公司一样接收美国B2B资金。目前使用Payoneer的中国电商卖家用户超过10万，除了电商平台打款之外，其业务还包括海外互联网公司的资金下发。

**2. PingPong**

PingPong隶属于杭州呯嘭智能技术有限公司，是一家中国本土的跨多区域收款品牌，致力于为中国跨境电商卖家提供低成本的海外收款服务。PingPong是专门为中国跨境电商卖家提供跨境收款服务的企业。

**3. WordFirst**

WordFirst旨在携手境内持牌机构，为广大跨境电商卖家和中小企业提供更加快捷、方便、安全和实惠的跨境收款服务。自2004年成立以来，WordFirst一直在为跨境支付市场树立新标杆，迄今为止已为全球500 000客户处理逾700亿英镑的资金交易。

**4. Airwallex**

Airwallex是由腾讯、万事达、红杉中国共同投资的跨境交易平台，公司致力于打造全球跨境支付一体化，目前Airwallex支持大部分的跨境交易平台收款，如亚马逊、eBay、Shopify。现可支持130多个国家和地区、50多个币种进行交易，助力中国卖家快速出海。

**5. 宝付支付**

宝付支付专注于电子支付和大金融领域，是国内领先的独立第三方支付企业，为个人及企业提供灵活、自主、安全的互联网支付产品与服务。

## 思政小课堂

通过本节的教学，对比中外移动支付，让学生了解我国移动支付国际化的路径等相关知识。突出我国在电子支付方面的优势，为世界支付领域贡献中国方案，培养学生社会主义核心价值观和爱国主义思想，增强"四个自信"，从而培养学生的创新意识和互联网精神，坚定从事跨境电商工作、树立做大做强中国跨境电商的自强意识与爱国情怀。

## 本节小结

通过本节的学习，了解到跨境电子商务的交易需要通过跨境电商第三方收付款平台收款，跨境收付款平台的目的是帮助跨境电商企业可以跨越区域、币种的限制，实现不同地区、币种间的商贸往来。

## 复习思考题

1. 什么是跨境收付款平台？
2. 跨境收付款平台有哪些？
3. Payoneer 提供了什么解决方案？

---

**职场通**

通过对跨境电商平台的学习，使学生了解各个国家的跨境电商平台，学会分析亚马逊、速卖通、阿里巴巴国际站、Shopee、eBay 等现在的主流跨境电商平台并分析它们的优劣势。

同时，让学生认识各大主流跨境收付款平台，知悉常用的跨境移动支付平台，具备在不同跨境电商平台选择合适的移动支付平台的能力，给企业带来高质量、自觉性强、学习能力强的人才。对企业来说，可以充分地挖掘他们的跨境电商运营能力，给企业的跨境电商经营发展注入活力，能够在一定程度上减少企业的运营成本，很大程度上有利于企业的跨境电商运营。

# 第3章 亚马逊平台

## 3.1 注册开店及站内选品

【学习目标】

知识目标:了解亚马逊注册开店的步骤及注意事项;知悉亚马逊平台开店流程;掌握并应用亚马逊平台注册开店的方法;掌握并应用亚马逊平台的选品方法。

能力目标:具备在亚马逊平台注册开店及选品的能力。

素质目标:在注册店铺的教学中培养学生诚实填写资料信息的职业品质;在注册开店流程操作教学中启迪学生养成精细严实的工作作风与职业素养;在选品方法教学中培养学生善于发掘市场潜在需求的选品意识和优中选优、精益求精的选品理念。

【重难点】

教学重点:亚马逊平台注册开店的流程及方法,亚马逊平台选品的方法和流程。

教学难点:如何选对跨境电商的产品以及打造爆款。

亚马逊平台

### 3.1.1 亚马逊平台注册开店

**1. 注册开店的类型**

近年来跨境电商的发展越来越快,很多卖家也加入其中,想通过亚马逊全球开店来实现电商全球化的卖家也越来越多。

在亚马逊的卖家账号分为两种级别,分别是个人卖家和专业卖家。个人卖家是可以通过自注册和全球开店的方式进行亚马逊注册,专业卖家需要通过招商经理,并且以公司的名义进行亚马逊注册。

目前,亚马逊平台的卖家账号分为三种类型:个人自主注册账号、公司全球开店账号、美国本地公司账号。个人卖家是通过个人的身份进行亚马逊注册,专业卖家是通过公司的名义进行亚马逊注册,美国本地公司账号是通过美国公司的名义进行亚马逊注册开店。

个人自主注册账号是以个人身份在亚马逊各个站点官网上自主注册卖家账号。个人账号注册流程相对简单,所需要的资料也很简单,在注册过程中,只需要提供个人身份证和个人双币信用卡(带有 VISA 或 MasterCard 标识的双币种信用卡)即可注册。

公司全球开店账号是亚马逊根据发展需要针对中国卖家推出的一项卖家招募计划,卖家需要以公司的名义去申请注册,在申请阶段会有亚马逊客户经理专门对接指导,协助卖家完成账号注册以及了解平台基本操作。虽然公司全球开店注册难度比较大,但账号安全性相对比较高。公司全球开店账号必须提供注册所用公司的营业执照、双币信用卡、法人身份证、地址证明(水费、电费、煤气费等公共事业单位的对账单),以及公司对公账号的银行对账单(注册欧洲站需要,其他站点不需要)。

美国本地公司账号顾名思义就是以美国本地公司的名义注册亚马逊账号,注册需要准备美国本地公司、身份证、双币信用卡等资料。

中国卖家注册亚马逊账号有两种途径,分别是自注册和全球开店。自注册的注册方式是,卖家找到亚马逊各站点的官网,在页面下方找到 Sell on Amazon(在亚马逊销售)自行注册;全球开店则是通过官网的登录入口申请预报名,填写好资料让招商经理审核,审核通过后,招商经理会通过邮箱发送注册链接。但需要注意的是,全球开店必须以公司的名义注册,个人信息只能通过自主注册的方式注册亚马逊个人账号。

**2. 店铺注册的必备资料**

注册亚马逊要提前准备好所需要的资料,按照注册流程填写资料和信息,提交后一般一周后店铺就可以成功注册了。以下是注册亚马逊店铺需要准备的资料。

(1) 硬件准备:准备一个新计算机、新路由器、新网卡,或者买一个 VPS(华为云/阿里云、腾讯云)手机号和邮箱如 Yahoo、Gmail、Hotmail(多个站点请提供不同邮箱)。

(2) 双币信用卡:信用卡带有 VISA 或 MasterCard 字样,需要用于账号验证,信用卡是激活状态,需要提供持卡人姓名、有效期、账单地址,双币种并且开通海外支付功能,至少有 1 美元的额度(欧洲站必须使用法人信用卡)。

(3) 收款账户:可以使用连连支付、Payoneer(派安盈)或 PingPong 账户(需要公司名义注册)等收款账户。

(4) 营业执照:建议注册企业店铺,通过招商经理链接注册不容易挂账户(提供彩色照片/扫描件,不接受黑白复印件)。

(5) 法人手持身份证拍摄的照片。

**3. 账号注册注意事项**

亚马逊账号注册过程中有一系列的注意事项,如果注册时不注意会导致店铺注册不成功,浪费了一套资料。因为注册亚马逊店铺,一套资料只能注册一个店铺,因此注册时要注意以下问题。

(1) 注册过程不可返回,但是可以中断,可以离开一段时间然后回来用正确的注册邮箱和设置好的密码登录继续注册。

(2) 如果遇到无法登录的情况请确定网络环境稳定,可以尝试清除浏览器 Cookie,或更换浏览器,建议使用稳定的专用的网络环境,不建议使用 VPN/VPS/超级浏览器。

(3) 确保卖家平台填写和提交的资料必须真实有效,而且与提交的文件中的信息相符。

(4) 确保电子邮件地址和电话号码是正常在使用的状态,以便亚马逊在必要时与您联系。

(5) 卖家平台提交的用于支付和结算的信用卡建议使用法人信用卡,银行账户信息必须真实有效。

(6) 除特别要求以外,所有信息请使用拼音或英文填写。

(7) 我国香港卖家请在公司所在国家/地区选择"我国香港"(此信息提交后便无法更

改,选择错误可能导致验证失败)。

(8) 建议卖家保留好进货发票,若在后续经营期间遇到审核或者类目申请,可能会要求您提供对应的进货发票。

(9) 信用卡请使用可以国际付款的信用卡(VISA、Master 卡均可,推荐 VISA),否则会提示不符合要求。

(10) 公司地址请用中文填写实际经营地址,且精确到门牌号,确保可以提供该地址的水、电、煤账单以及该地址可以接收快递,地址确认后不能修改。

**4. 收款方式**

跨境电商平台是作为销售平台,平台并不会帮助卖家直接收款,特别是对于中国卖家无法直接收款,就需要了解各种收款方式和第三方收款机构。卖家在跨境电商平台上支持的收款方式有很多种,表 3-1 是常见的收款方式对比。

表 3-1 收款方式对比

| 收款机构 | 注 册 | 二 审 |
| --- | --- | --- |
| 美国的银行 | 必须自己或找中介公司代理注册美国公司,然后以美国公司开立银行账号,整个开户过程在一个月以上,费用1.5万~3万美元 | 美国银行接收美元时没有费用,但在接收欧洲、加拿大等站点款项时,需要先转成美元入账,会有 3.5% 左右汇损 |
| 中国香港特别行政区的银行 | 必须以中国香港特别行政区的公司或内地个人身份到中国香港特别行政区开立银行账号,由于大量个人账号用于接收境外商业款项,中国香港特别行政区的银行已经严格控制内地个人开户,因此个人开户很困难,通常需要 1 个月左右,费用大概在几千人民币不等 | 中国香港特别行政区的账号在收款过程中先将货币转为港元入账有 2.5% 左右汇损,费用较高,但是很多内地公司需要做出口退税。因此需要中国香港特别行政区的银行对内地银行的转账流水,另外可能部分商家有海外生意,会通过中国香港特别行政区的银行账户支付货款,因此仍有部分人使用中国香港特别行政区的银行收款 |
| 第三方收款平台 | 网易支付等 | 除了万里汇只能绑定法人的个人账户或对公银行卡,其他都可以实现网上自主转到对公账户或法人、股东的私人账户,手续费为 0.5%~1% |

**5. 个人卖家和专业卖家**

亚马逊卖家有两种类型,分别是个人卖家和专业卖家,表 3-2 介绍了个人卖家和专业卖家的区别。

表 3-2 个人卖家和专业卖家的区别

| 区 别 | 专业卖家 | 个人卖家 |
| --- | --- | --- |
| 费用 | 北美站 39.99 美元/月;欧洲站 25 欧元/月,上传产品数量无限制且不收取费用 | 无月租,每单 0.99 美元 |

续表

| 区 别 | 专 业 卖 家 | 个 人 卖 家 |
|---|---|---|
| 订单报告 | 有店铺的总体表现报表 | 没有订单数据报表 |
| 促销 | 可以创建促销计划和礼品服务 | 无法使用促销活动 |
| 黄金购物车 | 有 | 无法抢黄金购物车 |
| 批量上传 | 有 | 无法使用批量上传 |
| 特殊卖家权限 | 有机会成为亚马逊特殊卖家,增加店铺的曝光机会和转化率 | 没有特色卖家权限竞争资格 |
| 售卖产品的品类 | 售卖品类限制较小 | 可售卖品类限制较多 |
| FBA 服务 | 可以申请使用 FBA 服务 | 无法申请 |
| 运费设置 | 卖家可以自己设置商品运费 | 亚马逊会为个人卖家的店铺设置运费 |

**6．个人卖家和专业卖家的转换**

在亚马逊上个人卖家可以升级为专业卖家,专业卖家也可以降级为个人卖家。专业卖家和个人卖家是可以随时转换的,具体操作如下：登录 Seller Centeral(卖家中心)后,在页面上右上角：Setting(设置)→Account Info（账户信息）→Selling Plan(销售计划)→Modify Plan(修改计划)→Upgrade(Downgrade)升级(降级)→Swith Your Selling Plan(转换你的销售计划),操作如图 3-1 和图 3-2 所示。

图 3-1　卖家后台设置管理

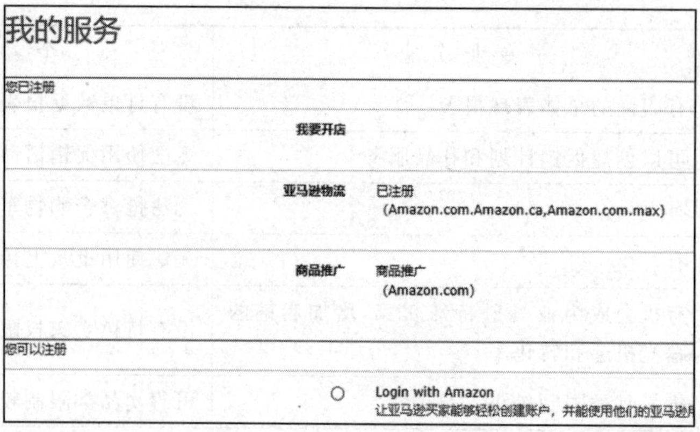

图 3-2　卖家后台设置升降级

**7. 店铺注册详解**

前面了解了亚马逊开店需要准备的资料、收款方式以及个人卖家和专业卖家的区别，这节是亚马逊店铺注册流程的详解。亚马逊卖家注册流程主要分为四个步骤，分别是创建账户、填写卖家信息、收费方式（绑定信用卡）、身份验证。

（1）以北美站为例，打开亚马逊官网找到"前往站点注册"按钮，下拉找到"北美注册"，单击进入注册，如图 3-3、图 3-4 所示。

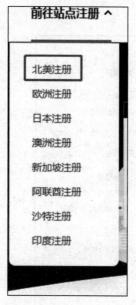

图 3-3　北美站注册入口页面

图 3-4　创建亚马逊账号页面

（2）跳转到账号注册页面，需要填写姓名、邮箱、账号密码、重新输入密码等信息，如图 3-5 所示。填写完成之后，单击下一步按钮，跳转下一个页面。需要注意的是填写姓名时，如果是注册公司需要填写法定代表人姓名，填写时需要用汉语拼音拼写。

（3）邮箱中会收到亚马逊发来的验证码邮件，将验证码输入，然后单击创建您的亚马逊账户，如图 3-6 所示。

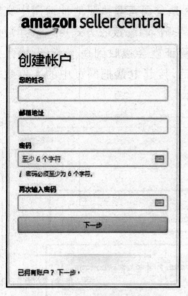

图 3-5 填写真实注册信息

图 3-6 填写验证码页面

（4）设置公司所在地、业务类型和名称，单击公司地址下拉框选择公司所在的国家和地区，在业务类型单击下拉框选择自己公司的业务类型，用拼音填写公司名称以及中文名称，如图 3-7 所示。

图 3-7 填写公司信息页面

(5)填写详细公司信息,首先是公司注册号码,其次是公司营业执照地址请用中文输入详细地址,如用英文或者拼音可能会导致邮寄延迟或者失败,PIN 接收方式可以选择短信或者电话,输入用于验证的电话号码,如果选择的是短信验证就会接收到短信消息,输入短信验证码即可,如果选择的是电话验证,就会接到语音电话,接起电话把网页中的 4 位数字输入手机进行验证,填写法定代表人的名称,如图 3-8 所示。

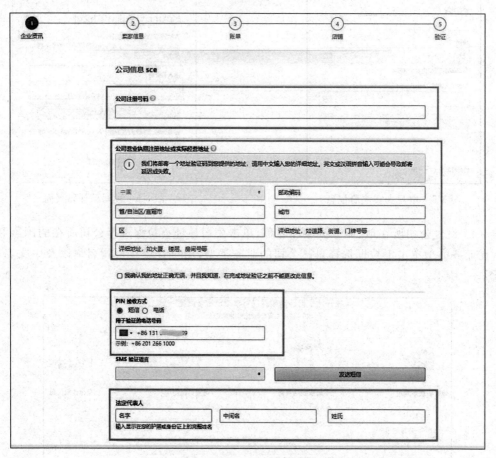

图 3-8 填写公司信息页面

(6)填写卖家信息,选择卖家所在国籍,选择出生地以及出生日期,身份证明以及有效期,选择签发国,如图 3-9 所示,填写身份证上显示名称(请用中文填写),如果居住地址与默认的地址不一致,可选择添加其他地址,后续可能会对该地址进行验证。如果电话号码与默认的电话不一致,可选择添加新的手机号码需要进行验证,如图 3-10 所示。

(7)添加银行账户信息,选择金融机构名称,选择收款账户所在地,填写账户持有人姓名,账户持有人姓名应与银行证件上的相同,输入银行识别代码,如果不清楚的可以向银行进行咨询,输入银行账号,如图 3-11 所示。

(8)填写账单信息,填写信用卡号以及到期日,持卡人姓名,请检查默认地址与信用卡地址是否相同,如果不同,请单击"添加新地址"使用英文或者拼音填写新的地址信息,如图 3-12 所示。

(9)填写店铺信息,店铺名称建议用英文填写,如图 3-13 所示。

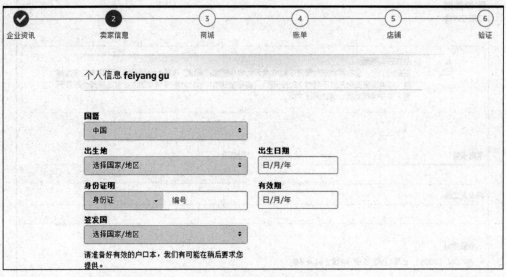

图 3-9　填写卖家信息页面

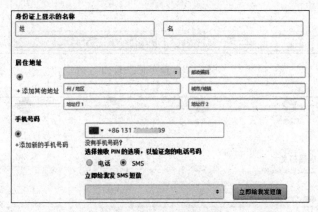

图 3-10　填写卖家信息页面

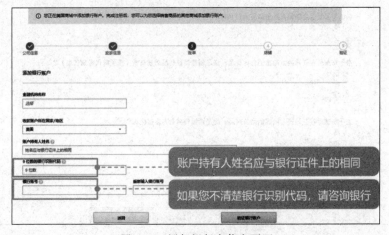

图 3-11　添加银行卡信息页面

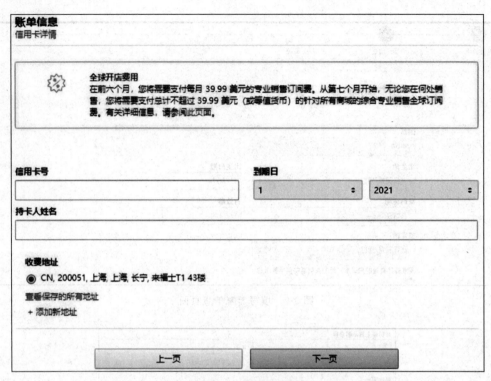

图 3-12 账单信息页面

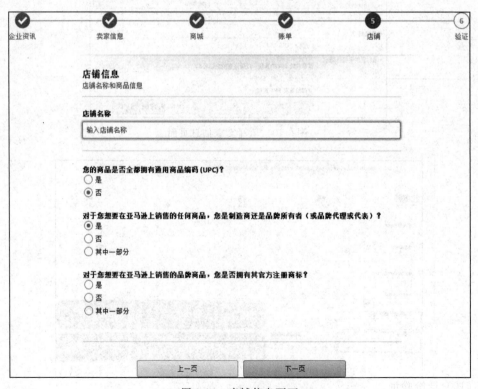

图 3-13 店铺信息页面

提交身份证验证,需要上传法人身份证正反面和营业执照照片,如图3-14、图3-15所示。

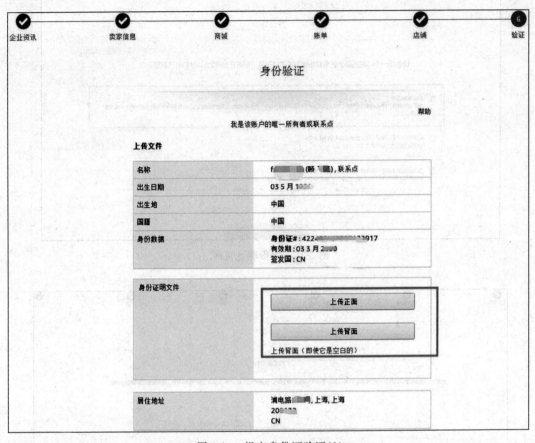

图 3-14　提交身份证验证(1)

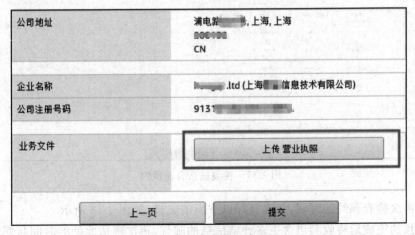

图 3-15　提交身份证验证(2)

(10) 身份验证以及地址验证,请选择"实时视频通话"验证,如图3-16所示。
(11) 选择日期和时间,单击"下一步"按钮确认视频通话验证预约,如图3-17所示。

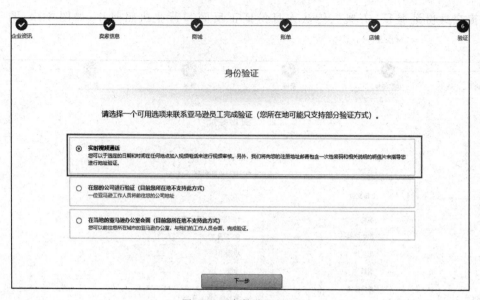

图 3-16　身份验证页面

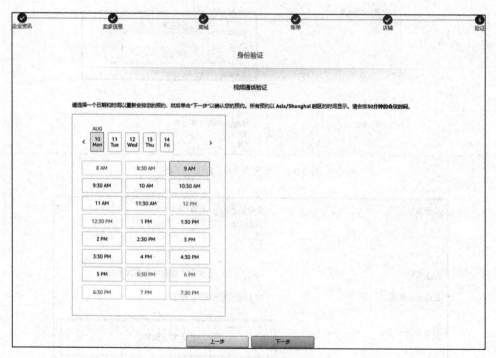

图 3-17　视频通话验证预约

（12）再次检查预约的时间，并准备好以下所需文件，如图 3-18 所示。

（13）预约完成后将收到包含更多详情信息的邮件，再次确认此处的时间与您选择的日期时间一致，如图 3-19 所示，如您预约的视频验证时间有误，可以单击"此处"重新选择或取消您的预约，如图 3-20 所示。

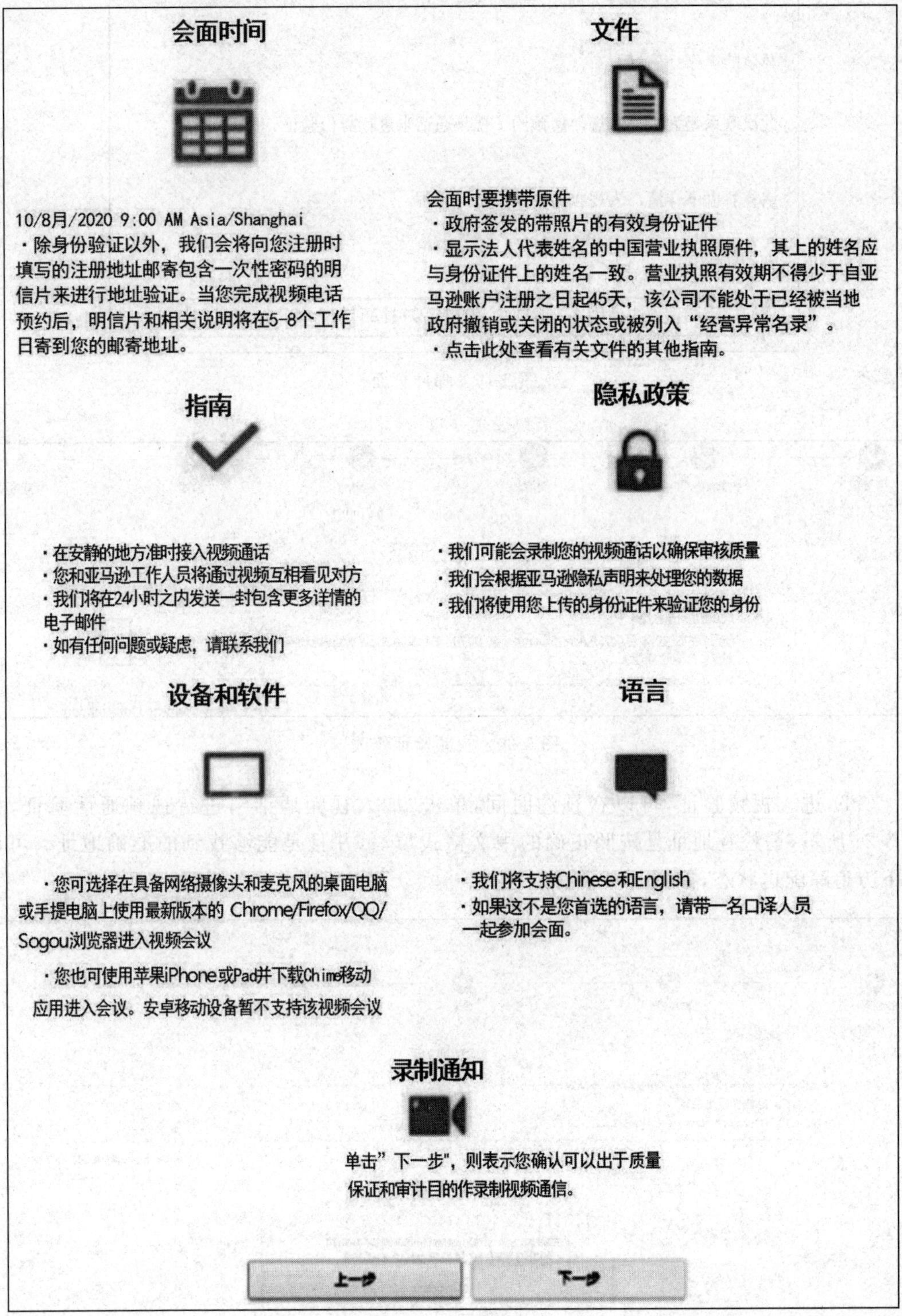

## 会面时间

10/8月/2020 9:00 AM Asia/Shanghai
·除身份验证以外，我们会将向您注册时填写的注册地址邮寄包含一次性密码的明信片来进行地址验证。当您完成视频电话预约后，明信片和相关说明将在5-8个工作日寄到您的邮寄地址。

## 文件

会面时要携带原件
·政府签发的带照片的有效身份证件
·显示法人代表姓名的中国营业执照原件，其上的姓名应与身份证件上的姓名一致。营业执照有效期不得少于自亚马逊账户注册之日起45天，该公司不能处于已经被当地政府撤销或关闭的状态或被列入"经营异常名录"。
·点击此处查看有关文件的其他指南。

## 指南

·在安静的地方准时接入视频通话
·您和亚马逊工作人员将通过视频互相看见对方
·我们将在24小时之内发送一封包含更多详情的电子邮件
·如有任何问题或疑虑，请联系我们

## 隐私政策

·我们可能会录制您的视频通话以确保审核质量
·我们会根据亚马逊隐私声明来处理您的数据
·我们将使用您上传的身份证件来验证您的身份

## 设备和软件

·您可选择在具备网络摄像头和麦克风的桌面电脑或手提电脑上使用最新版本的 Chrome/Firefox/QQ/Sogou浏览器进入视频会议
·您也可使用苹果iPhone或iPad并下载Chime移动应用进入会议。安卓移动设备暂不支持该视频会议

## 语言

·我们将支持Chinese和English
·如果这不是您首选的语言，请带一名口译人员一起参加会面。

## 录制通知

单击"下一步"，则表示您确认可以出于质量保证和审计目的作录制视频通信。

图 3-18 所需文件

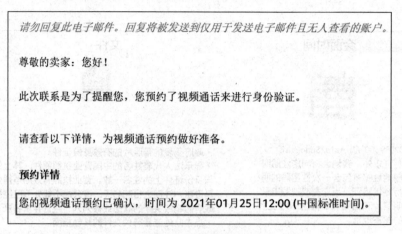

图 3-19 邮件页面

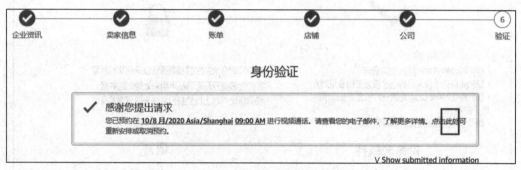

图 3-20 视频验证修改

（14）进入视频验证，可以在预约时间，单击"加入视频通话"，进行视频通话验证，如图 3-21 所示，请检查地址是按照正确的中文格式填写，并且是能够找到的准确地址。可以在下方追踪配送状态，如图 3-22 所示。

图 3-21 加入视频通话

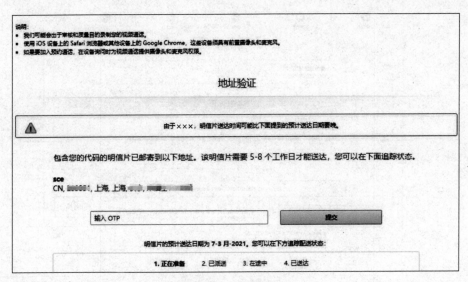

图 3-22　地址验证

（15）在视频验证过程中，如错过了原来预约的时间，请重新预约新的时间并准时出席，如图 3-23 所示。

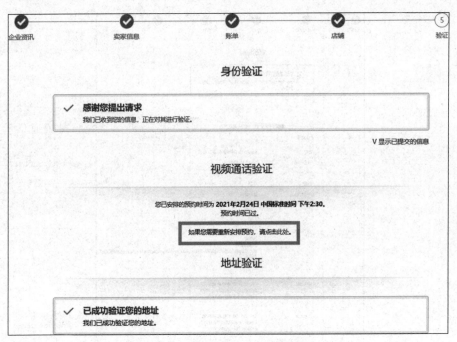

图 3-23　视频通话验证重新预约

（16）在地址验证过程中，若见到注册界面出现以下提示，请根据界面提示"请求新的一次性密码"后续亚马逊将会为您投递一张新的明信片，如图 3-24 所示。

（17）在身份验证过程中，若见到注册界面出现以下提示，则表示提交的身份证和营业执照照片不符合要求，请根据要求重新拍摄照片再次提交，如图 3-25 所示。

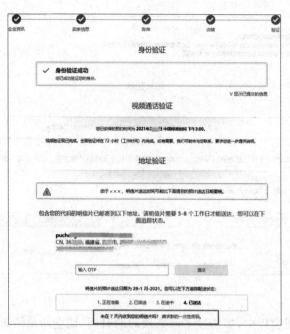

图 3-24　地址验证

图 3-25　身份验证不符合要求

（18）通过地址验证后，将进入身份验证，请耐心等待，验证完成后亚马逊将通过电子邮件通知进程，如图 3-26 所示。

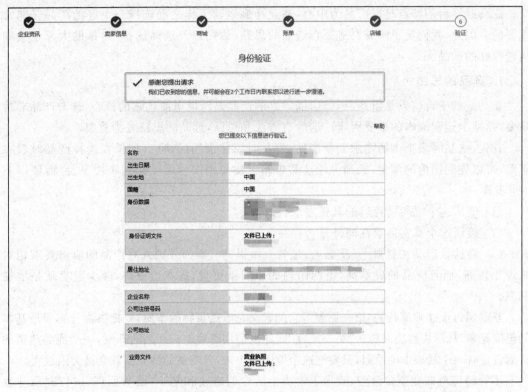

图 3-26　身份验证

（19）可以通过两种方式获知身份验证结果：等待亚马逊邮件通知，或者登录 Seller Central（卖家中心）界面查看审核结果。当在 Seller Central 界面查看到如图 3-27 所示的内容时，意味着身份验证通过且同时开通了北美站、欧洲站、日本站、澳洲站的卖家账户。卖家可以根据自身的运营需求，进入相应的站点开启卖家账户销售。

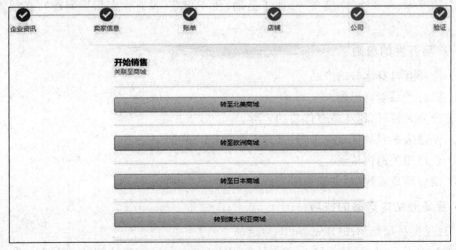

图 3-27　开始销售

### 3.1.2 亚马逊平台选品的方法

亚马逊平台的特点是以产品为中心,在亚马逊运营工作之前选择一个好的产品是非常重要的。因此,我们要了解亚马逊平台选品的思路、原则以及选品的技巧,帮助大家学会如何选择好的产品。

**1. 选品的思路**

亚马逊的平台特点是重产品,轻店铺。好的产品是跨境电商运营的核心,选对产品非常重要,是减少运营成本的重要因素。选品有方法和思路,选品的思路尤为重要。

首先,选品时根据市场需求创新产品,要及时抓住市场的缺口,如果在选择产品时没有思路,可以先到国内的淘宝、天猫寻找选品思路。要想把国内爆款搬到跨境平台,需要以下3个步骤。

(1)确认这个"爆款"背后的真正需求。

(2)确认这个真实需求在海外是否存在。

(3)将这款产品在材料上、质感上、包装上做提升。因为外国人对产品的质量要求相对来说比较高,而且商品的成本高,退回国内的运费就更贵,成本也更高,减少退货就是增加利润。

互联网行业非常流行的"第一原理",它的定义是看透事物的本质,要把事物分解成最基本的组成元素,从源头解决问题。"第一原理"同样也适用跨境电商产品的开发,一个商品热销的背后肯定有一个最根本的原因,只要把这个原因找出来,开发商品的思路就会被无限放大。

不管跨境电商竞争多激烈,致力于解决生活中的难题和基于"第一原理"进行商品开发是永不过时的,单纯地从找有差价的商品赚钱升级到用商业手段解决生活难题,满足人们追求生活愉悦性、舒适性的最终需求。

**2. 选品的原则**

(1)三不做:不做大热产品(如蓝牙耳机、音响);不做大冷产品(外国人不太会用的);不做多功能、新奇的产品。

(2)四要做:体积小;功能单一;便于运输、便于包装(没有太多售后问题);必须能形成系列。

**3. 产品开发的原则**

(1)选择有自身优势的产品。

(2)要有产品组合思维。

(3)产品无侵权,比竞品有优势的差异。

(4)亚马逊平台数据重点考量,其他平台数据为辅助。

(5)获得相关销售认证。

(6)供应商质量优质,拿到上游货源。

**4. 亚马逊站内选品的技巧**

1)通过类目最畅销品(Best Sellers)选品

在做选品分析时,打开任何一个产品详情页(Listing),在产品描述的下方会有一个类目 Best Sellers Rank(BSR)排名栏,如图 3-28 所示。

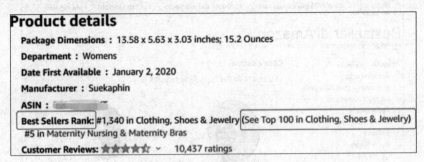

图 3-28　产品排行榜

2) BSR 排名栏

单击 BSR 排名栏中的 See Top 100,即可查看当前产品所在类目中最畅销的前 100 名的产品详情页,如图 3-29 所示。

图 3-29　最畅销榜

3) 最畅销的前 100 名产品详情页

在类目畅销榜前 100(Top 100 Best Sellers)列表中,可以看到该类目当前销量最好的 100 个产品详情页。

会有卖家觉得 Top 100 Best Sellers 虽然销量好,但同时也是众多卖家所关注的对象,其竞争也非常激烈。有类似想法的卖家还可以专注新品畅销(New Releases)榜,最佳收藏排行榜(Most Wised For)和最佳礼品排行榜(Gift Ideas),如图 3-30 所示。

4) 分类排行榜

相对于最畅销品(Best Sellers)栏目,它们代表着平台上最新和最近时间段内的销售现状,用户需求和销售趋势,这些栏目的有些产品详情页可能和畅销品(Best sellers)的产品类似,但也有很多不相同的,这意味着卖家的选品对象有了新的拓展,有了更多选择的可能性。

5) 选择对应类目

亚马逊前台首页可以单击 Any Department(任意部门)栏目,然后依次浏览 Any

图 3-30　最佳排行榜

Department(任意部门)栏目下面的各个目录,卖家只要根据自身资源优势对自己感兴趣的类目重复上述步骤即可。

**5. 亚马逊站外选品的技巧**

亚马逊站外选品可以利用站外的一些资源进行选品,使卖家有更多的选品方向。站外选品途径有很多,比如可以在本土网站选品,在其他跨境电商平台数据进行选品,利用供应商产品流量数据进行选品,利用展会产品信息进行选品,利用数据分析工具提高选品效率等。

1) 利用本土网站数据进行选品分析

各个国家会有自己的一些本土网站,本土网站有很多产品都比较符合当地消费者的消费习惯,因此,从本土网站上选品是一个不错的选品思路。

2) 利用其他跨境电商平台数据进行选品

跨境电商平台有很多,在选品时也可以在亚马逊对标的一些跨境电商平台上选品,比如,卖家可以到 eBay、速卖通、Wish 这些跟亚马逊差不多,目标消费者也差不多的跨境电商平台选品,可以增加选品方向。

3) 利用供应商产品流量数据进行选品

供应商的供货量也可以帮助卖家选品,当产品供货量大时,说明产品需求很大,这个产品也有市场,而且选品中找到好的供应商还可以降低产品成本,有更大的利润空间,因此供货商的资源也是很重要的选品依据。

4) 利用展会产品信息进行选品

每年跨境出口都会举办展会,供货商或者产品开发商会通过展会的形式展示产品,展会选品可以更直观地了解到产品。

5) 利用数据分析工具提高选品效率

想要选一款好的产品首先需要数据分析,现在有很多服务于跨境卖家运营的数据分析工具。数据分析工具种类繁多,主要是用于帮助提升数据分析效率,比如常见的 Excel、Python 等可以帮助快速地处理数据,提高工作效率,Tableau 等可视化分析工具则可以帮助更好地呈现数据。合理地运用数据分析工具可以帮助卖家更好地开展选品数据分析。

## 思政小课堂

在亚马逊平台注册开店方法与流程的教学中,尤其强调注册店铺过程中信息的真实有效,结合社会主义核心价值观,注重培养学生诚实守信的职业道德。增强学生法治观念和规则意识,培养学生遵守国际规范和国家政策法规的法律素养,启迪学生养成循序渐进、精细严实的工作作风与职业素养,提高学生从事跨境电商工作的综合素质。

在亚马逊平台选品方法的教学中,注重培养学生独立分析亚马逊平台的经验数据和独立进行跨境电商选品的综合应用能力,着力培养学生"七分选品、三分运营"、善于发掘全球市场潜在需求的选品意识和优中选优、精益求精的选品理念,尤其是注重选品与中国特色相结合,促进民族品牌国际化,引导学生在选品中助推区域经济发展和乡村振兴,培植其社会责任感和家国情怀。

## 本节小结

亚马逊平台卖家的账户类型分为个人卖家和专业卖家,亚马逊开店需要准备硬件设备、双币信用卡、收款账户、身份证、邮箱、常用手机号,注册专业卖家还需要准备营业执照。亚马逊平台卖家注册流程主要分为创建账户、填写卖家信息、收费方式(绑定信用卡)、身份验证四个步骤。亚马逊账号注册需要注意:注册过程不可返回,但是可以中断,建议使用稳定的专用的网络环境,注册资料确保信息真实有效。

在选品中,必须把握跨境电商选品的基本思路和"三不要、四要做"的选品原则,善于发掘全球市场的潜在需求,打造跨境电商的爆款。亚马逊平台的选品分为站内选品和站外选品,站内选品和站外选品具有不同的方法,站内选品应注意不选 Listing(产品详情页)评分低于四星,Listing(产品详情页)最新评价需要超过三个月的商品;站外选品应注意利用好站外选品的分析工具,需要数据的支撑做好选品工作。

## 复习思考题

1. 专业卖家和个人卖家的区别是什么?
2. 一套资料可以用于注册多个店铺吗?为什么?
3. 若想注册亚马逊店铺需要准备哪些资料?
4. 选品的思路和原则分别是什么?选品的技巧有哪些?
5. 如果你要在亚马逊平台上出售商品,应如何选品?

## 3.2 产品详情页的打造

【学习目标】

知识目标:了解亚马逊平台详情页的架构,熟悉详情页的内容,理解亚马逊平台详情页创建的原则与要求,知悉详情页创建流程,掌握详情页创建的内容与方法,学会使用关键词搜索产品的技巧和提升Q&A(问答)回复的方法,并能够熟练应对处理1星差评。

能力目标:具备在亚马逊平台独立创建优化详情页、描述五行要点、选择定价策略、使用关键词搜索、应对Q&A及处理差评等的综合应用能力。

素质目标:培养学生如实填写详情页,养成实事求是、诚信经商的职业道德;引导学生积极探索详情页创建及优化的方法,培养学生独立创建、优化详情页的创新意识与专业素养。在使用五行要点、定价策略、关键词搜索、应对Q&A及处理差评等流程操作中,注重培养学生从事跨境电商运营的职业素养与综合素质。

【重难点】

教学重点:亚马逊平台产品详情页的创建内容与方法。

教学难点:如何优化产品详情页的内容并使其产品销售排名更靠前。

### 3.2.1 产品详情页页面元素

亚马逊的详情页是卖家和买家之间建立联系的页面,产品详情页就是一个产品在亚马逊平台上的在线销售页面,产品详情页是由产品图片、标题、价格、配送方式及费用、五点描述、Q&A、长描述(A+)、产品详细信息、Review、其他产品广告等组成。

#### 1. 图片内容

在亚马逊上传的每个产品都必须附有一张或者多张清晰直观、便于理解的产品图片。产品图片能够准确地展示此产品、产品的信息量体现更丰富、对客户有足够吸引力。

图片区域是卖家给客户展示自己产品最直接有效的方式,所以图片质量尤为重要。如果图片质量和标准没达到亚马逊的要求,那么平台有权拒绝卖家上传的图片。以下面是亚马逊对图片的一些要求。

(1)主图使用模特效果更好。

(2)图片尺寸大于1 000像素×1 000像素,有放大镜的功能。

(3)数量组合:1张主图+6张副图+1张变体图(有变体的情况适用)。

(4)图片数量:亚马逊目前最多可以放9张图片。

(5)纯白色背景,无配件、水印、插图、标志、无相关文字。

(6)产品必须占据图片85%,不加边框。

(7)图片格式:Joint Photo Graphic Experts Group(简称JPG)、Tagged Image File Format(简称TIFF)、Graphics Interchange Format(简称GIF)格式。

(8)添加一定的PS效果(灯光、倒影等),有美感,不失真,如图3-31所示。

图3-31 Listing主图展示

**2. 标题编辑**

在亚马逊平台,产品标题作为商品的"眼睛"往往被最先看到,作为亚马逊卖家来说,标题的作用绝对不能被忽视。标题可以让客户快速获取产品的核心信息,当一些新奇产品或者产品的重要属性信息不能在图片中直观展示时,客户可以第一时间在标题中寻找这些信息。标题最重要的作用是关键词,在客户搜索中占有非常大的权重,客户通过搜索关键词可以快速匹配到想要的产品。所以在写标题的时候卖家可以考虑用户的搜索习惯,比如产品的俗名、缩写和别称等。

(1) 内容:品牌名称、型号、系列名称;产品名称(核心关键词);重要特征或亮点;产品材质或主要成分;产品颜色、尺寸、数量;使用场景,适用场景。

(2) 包含的关键词:一个标题最多包含三个关键词;标题中包含频次高的属性词、特性词、功能词;主推关键词放在最前面。

(3) 标题撰写方法:品牌+数量+材质+产品核心词+修饰词+性别+产品核心词+特点+用途+产品核心词+(颜色)。

(4) 禁忌:不超过 200 字符(移动端标题可显示的字符数为 70~90 个字符);不使用推销语,如 Hot Sale、New Arrival、Promotion、Free Shopping;单词首字母大写(介词除外),关键词不重复,不出现拼写错误,少带或不带标点,不要使用特殊符号;测量单位要完整拼出来(lnch、Gram、ml 等);用阿拉伯数字(如用"10"不要用"ten");不要用"&"符号,直接打"and";不能用别的公司品牌名。

**3. Listing(产品详情页)的创建编辑**

亚马逊上的 Listing 有自建和跟卖两种,自建是卖家最常用的方式,平台对于自建 Listing 上架的内容会有一些要求,本小节内容主要讲解自建 Listing 需要哪些内容,自建 Listing 平台有哪些要求呢?

1) 自建产品详情页

创建产品详情页涉及的编码包括 UPC、EAN、ASIN、SKU、FNSKU、GTIN、GCID。

UPC(Universal Product Code)由 12 位数字代码组成,每一条 UPC 码都不一样,UPC 码里面的数字信息代表了产品的类别、制造商、属性、特性等。其特性是一种长度固定、连续性的条码,主要在美国和加拿大使用,通常在美国进口的商品上可以看到。

EAN 码(European Article Number)是国际物品编码协会(GS1)制定的一种商品用条码,通用于全世界。EAN 码由前缀码、厂商识别码、商品项目代码和校验码组成。

ASIN 码(Amazon Standard Identification Number)是亚马逊自己的商品编号,由亚马逊系统自动生成的,不需要卖家自行添加。ASIN 码相当于一个独特的产品 ID,在亚马逊平台上具有唯一性,同一个产品同一个 UPC 在不同站点对应的 ASIN 通常是一致的,即一个 ASIN 码对应一个 SKU。在平台前端和卖家店铺后台都可以使用 ASIN 码查询产品。

SKU(Stock Keeping Unit)是指一款商品,每款都会有一个 SKU,便于电商品牌识别商品。当一个产品有不同的颜色、尺寸等多个属性,就有多个 SKU。比如一件衣服有黑、白、灰三种颜色,每种颜色都有 S、M、L、XL 不同的码数,那么这款衣服就有 12 个 SKU。

FNSKU[Fulfillment Network Stock Keeping Unit(配送网络库存单位)]是亚马逊平

台特有的名词。FNSKU 可以理解为使用亚马逊的仓库发货时,亚马逊为相应的产品而自动生成的条码,用于仓库管理使用。

GTIN(Global Trade Item Number)是全球贸易项目代码,也是编码系统中应用最广泛的标识代码。贸易项目是指一项产品或服务。GTIN 是为全球贸易项目提供唯一标识的一种代码(称代码结构)。GTIN 有四种不同的代码结构,即 GTIN-13、GTIN-14、GTIN-8 和 GTIN-12。这四种结构可以对不同包装形态的商品进行唯一编码。

如果亚马逊卖家在亚马逊平台进行品牌备案,亚马逊会自动为商品分配一个被称作"全球目录编码(Global Catalog Identifier,GCID)"的唯一商品编码。在亚马逊平台上传产品,卖家必须提供 UPC 码/EAN 码,但如果卖家品牌备案成功后分配到 GCID 码,则无须再购买 UPC 码或 EAN 码。

2) 标题要求

公式:品牌名+核心关键词+次要关键词+产品特性及适用+产品颜色尺寸数量。首字母必须大写;不能有特殊字符和中文;不能有 SKU 编码和其他编码;同义词不能太多;不能有与产品无关的信息。

3) 图片要求

图片要求如下:所有销售产品必须要有主图,jpg 格式最佳;图片必须为白底,LED 灯等特殊产品可以用黑底;主图必须为商品正面且占比 85% 以上;主图和附图不能有商标或者镶嵌水印;服饰类产品,主图不能出现产品尺码表,不能使用假模特、3D 效果图、衣架等,只能使用真人模特图或者产品平铺图;产品附图:尽量多拍清晰的产品细节图,可以使用效果图和场景图。

4) 关键词

产品详情描述需要用 HTML 代码,需要填写有 5 个卖点并填写契合产品本身的特性关键词填写。不要写与产品无关的或其他品牌的词,不要出现错别字,根据重要性从前向后排列,尽量不与标题重复。

5) 寻找关键词的方式

(1) 借鉴亚马逊搜索栏推荐的关键词。

(2) 借鉴竞品 Listing(产品详情页)的关键词。

(3) 借鉴其他电商平台关键词。

(4) 借鉴 Google Adwords(谷歌关键字)或者使用卖家精灵等工具搜索关键词。

6) 如何写出完美的产品详情页

(1) 吸引买家的主图:买家在购买商品的时候,首先会看商品的图片,特别是女性买家,一般女性对商品的颜值要求都会偏高,如果商品图片做得很好,一定会让买家产生想要购买的想法。

(2) 有简洁的标题:核心关键字+品牌+次要关键字+修饰词。

(3) 与同类商品有差异的五行描述:商品需要用 5 个卖点表达清楚,商家必须了解自己的产品特点和对手产品的优点、特点。一定要把产品最大的优势写在第一行。

(4) 体现卖家服务和售后服务的商品详情页描述应包括这几点:关于店铺的一些信息,包括商品售后服务要简单、精准概括;产品的详细信息包含的额外的赠品和配件。

7）搜索引擎的核心

搜索引擎要对所收集到的信息进行整理、分类、索引以产生索引库，而中文搜索引擎的核心是分词技术。分词技术是利用一定的规则和词库，切分出一个句子中的词，为自动索引做好准备。目前的索引多采用 Non-clustered（非群集）方法，该技术和语言文字的学问有很大的关系，具体如表 3-3 所示。

表 3-3 搜索引擎的核心

| 内容权限 | 转化率、销量、价格、FBA（亚马逊物流）、Review（评论）的数量和质量、库存等 |
| --- | --- |
| 相关性 | 关键词设置解决的就是相关性 |
| 广告投入 | CPC 广告的竞价排名优势 |
| 原创性 | Listing 的图片、标题、五行描述设置解决的是原创性 |

## 3.2.2 打造产品详情页排名

亚马逊上存在许多产品详情页，每个产品都有对应的排名，打造产品详情页的排名是亚马逊运营工作中重要的一个部分，打造产品详情页排名最关键还是"关键词"排名的打造。

**1. 关键词**

关键词是指用户在搜索引擎中输入个人需求的词汇。制作网站和网页是为了将关键词、图片、文字完整地展现给用户，让搜索引擎抓取收录，建立索引目录，然后对搜索词进行处理并排序。用户在搜索引擎中搜索结果，搜索引擎会通过分词技术了解用户的搜索结果和真实搜索意图，最后用排序的方式展现给用户。

1）关键词的分类

关键词的分类有以下几种，从关键词的定义分类，关键词的展示效果分类，在站内找关键词，站外挖掘关键词，通过竞价广告投放挖掘关键词。

（1）根据定义进行分类如下。

核心关键词：品牌公司名或产品名称。

长尾关键词：有更多定语和状语修饰，更加精准细分。

（2）根据效果进行分类如下。

高转化词：转化率高的关键词。

低转化词：转化率比较低的关键词。

无效词：没有效果的关键词。

（3）站内分类如下。

亚马逊搜索下拉框的关键词是顾客经常搜的词，包括竞品标题、五行描述、产品详细描述、Review（评论）以及产品分类中都可以获取到关键词。

Brand Analysic（品牌分析）这个功能也可以获取到关键词，但需要注册品牌备案的卖家才有这个功能。

（4）站外分类如下。

站外挖掘关键词可以通过一些工具比如 Google ADwords（谷歌关键字），或者到其他电商平台搜索,如速卖通、eBay等,也可以挖掘到一些有用的关键词。

(5) 竞价广告的定义如下。

现在的广告大部分是通过关键词竞价投放广告,因此,在竞价广告里面可以根据客户的关键词搜索习惯,挖掘到一些搜索比较高、热度比较高的关键词。下面是竞价广告的分类:自动广告报告中的 Customer Search term(客户搜索词);手动广告广泛匹配关键词报告 Customer Search term(客户搜索词);手动广告系统推荐关键词。

2) 关键词用法

关键词的用法如下。

(1) 关键词置于标题中起到搜索作用,亚马逊买家通常是通过商品的关键词搜索商品进行购买,因此标题放关键词可以增加商品的曝光,从而增加出售的机会。亚马逊标题撰写中,通常会放置三个核心关键词。

(2) 五行卖点中也可以放适当地放一些关键词,这样可以增加商品的曝光度,从而提高商品的转化率和 Listing 的自然排名。

(3) 在 Listing 的描述中可以放置一些关键词,描述内容包含 5% 左右的关键词即可。

(4) 搜索词(Search Term)是上架商品时放置关键词的模块,目的是让亚马逊检索到卖家的商品,让买家通过关键词搜索到卖家的商品。在商品上架的初期 Search Term 需要有 5~10 个核心词,在商品上架中期核心关键词需要加 10~20 个拓展词,到商品上架后期主词加拓展词 10 个。

3) 推荐策略

关键词主要集中在标题、五行、描述、Q&A(问答)、Review(评论)、Search Term(搜索词)、Spondsored(赞助)、竞价广告。

4) 禁忌

关键词的禁忌如下。

(1) 不能滥用不相关的关键词。

(2) 不能滥用知名品牌名。

(3) 不要和标题中的关键词重复使用。

5) Search Term(搜索关键词)的规则

(1) 共五行,每行可以写 100 个字符,中间用逗号隔开。

(2) 越重要的关键词写在越前面。

(3) 五行关键词尽量不要和标题重复。

(4) 不要出现错别字。

(5) 不要写与商品无关的词汇以及其他品牌的词汇。

## 2. 五行描述

五行描述(Bullet Points)也称五点描述,是指亚马逊产品要点,主要用来罗列产品的主要卖点,包括尺寸、功能、产品特点、用途、优势等,能够让买家一眼看上去就被吸引,从而决定进一步浏览和了解产品详情。亚马逊五行描述字数不多,简单易懂,方便买家快速浏览,迅速捕捉产品的功能、用途及特色。

1) 五行描述内容

(1) 获得专利认证:卖家申请专利认证可以体现产品的差异化。

(2) 使用场景:是否引起顾客的购买冲动和欲望。

(3) 相关参数/包装配件:解决用户的购买顾虑。

(4) 功能特点:解决用户最关心的问题。

亚马逊五行描述要点:每个要点应简洁但具有描述性;如果商品是套装商品,请列出套装中包含的商品和每个商品的尺寸(如适用);对于每个特征,请包含一项优势;包含保修信息或随附配件作为最后一个要点;使用分号分隔单个要点中的短语;要点中始终使用阿拉伯数字,切勿使用拼写数字;以句子形式编写要点(无标点符号);最多 256 个字符(因商品分类而异)。

2) 五行卖点差异化描述

五行卖点差异化主要是指原材料的差异、生产工艺的差异、设计的差异、包装的差异、功能的差异。

**3. 产品详情描述**

产品详情描述(Description)是亚马逊卖家进一步展示产品细节,或再次强调产品重点的位置,更可以作为标题和五行描述的关键词补充,提高 Listing 的关键词或长尾关键词权重。对于非品牌卖家而言,无法使用 A+页面直观地展示产品细节,更应该将产品长描述好好利用起来,通过使用换行符等提升文字的可阅读性。产品详情描述有以下几个要点。

(1) 讲故事:品牌故事、产品故事、用户故事。

(2) 描述角度:生产者、使用者、行业专家权威、网络红人。

(3) 列参数:尺码、型号、规则等;包装配件;功率、容量等。

(4) 站在用户角度讲功能:省钱、省时间、省思考、更舒适、更便捷、更坚固耐用。

(5) 注意事项:字数在 1 000 个字符以上;产品描述中可以糅合进长尾词以及品牌保护类词语;注意排版,加粗,段落间隔。

### 3.2.3 编辑产品详情页注意事项

在编辑产品详情页的过程中,还需要注意以下一些重要事项。

**1. 亚马逊消费者评价体系**

1) 商品评价的重要性

用户的好评对卖家来说十分重要,特别是入驻平台的卖家特别要意识到这一点,虽然亚马逊对用户好评量没有严格的规定,但还是有一部分卖家在经营初期因为好评量与其销售规模不相匹配,而使平台对卖家的订单产生质疑。买家的好评数量足够多,说明该店铺的产品可以满足消费者的需求,也能够吸引更多的用户光顾。所以卖家要鼓励买家给予好评。

接近 80%的消费者认为,店铺的评论与身边人的意见具有同样的价值,超过 80%的用户会查看当地商家在线上平台经营中得到的顾客评论,超过 70%的用户认为客户好评能够提升商家的信誉。而从众心理在很多人身上都会发生作用,如果客户在选择产品时对店铺的商品感到满意时,她会通过评论来了解已经购买该商品的人对这个商品的看法。如评论大部分都是好评,那么客户就会觉得该商品可以购买。

亚马逊对于消费者的评价意见非常重视，因此亚马逊为买家设置了产品评价（Review）和订单评价（Feedback）两种消费评价体系，如图3-32所示。

图 3-32　亚马逊消费评价体系

2）产品评价

客户对产品的评价包括星级、文字、视频和照片，好的产品评价能有效提高产品详情页的转化率。

（1）产品评价的特点：只能针对产品本身；买家无须购买产品也可以进行评论（直评），但是需要有购买记录且每周有次数限制；亚马逊系统会对 Review 评估，如果内容违规，系统会删除；产品评价不会影响卖家 ODR 指标。

（2）获取产品评价的方式：邀请 Amazon top reviewer（亚马逊置顶评论者）；自身相关资源；给已购买的客户请求评论；测评网站；社交平台。

（3）好的产品评价有哪些内容：为什么喜欢或者不喜欢产品；与产品相关；文字数量合适（75～500字）且有图片或视频。

3）订单评价的积累方法

订单评价需要通过不断地积累，好的订单评价对店铺的表现以及店铺的形象会更好，那么我们一起学习如何管理店铺的订单评价。

（1）要想获得更多好的订单评价首先产品本身质量需过硬，如此才能更容易获得好的订单评价。

（2）要想获得好的订单评价还要确保按时发货，这里主要针对 FBM（自发货）。

（3）有专业的客服可以更好地处理买家问题，也会帮助我们获得好的订单评价（回复客户邮件必须在 24 小时内回复）。

（4）当收到买家发来的消息要及时与买家沟通，买家收到货后可在站内发信催评。

（5）卖家在发货时，在包裹中附上一个简单的、手写的感谢信，这样更容易获得订单评价（注意不能出现评论词）。

（6）卖家也可以使用工具获得更多的订单评价。

4）处理差评的方法

在运营过程中，如果遇到差评会对产品详情页有影响，影响产品详情页的曝光和转化。当遇到差评时，卖家既可以引导客户移除差评，也可以向亚马逊申请移除，或者在负面评论下回复客户，解释原因。

（1）引导客户移除差评。引导客户移除差评是指联系差评客户，主动提出帮他们解决问题，如客户说产品质量不好，答应给他重寄或退款。

一旦得到客户回应，再提出，如果他对提出的解决方案满意，就让他帮忙删除差评（不要直接说给他退钱，让他删除差评，这是违反亚马逊规则的）。

如果买家同意修改或者删除差评，以下是客户的操作步骤。

① 在前台单击进入 Your Account（您的账户），如图 3-33 所示。

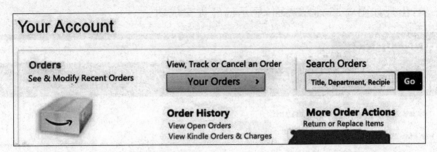

图 3-33　前台页面的 Your Account（您的账户）

② 在 Your Account 界面下的 Personalisation（个性化选择）一栏找到 See All My Reviews（查看我的全部评论）并单击，如图 3-34 所示。

图 3-34　前台页面进入查看所有评论路径

③ 找到对应的订单，选择 Edit Review（编辑评论）或 Delete Review（删除评论）。如果是删除评论可以直接选择 Delete Review，如图 3-35 所示。

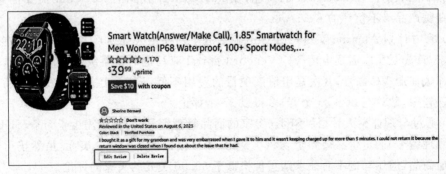

图 3-35　Edit Review 和 Delete Review

（2）向亚马逊申请移除。如果是与产品本身无关的方面，卖家可以向亚马逊申请移除。

向亚马逊申请移除差评的步骤如下。

第一步：在卖家账号后台登录进入前台界面，找到要向亚马逊申请移除的产品详情界面的差评，单击 Report abuse（反映辱骂情况）。

第二步：进入之后在空格处填入产品的 ASIN（亚马逊标准识别号码）、订单号以及差评的内容，解释为什么要移除此差评的原因，然后单击 Report as inappropriate（反映不当内容）。

第三步：出现如图 3-36 所示界面，显示已经提交成功。

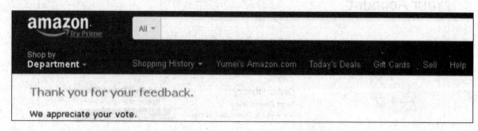

图 3-36　显示已经提交成功界面

（3）立即在负面评论下回复。礼貌友好地进行回应，并且提出针对卖家问题的解决方案，好的售后服务态度极大影响着后续买家的购物信心。

（4）用五星好评覆盖差评。努力累积正面评论，把负面评价慢慢推到评论列表的下面。

5）获得亚马逊 Review

亚马逊 Review 对于卖家运营平台来说很重要，特别是对于新品上架没有什么 Review 的情况下，卖家更会想办法获得 Review。获得 Review 的方法主要有以下几种。

（1）索评邮件。在邮件内容里要以中立的语气请买家留评，不能提到好评或者利益交换、奖励性措施；邮件发送的时间最好选择周二至周五早上 10 点左右，因为这个时间点是外国人收发邮件的高峰期。

（2）售后服务卡。售后服务卡是亚马逊平台所允许的；售后服务卡的内容有两点要注意：一是可以邀请留评，但注意是 Honest Review；二是可以留下邮箱、电话、网址等，以便客户在遇到问题时可以联系。

（3）Facebook 群组。Facebook 群组里面有很多潜在买家和 Reviewer，通过发布免费产品和折扣产品吸引潜在 Reviewer 的兴趣，在 Facebook 中找到的 Reviewer 需要注意辨别，谨防一些骗产品又不留评的 Reviewer。

（4）官方计划 Amazon VineProgram（亚马逊早期评论人计划）。申请该项目有一定的条件要求，首先是卖家需要申请 VC（Vendor Central 亚马逊的重量级供应商）账号，但不建议卖家违规注册 VC 账号；其次是申请该项目的费用不低；最后，卖家需要发送产品到指定的亚马逊仓库，数量在 30～35 个，最多可以 35 个评论。

（5）通过早期评论人计划。SKU（卖家的商品管理编号）的评论需少于 5 条，SKU（卖家的商品管理编号）的定价必须高于 59.00 美元，如果报价低于 59.00 美元，虽然仍可在该计划中注册商品，但亚马逊不会征求购买价格低于 59.00 美元的买家的评论。

**2. 精细测评技巧**

亚马逊精细测评是指卖家通过完成一次完整的交易过程获得买家的综合测评。其中综合测评包括但不限于产品质量、外观要求、服务态度以及物流收货等。精细测评的追踪更加长线,检测更加精细,操作步骤更为复杂,使得亚马逊测评相较于其他平台的测评难度更上一层楼。下面是精细测评的操作流程。

(1) 通过关键词搜索。

(2) 页面停留时间两分钟(为保证跳转率)。

(3) 模拟真实购买场景,先加入心愿单、购物车,再购买。

(4) 让客户分享到 Facebook、Twitter。

(5) 留评率要求:留评率＜20%(亚马逊平均35%);留评尽量以图片、视频为主,权重大。

(6) 手机流量占75%。

(7) 通过类目选择、价格筛选,找到自己的产品。

## 思政小课堂

在产品详情页的结构与创建要求的教学中,融入敬业、精益、专注、创新的工匠精神和社会主义核心价值观要求,注重培养学生精益求精、追求极致、不断优化的精神特质。学习和传承中华民族传统美德,弘扬社会主义新风尚,遵从亚马逊平台产品 Listing 的填写规则,不填写虚假信息,养成实事求是、诚信经商的职业道德。

在产品详情页创建的方法与技巧的教学中,以社会主义核心价值观中的平等、公正、法治、爱国、敬业、诚信、友善等价值理念,引导学生树立法律意识、诚信意识、风险意识、竞争意识、创新意识等。在评价应对方面,应从长远利益出发,在商品质量和服务水平提升方面下功夫,以优质的产品赢得客户的信赖,坚持"质量第一、效益优先",实现质量效益提高互促共进,推动"中国制造"走向世界。

## 本节小结

亚马逊平台产品详情页页面元素包含产品图片、标题、价格、配送方式及费用、五行描述、Q&A、长描述、A+、产品详细信息及 Review。打造创建 Listing(产品详情页)的方法包括关键词打造、五行卖点差异化打造、产品描述内容打造、Q&A打造。在 Listing(产品详情页)排名打造方法的学习中,重点是掌握产品标题、图片、详情及关键词的编辑技巧,以及编写五行卖点描述、定价策略选择等产品详情页内容的优化方法。产品详情页排名打造的目的是尽可能促使自己的店铺产品排名更加靠前。

在编辑产品详情页过程中,要注意编写内容不能带有侵权词;不能复制别人的产品详情页;撰写标题不能超过200个字符;关键词要符合产品实情,不能堆砌;图片最多可放9张,主图要求纯白色背景;五行卖点要简明扼要,不宜过长。

## 复习思考题

1. 亚马逊的标题字符数是多少?

2. 请模拟编写一个亚马逊合格的标题。

3. 创建 Listing(产品详情页)的主要内容是什么？在创建 Listing 时需要注意什么？

## 3.3 跟卖与黄金购物车

【学习目标】

知识目标：了解亚马逊平台跟卖 Listing 的特点、前提和相关注意事项，掌握跟卖设置的原理及方法；知悉黄金购物车(Buy Box)的竞争规则及要素，弄清黄金购物车消失的主要原因，掌握黄金购物车的找回方法。

能力目标：具备独立进行跟卖设置的操作能力和抢夺黄金购物车的运营能力。

素质目标：在亚马逊平台跟卖 Listing 的操作中注重培养学生的知识产权观念，增强学生的知识产权意识；在黄金购物车抢夺方法的教学中，着力培养学生的竞争意识、创新精神和专业理论素养。

【重难点】

教学重点：跟卖 Listing 的设置原理及方法；黄金购物车的分配规则及抢夺方法。

教学难点：跟卖注意事项，黄金购物车的抢夺方法以及流量分配。

### 3.3.1 跟卖产品详情页

很多跟卖品类具有鲜明的特点，因此卖家可以按照国内的采购方法来选择产品。

卖家应该将自己的产品价格控制在合理范围内，并在此基础上对影响产品销售的各种因素进行分析，这些因素包括题目设置、关键词填写、图片呈现、页面布局等，如果这些因素的差别都不大，那么最能体现竞争优势的方面就是不同卖家的运营成本，竞争力最强的店铺就会在亚马逊平台特定品类中占据黄金购物车的位置。

亚马逊平台为了给顾客提供更好的服务，更好的产品和更优惠的价格，允许卖家在别家的产品详情页下进行跟卖，跟卖别家的产品详情页只需要复制要跟产品详情页的 ASIN(亚马逊标准识别号码)或者标题，然后上架填明自己出售的价格，抢占黄金购物车。

1. 跟卖的定义

跟卖是指在别人的产品详情页上挂接自己的产品链接，亚马逊有一个独特的功能，就是跟挂热卖的产品。

2. 跟卖的前提

跟卖的前提是没有造成侵权，产品一样。

3. 跟卖的优劣势

(1) 优势：曝光流量大、出单快、可以增加订单稀释 ODR 指标。

(2) 劣势：价格竞争激烈、利润率低、侵权投诉概率高。

4. 跟卖注意事项

(1) 确保货源和产品质量及利润率。

(2) 确保产品完全一样。

(3)确保产品无注册品牌。

(4)抢占黄金购物车。

**5. 跟卖的要点**

(1)双方的产品要完全一样,包括品牌、图片、标题、颜色、参数、材质、包装等。

(2)卖同一品牌的卖家跟卖,如果要进行跟卖,首先需要获得在这个平台售卖的品牌授权。

(3)即便是产品一模一样,也要注意是否侵犯其他商家的知识产权,比如商标、专利的侵权等。

### 3.3.2 跟卖设置

了解了跟卖的前提、优劣势及注意事项之后,下面一起学习跟卖的设置。

(1)找到想要跟卖的产品。首先需要找到一款产品的 ASIN 码,如图 3-37、图 3-38 所示。打开后台,选择"库存"→"添加新商品"选项,粘贴 ASIN 码,单击"出售您的"完成操作,如图 3-39、图 3-40 所示。

图 3-37 亚马逊商品搜索页

图 3-38 亚马逊商品详情内容

图 3-39　添加新商品页

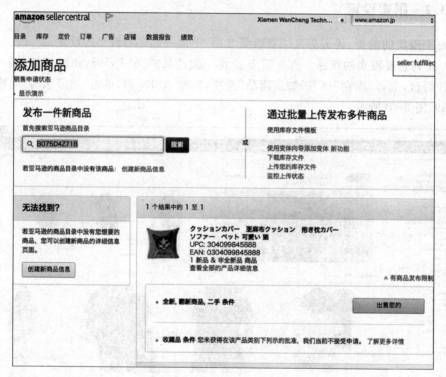

图 3-40　添加商品页

（2）填写页面中带星号的板块内容，如图 3-41 所示。

（3）进入库存管理，卖家可以查到刚刚跟卖成功的 Listing，如图 3-42 所示。

（4）需要注意的是，上架产品需与跟卖产品一致，不能跟卖有品牌的产品。

### 3.3.3　黄金购物车规则要素

跟卖最主要的是为了抢夺黄金购物车（Buy Box），因为在亚马逊销售上会有 70%～80% 的流量是来源于 Buy Box。因此，需要掌握 Buy Box 的规则和要素，这样才知道如何抢夺黄金购物车。

**1. 亚马逊上 70%～80% 的销售订单通过 Buy Box 产生**

当顾客在产品页面上决定购买一个商品时，70%～80% 的顾客（在某些商品上可能会更

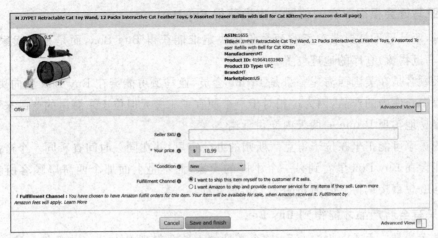

图 3-41 填写跟卖信息页

图 3-42 库存页面

多)会从获得 Buy Box 的卖家那里购买。大多数买家并不会单击页面下方的 11 more new and used offers(11 个新的和使用过的优惠)来查看更多价格和卖家,而是会直接单击 Add to Cart(添加到购物车)的黄色按钮。这也就是为什么所有卖家都希望自己能得到更多的 Buy Box(黄金购物车)展示份额。

### 2. 卖家将会轮流得到 Buy Box

亚马逊将在所有符合 Buy Box 资格的卖家中进行轮换。这种轮换将取决于亚马逊的算法,但它通常会根据价格,在所有价格有竞争力的卖家之间进行轮换,而且通常是在当前 Buy Box 价格的一定百分比之内轮换。

### 3. 价格最低不一定能保证得到 Buy Box

Buy Box 的价格并不总是亚马逊上最低的。大部分的消费者会认为 Buy Box 价格是最低的,所以大部分新卖家会以为把商品价格与最低价格相匹配才能得到 Buy Box,但这并不是真的。有时,Buy Box 的价格会比最低价格高 1~2 美元,在某些商品上,甚至会比最低价格高出 5 美元。

许多新卖家使用的定价策略是,把价格定到比最低价格低 1 便士或 5 美分,以为这样将会确保获得 Buy Box。实际上,当他们的定价高于 Buy Box 价格时也能够得到相同的结果。Buy Box 是一直在轮换的,价格最低的并不一定能保证得到 Buy Box。

**4. 亚马逊会根据库存的位置决定谁获得 Buy Box**

有时,亚马逊不是根据卖家的商品价格决定谁能获得 Buy Box,而是根据卖家库存在 FBA(亚马逊物流)仓库的地理位置。

如果顾客是在美国西海岸并且是 Prime 会员,亚马逊可能会在 Buy Box 里向买家展示位于西海岸仓库内的产品,因为这相对于一个便宜了 1 美元但位于东海岸的产品来说,亚马逊能更容易地实现 Prime 的两天内交付承诺。

有的买家可能正坐在位于得克萨斯州的办公室里,并在同一时间查看同一个产品页面,但他可能会在 Buy Box 里看到另一个不同的卖家,而不是上面那个西海岸顾客所看到的,因为亚马逊想直接从得克萨斯州的一个仓库发货。

**5. 只有全新产品才能得到 Buy Box**

如果卖的是二手或回收的产品,这个产品就不符合得到 Buy Box 的条件。这个规则的例外是,对于某些媒体类(Media)产品来说,亚马逊会展示两个 Buy Box,一个是全新的产品,一个是二手的产品。

**6. 在被跟卖的情况下亚马逊的自营产品会与第三方卖家分享 Buy Box**

如果亚马逊是某一商品的自营卖家,他们就会霸占 Buy Box。不过有时,亚马逊也会把 Buy Box 让给价格低很多的卖家。这种情况一般是由于亚马逊的库存卖光了,第三方卖家才能得到 Buy Box 并开始出售那件产品。

### 3.3.4　Buy Box 消失的原因

当产品的 Buy Box 突然消失了,首先要学会找到 Buy Box 消失的原因,如此,才能找回 Buy Box,获得更多的流量和订单。

**1. 价格调整不合理**

注意价格的调整幅度不要太大。如果需要调整价格可以尝试以美元小幅度提价,减小对购物车的影响。

**2. 随意更改产品详情页信息**

随意更改产品详情页会直接影响整个产品详情页的排名和权重,比如,合并产品详情页或拆分变体,变更产品详情页类目,都会导致购物车消失不见。

**3. 差评过多导致产品详情页表现差**

卖家收到差评,影响到产品详情页的评分,导致产品详情页表现差,都有可能使购物车丢失。

**4. 被亚马逊买家举报或投诉**

若卖家被亚马逊卖家投诉或举报产品问题,导致退货率高,差评增多,这些也会成为亚马逊重点调查的对象,很有可能会临时性限制购物车功能。

**5. FBA(亚马逊物流)断货(库存不够)**

若 FBA(亚马逊物流)缺货或者库存不够,也会影响排名,使得产品销量开始下降,从而导致购物车消失不见。

### 3.3.5 Buy Box 找回的方法

如果 Buy Box 丢失了,要设法找回,以下是找回购物车的方法。

**1. 确认产品是否被跟卖**

购物车突然消失,首先对跟卖自家 Listing(产品详情页)的卖家进行排查。如果存在可能会导致互相抢购物车的情况,卖家要先处理被跟卖的情况;如果不存在,卖家可以观察几天,也有恢复购物车的机会。

**2. 开 Case(案件)咨询客服**

在卖家不知道什么原因的情况下,最好先联系卖家支持,有卖家联系客服得到的回答是:建议卖家主动降价,等待系统重新分配购物车。

**3. 调整合理的价格**

做好产品价格优化,可以尝试调低价格。亚马逊会检查卖家的价格,保证产品价格不高于同类产品价格,确保价格合理。

**4. 合理优化产品详情页**

做好客户反馈,对于买家的留评,特别是差评,进行针对性的买家沟通,询问哪方面存在问题,并加以改进,避免出现差评的情况,可以保证产品详情页的良好状态。

**5. 确保 FBA 库存足够**

库存不足不仅会直接影响卖家的订单缺失率、迟发率等,而且可能导致卖家账号表现差的情况出现,所以卖家要保证有足够的库存,才能有效避免购物车消失。

 思政小课堂

在亚马逊平台跟卖 Listing 的操作和跟卖 Listing 的设置中,使学生充分认识跟卖 Listing 的前提是:有品牌备案的产品不能跟卖,卖家能够提供同样的产品,但不能侵犯知识产权。由此引导学生树立知识产权观念,增强知识产权意识,知法守法。

在 Buy Box(黄金购物车)分配规则、消失原因和抢夺方法的教学中,鼓舞学生将斗争精神作为前进路上战胜强敌的意志和决心,同时将跨境电子商务进出口贸易倡议引入课程教学,树立你中有我、我中有你的命运共同体意识,培养学生家国天下和合作共赢、共同发展的理念。让学生更深入了解亚马逊平台的特点以及运营规则,着力培养学生从事跨境电商的规则意识、竞争意识、创新精神和专业素养。

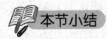 本节小结

亚马逊跟卖是在别人的产品详情页上挂接自己的产品链接,跟卖的前提是能够提供一样的产品,跟卖不需要自己编写 Listing。跟卖的优势是曝光高、流量大、出单快,可以增加订单及稀释 ODR 指标;跟卖的劣势是价格竞争激烈、利润率低、侵权投诉概率高。跟卖是亚马逊平台为了给顾客提供更好的服务、更好的产品和更优惠的价格。

Buy Box 的分配规则使得黄金购物车的卖家将获得 70%～80% 的销售订单，卖家会轮流得到 Buy Box。Buy Box 受商品的价格、卖家的店铺表现、卖家的商品的所在地、商品是否有差评等因素的影响，Buy Box 消失的主要原因在于：产品价格过高、店铺绩效表现差以及差评太多等因素。找回 Buy Box 的方法主要有以下几种：先检查产品是否被跟卖，及时调整价格，合理优化 Listing，确保库存充足。

跟卖的定义、优势与劣势、Buy Box 的分配规则及找回方法是本章节必须重点掌握的内容。

### 复习思考题

1. 如何跟卖别人的商品？
2. 跟卖别人商品的注意事项有哪些？
3. 简述有哪些因素会影响 Buy Box？
4. Buy Box 消失的原因有哪些？
5. 如何找回 Buy Box？

## 3.4 仓储物流

【学习目标】

知识目标：了解 FBA 和 FBM 的概念，学会 FBA 发货、补货流程操作，知悉亚马逊不同类型物流方式、FBA 注意事项及 FBA 货件要求，掌握 FBA 费用的计算方法、FBA 补货周期计算方法及库存维度分析方法，选择适合自己的物流方式及库存管理方式。

能力目标：具备在亚马逊平台独立进行物流模式特点分析、库存分析、物流模式选择、物流费用计算、FBA 补货周期计算以及 FBA 发货流程操作的能力。

素质目标：培养学生独立分析能力，提升学生处理跨境物流及库存问题的专业素养；引导学生形成正确权衡跨境电商企业效益最大化与顾客至上之间关系的现代管理理念及职业素养。

【重难点】

教学重点：亚马逊平台物流的特点、FBA 相关费用、FBA 补货调整、FBA 发货注意事项以及 FBA 货件要求。

教学难点：FBA 发货费用的计算方法，FBA 补货表格管理及补货调整方法。

### 3.4.1 亚马逊 FBA

FBA 是亚马逊物流服务（Fulfillment By Amazon）的英文简称，即亚马逊将自身平台开放给第三方卖家，将其库存纳入亚马逊全球的物流网络，为其提供拣货、包装以及终端配送的服务，亚马逊则收取服务费用。

**1. FBA 的优势与劣势**

（1）FBA 的优势：Amazon Prime（亚马逊会员）享受各大站点免费配送；减少物流方面的客户服务及退货的问题；可多渠道配送；送达时效更快；减轻卖家工作；提高 Listing（详情页）排名；改善卖家绩效；提供 7×24 小时客服；更容易获得 Buy Box。

(2) FBA 的劣势:费用高;灵活性差;不提供清关服务;产品需要贴标;买家退货更随意;资金使用效率相对较低。

### 2. FBA 相关费用表

FBA 涉及的相关费用:亚马逊销售佣金、头程费用、FBA 费用、库存仓储费(月度＋长期)、移除订单费、多渠道配送费、退货处理费以及计划外预处理服务费。如表 3-4 所示对于以上相关费用的详情进行了比较。

表 3-4 FBA 相关费用

| 相关费用 | 费用详情 |
| --- | --- |
| 佣金 | 不同类目不同佣金,大部分收取 15% |
| 头程费用 | 即产品从国内发到亚马逊仓库所需费用 |
| FBA 费用 | 订单处理费,取件及包装费,重量处理费 |
| 仓储费 | 包括月库存仓储费用、长期仓储费用、超额仓储费用 |
| 增值服务费 | 这个费用包括了好几项,但都是可选的,最常用的是合仓费 |

### 3. FBA 的注意事项

(1) 合理定价。
(2) 产品都需要贴产品标签。
(3) 产品与产品标签的 FNSKU(亚马逊物流生成的编码)一一对应。
(4) 保证标签条码的辨识度及平整度。
(5) 标签应把产品本身条码盖住。
(6) 外箱单最好是两张以上,防止出现损坏,方便工作人员扫描。

### 4. FBA 的货件要求

(1) 美国市场:单箱不超过 22.68kg,单边长不超过 63.5cm;单个产品超过 22.68kg,要在外箱贴 Team Lift;超过 45.36kg,要贴 Mechanical Lift。
(2) 英国市场:单箱不超过 30kg,单边长不超过 63.5cm;单箱超过 15kg 外箱需要贴 Heavy Package。
(3) 日本市场:尺寸低于 60cm×50cm×50cm,单箱重量不超过 40kg。

### 5. 发货方式对比表

目前跨境电商平台亚马逊发货的主要方式有 FBA、第三方海外仓和自发货三种。
表 3-5 是常见的三种发货方式的优劣势的对比。

表 3-5 发货方式对比

| 比较 | FBA | 第三方海外仓 | 自发货 |
| --- | --- | --- | --- |
| 优势 | 物流速度快,能够提高排名获得曝光率;若因物流原因收到差评,亚马逊官方能够帮助解决移除 | 很好地拓展仓库的当地市场;物流的成本比 FBA 低很多;发货速度快 | 库存风险把控,减少库存压力;加快资金周转率 |

续表

| 比较 | FBA | 第三方海外仓 | 自发货 |
|---|---|---|---|
| 劣势 | 费用相对较高；操作起来不太方便，备货时间长，容易造成断货或库存积压 | 管理难度大；海外仓的库存压力大，很难进行调控，容易积压从而导致最后报废 | 自发货会导致产品的排名低，甚至曝光率低到很难被用户知晓，并且费用也不是很低 |
| 总结 | 拥有相当复杂的手续和较高的费用，但能保持良好的用户体验和得到亚马逊平台的扶持 | 能够建造海外仓的并且有能力承担损失的卖家可以选择布局海外仓，提高用户体验 | 拥有特定"粉丝"且不在乎排名，那么不妨选择更加灵活方便的自发货 |

### 思政小课堂

结合唯物辩证法矛盾特殊性的原理，在亚马逊平台不同类型物流模式特点的比较分析及库存分析的教学中，注重培养学生具体问题具体分析的能力，处理跨境物流及库存问题的专业素养。以物联网、大数据、云计算、VR、AI 在物流领域应用的实例，突出我国物流发展的高速度和高科技，坚定中国特色社会主义道路自信。从提升物流服务水平，增强电商用户体验的视角，增强职业道德、创新意识与社会责任感。

在亚马逊平台物流模式选择、物流费用计算与发货流程操作等内容的教学中，着力引导学生形成正确的义利观，权衡跨境电商企业运营效益最大化与实现社会效益的关系、企业短期利益与长远利益之间的关系、企业赢利与顾客至上之间关系，树立现代管理理念及职业素养，在综合平衡中实现稳步发展。

### 本节小结

通过本节的教学，了解跨境电商亚马逊物流的含义、方式、主要优劣势，学会 FBA 发货，侧重弄清 FBA 的相关注意事项和货件要求，理解亚马逊物流 FBA、第三方海外仓和客户自发货的区别，知悉 FBA、第三方海外仓和客户自发货的发货方式，掌握 FBA 费用的计算方法、FBA 补货周期计算方法及库存维度分析方法，具备在亚马逊平台进行物流模式特点分析、库存分析、物流模式选择、物流费用计算以及 FBA 发货流程操作的独立运营能力。

### 复习思考题

1. 什么是 FBA？
2. FBA 和 FBM 有什么区别？
3. 如何理解亚马逊物流的运作模式？

## 3.5　学习亚马逊实操与应用

【学习目标】

知识目标：了解卖家注册、上传商品和变体、编辑商品产品详情页、广告投放、买家操作、转换物流方式、卖家后台设置的操作方法和步骤,知悉实训操作平台的登录并熟练掌握亚马逊仿真实训平台的 30 个模拟操作任务。

能力目标:具备在亚马逊仿真实训平台进行跨境电商业务全流程模拟实操能力以及熟练运用亚马逊前后台各项功能对跨境电商交易活动进行独立模拟运营和管理的综合应用能力。

素质目标:培养学生利用亚马逊仿真实训平台和亚马逊前后台各项功能对跨境电商业务活动进行有效运营,培养学生综合管理的专业素养和遵规守法、诚信经商、爱岗敬业的良好职业道德。

【重难点】

教学重点:熟练掌握卖家注册、上传单品和变体、发货补货、广告投放、修改物流方式等操作流程与方法。

教学难点:广告投放方式选择及店铺绩效分析。

### 3.5.1 模拟卖家注册

卖家注册是在亚马逊操作的第一步,也是至关重要的一步。实训平台不仅提供亚马逊卖家注册模拟操作,而且把亚马逊所有常规操作分成了 30 个步骤,帮助卖家熟悉亚马逊平台。模拟卖家注册,让卖家可以提前准备资料,为开店做好充足准备。以下是卖家注册步骤。

(1)打开实训平台,输入账号和密码进行登录,如图 3-43 所示。

图 3-43 登录页面

(2)单击右上角的实训平台,进入实训平台选择页面,如图 3-44 所示。

图 3-44 小艾智能学习平台实训平台入口

(3) 在这里选择亚马逊平台,即可开始任务,如图 3-45 所示。

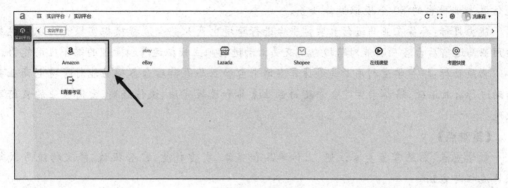

图 3-45 登录页面

(4) 进入亚马逊实训平台后,找到卖家注册进行实操,卖家注册实操步骤如图 3-46 所示。

图 3-46 卖家注册步骤页面

### 3.5.2 上传单品和变体

上传单品和变体实操任务包括上传单品实操、上传变体实操、批量上传单品实操、批量上传变体实操和编辑商品 Listing 实操。但如果在亚马逊注册为普通卖家,则不能进行批量上传单品和批量上传变体,若想要批量上传,则可以在卖家中心升级为专业卖家。

**1. 上传单品**

进入亚马逊实训平台后,找到上传单品实操任务,单击"点击进入",按照操作步骤完成上传单品实操,步骤如图 3-47 所示。

图 3-47　上传单品实操步骤

**2. 上传变体**

登录亚马逊实训平台后,找到上传变体实操任务,单击"点击进入",完成上传变体实操,步骤如图 3-48 所示。

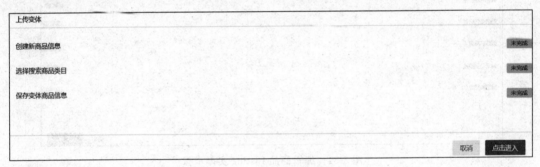

图 3-48　上传变体实操步骤

**3. 批量上传单品**

登录亚马逊实训平台后,找到批量上传单品实操任务,单击"点击进入",完成批量上传单品实操,步骤如图 3-49 所示。

图 3-49　批量上传单品实操步骤

**4. 批量上传变体**

登录亚马逊实训平台后,找到批量上传变体实操任务,单击"点击进入",按照实操步骤完成批量上传变体实操,步骤如图 3-50 所示。

图 3-50　批量上传变体实操步骤

### 5. 编辑商品 Listing

登录亚马逊实训平台后,找到编辑商品 Listing 实操任务,单击"点击进入",按照实操步骤完成编辑商品 Listing 实操,步骤如图 3-51 所示。

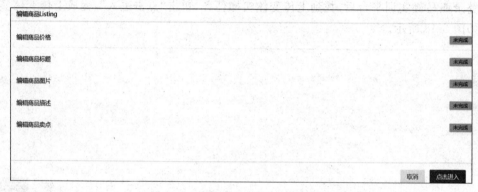

图 3-51　编辑商品 Listing 实操步骤

### 3.5.3　发货与补货

卖家将货物存储到海外仓之后,海外仓会将产品的实时库存共享给卖家。如果亚马逊仓库的产品量少,那么卖家就可以通知海外仓补货。然后海外仓会根据卖家的需求将一定量的货物运输到亚马逊海外仓中进行补货。卖家的 FBA 海外仓发/补货具体流程如下。

#### 1. 发货与补货(1 个 SKU)

进入亚马逊实训平台后,找到发/补货(1 个 SKU)实操任务,单击"点击进入",按照实操步骤完成发/补货(1 个 SKU)实操,步骤如图 3-52 所示。

#### 2. 发货与补货(多个 SKU)

登录亚马逊实训平台后,找到发货与补货(多个 SKU)实操任务,单击"点击进入",按照实操步骤完成发货与补货(多个 SKU)实操,步骤如图 3-53 所示。

### 3.5.4　广告投放

广告的投放可以提高店铺商品浏览率,从而提高店铺商品转化率。自动广告可以带来关键词的流量以及关联流量,而手动广告能够带来精准的关键词流量。广告引流分为两个

图 3-52 发货与补货(1个 SKU)实操步骤

图 3-53 发货与补货(多个 SKU)实操步骤

层面:第一个是直接引流,第二个是间接引流,当客户通过广告浏览了本产品之后,当客户在页面的停留时长较长时,系统会将产品加入用户的浏览轨迹,二次浏览的概率会高很多,因此进行广告投放至关重要。

### 1. 自动广告投放

登录亚马逊实训平台后,找到自动广告投放实操任务,单击"点击进入",按照实操步骤完成自动广告投放实操,步骤如图 3-54 所示。

图 3-54 自动广告投放实操步骤

### 2. 手动广告投放

登录亚马逊实训平台后,找到手动广告投放实操任务,单击"点击进入",按照实操步骤完成手动广告投放实操,步骤如图 3-55 所示。

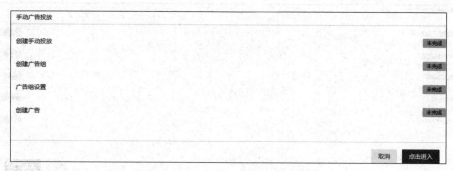

图 3-55 手动广告投放实操步骤

1) 手动广告投放(精准匹配)

登录亚马逊实训平台后,找到手动广告投放(精准匹配)实操任务,单击"点击进入",按照实操步骤完成手动广告投放(精准匹配)实操,步骤如图 3-56 所示。

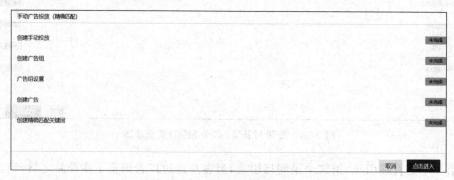

图 3-56 手动广告投放(精准匹配)实操步骤

2) 手动广告投放(广泛匹配)

登录亚马逊实训平台后,找到手动广告投放(广泛匹配)实操任务,单击"点击进入",按照实操步骤完成手动广告投放(广泛匹配)实操,步骤如图 3-57 所示。

图 3-57 手动广告投放(广泛匹配)实操步骤

3) 手动广告投放(词组匹配)

登录亚马逊实训平台后,找到手动广告投放(词组匹配)实操任务,单击进入,按照实操步骤完成手动广告投放(词组匹配)实操,步骤如图 3-58 所示。

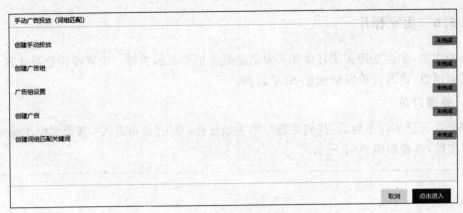

图 3-58　手动广告投放（词组匹配）实操步骤

### 3.5.5　买家操作

卖家操作包括买家注册和购买商品。卖家通过对买家身份的体验,能更好地掌握自己店铺的运营方法。

**1. 买家注册**

登录亚马逊实训平台后,找到买家注册实操任务,单击"点击进入",按照实操步骤完成买家注册实操,步骤如图 3-59 所示。

图 3-59　买家注册实操步骤

**2. 购买商品**

登录亚马逊实训平台后,找到购买商品实操任务,单击"点击进入",按照实操步骤完成购买商品实操,步骤如图 3-60 所示。

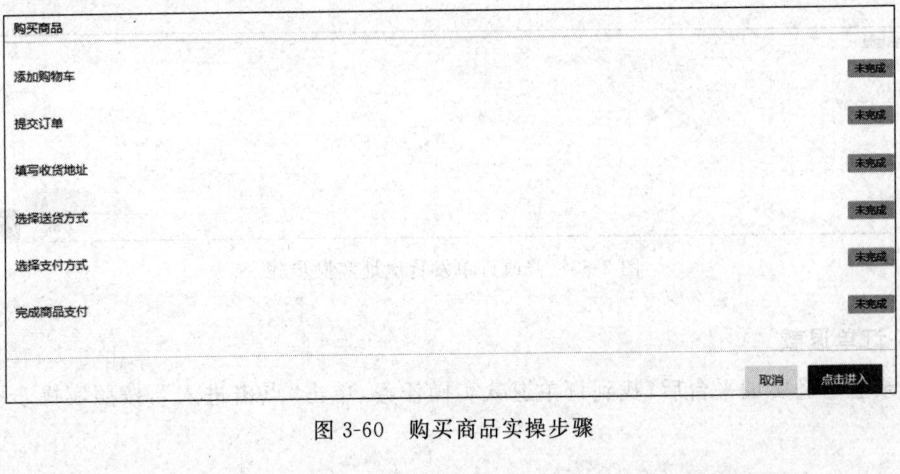

图 3-60　购买商品实操步骤

### 3.5.6 卖家操作

作为卖家,学会处理买家订单和买家消息是卖出商品的关键。卖家操作包括处理订单、处理买家消息、修改订单发货地址、订单退款。

**1. 处理订单**

登录亚马逊实训平台后,找到处理订单实操任务,单击"点击进入",按照实操步骤完成处理订单实操,步骤如图 3-61 所示。

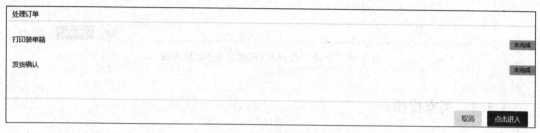

图 3-61　处理订单实操步骤

**2. 处理买家消息**

登录亚马逊实训平台后,找到处理买家消息实操任务,单击"点击进入",按照实操步骤完成处理买家消息实操,步骤如图 3-62 所示。

图 3-62　处理买家消息实操步骤

**3. 修改订单发货地址**

登录亚马逊实训平台后,找到修改订单发货地址实操任务,单击"点击进入",按照实操步骤完成修改订单发货地址实操,步骤如图 3-63 所示。

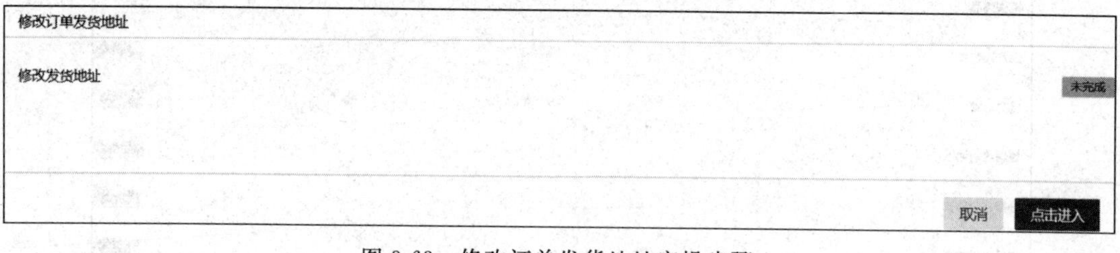

图 3-63　修改订单发货地址实操步骤

**4. 订单退款**

登录亚马逊实训平台后,找到订单退款实操任务,单击"点击进入",按照实操步骤完成订单退款实操,步骤如图 3-64 所示。

图 3-64　订单退款实操步骤

### 3.5.7　物流方式

目前跨境电商平台亚马逊发货的主要方式有三种:FBA、第三方海外仓和自发货。卖家可以在后台将 FBM 商品和 FBA 商品进行转换,选择适合自己的物流方式,可以降低物流成本。

#### 1. FBM 转 FBA

登录亚马逊实训平台后,找到 FBM 转 FBA 实操任务,单击"点击进入",按照实操步骤完成 FBM 转 FBA 实操,步骤如图 3-65 所示。

图 3-65　FBM 转 FBA 实操步骤

#### 2. FBM 转 FBA 并发补货

登录亚马逊实训平台后,找到 FBM 转 FBA 并发补货实操任务,单击"点击进入",按照实操步骤完成 FBM 转 FBA 并发补货实操,步骤如图 3-66 所示。

图 3-66　FBM 转 FBA 并发补货实操步骤

### 3. FBA 商品转为 FBM

登录亚马逊实训平台后,找到 FBA 商品转为 FBM 实操任务,单击"点击进入",按照实操步骤完成 FBA 商品转为 FBM 实操,步骤如图 3-67 所示。

图 3-67　FBA 商品转为 FBM 实操步骤

## 3.5.8　卖家后台管理

卖家后台设置包括亚马逊物流设置、管理定价、检查账户状况、卖家账户设置、退货设置、礼品设置、跟卖别人的商品和配送设置。掌握设置内容,可以更好地设置管理店铺,同时跟卖能帮助抢夺黄金购物车,提高店铺转化率。

### 1. 亚马逊物流设置

登录亚马逊实训平台后,找到亚马逊物流设置实操任务,单击"点击进入",按照实操步骤完成亚马逊物流设置实操,步骤如图 3-68 所示。

图 3-68　亚马逊物流设置实操步骤

### 2. 管理定价

登录亚马逊实训平台后,找到管理定价实操任务,单击"点击进入",按照实操步骤完成管理定价实操,步骤如图 3-69 所示。

### 3. 检查账户情况

登录亚马逊实训平台后,找到检查账户情况实操任务,单击"点击进入",按照实操步骤完成检查账户情况实操,步骤如图 3-70 所示。

图 3-69　管理定价实操步骤

图 3-70　检查账户情况实操步骤

**4. 卖家账户设置**

登录亚马逊实训平台后,找到卖家账户设置实操任务,单击"点击进入",按照实操步骤完成卖家账户设置实操,步骤如图 3-71 所示。

图 3-71　卖家账户设置实操步骤

**5. 退货设置**

登录亚马逊实训平台后,找到退货设置实操任务,单击"点击进入",按照实操步骤完成退货设置实操,步骤如图 3-72 所示。

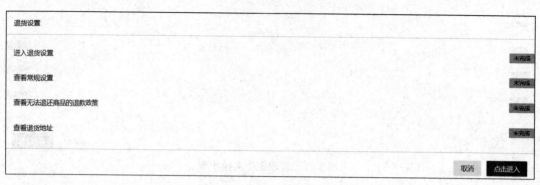

图 3-72　退货设置实操步骤

### 6. 礼品设置

登录亚马逊实训平台后,找到礼品设置实操任务,单击"点击进入",按照实操步骤完成礼品设置实操,步骤如图 3-73 所示。

图 3-73　礼品设置实操步骤

### 7. 跟卖别人的商品

登录亚马逊实训平台后,找到跟卖别人的商品实操任务,单击"点击进入",按照实操步骤完成跟卖别人的商品实操,步骤如图 3-74 所示。

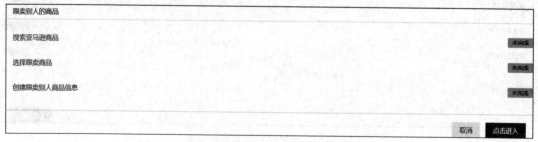

图 3-74　跟卖别人的商品实操步骤

### 8. 配送设置

登录亚马逊实训平台后,找到配送设置实操任务,单击"点击进入",按照实操步骤完成配送设置实操,步骤如图 3-75 所示。

图 3-75　配送设置实操步骤

思政小课堂

通过完成全流程实操实训,让学生掌握操作亚马逊平台的全流程,以获得一系列跨境电商操作与运营经验,让学生了解作为跨境电商从业人员,不仅要具备基本的操作技能,更要具备坚守诚信、脚踏实地、合作友善、勤勉尽责的品质与责任担当,在工作中要勇于开拓,大胆创新,进一步理解并自觉践行本行业的职业精神和职业规范,增强职业责任感。培养学生对跨境电商业务活动进行有效运营及综合管理的专业素养和遵规守法、诚信经商、爱岗敬业的良好职业道德,提高学生跨境电商的创新创业和就业能力以及对跨境电商的探索精神,打开学生的国际视野,使学生能够更好地结合中国跨境电商发展的新特点、新模式,联系全球跨境电商发展的新格局、新趋势,深入辩证地去思考、分析、解决跨境电商的新问题。

## 本节小结

亚马逊实训平台步骤由模拟卖家注册、上传单品和变体、广告投放、买家操作、卖家操作、物流方式和卖家后台管理组成。

卖家注册需要提前准备资料,按流程完成注册开店。上传单品和变体包括上传单品、上传变体、批量上传单品、批量上传变体的实操需提前准备好上架商品的文案和图片和编辑商品 Listing 主要是在日常运营工作中对 Listing 进行优化。如果亚马逊仓库的产品量库存不足,那么卖家就需要通知海外仓进行发货或补货。运营店铺需要投放广告,广告可以提高店铺商品浏览率,从而提高店铺商品转化率,店铺也需要广告引流,自动广告可以带来关键词的流量以及关联流量,而手动广告能够带来精准的关键词流量。目前,跨境电商平台亚马逊发货的主要方式有三种:FBA、第三方海外仓和自发货,选择适合自己的物流方式,可以降低物流成本。卖家后台管理主要工作是亚马逊物流设置、管理定价、检查账户情况、卖家账户设置、退货设置、礼品设置、跟卖别人的商品和配送设置。了解亚马逊运营过程的主要内容,掌握亚马逊的实操步骤以及具备独立运营的能力是本章的重点。

**复习思考题**

1. 卖家注册需要准备什么资料?
2. 简述上传单品和上传变体的区别。
3. 发布手动广告有哪三种方法?它们的操作区别是什么?
4. 如何进行跟卖?如何防止跟卖?
5. 简述发补货(1个SKU)和发补货(多个SKU)的操作区别。
6. 回顾卖家后台管理知识,简述如何管理好亚马逊账号。

**职场通**

  首先要了解亚马逊注册开店的方法,知悉亚马逊平台开店流程,掌握并应用亚马逊平台的选品方法;Listing 的刊登产品是运营基础,Listing 的架构、Listing 的内容、Listing 创建流程、使用关键词搜索产品、回复 Q&A(问答)处理差评在运营时都至关重要;亚马逊站内营销是运营手段,学生需要知悉 Buy Box,在运营亚马逊店铺中要了解亚马逊平台政策,这样能帮助学生在职场中减少企业的损失。

# 第4章　速卖通平台

## 4.1　注册开店与选品

速卖通平台

【学习目标】

知识目标：了解速卖通的注册开店的准备资料；知悉速卖通平台卖家入驻流程；掌握并应用速卖通平台注册开店的方法；掌握并应用速卖通平台的选品技巧。

能力目标：具备在速卖通平台注册开店及选品的能力。

素质目标：在填写卖家注册资料的教学中培养学生诚实守信的职业品质；在注册开店流程操作与子账号设置管理教学中启迪学生养成循序渐进、精细严实的工作作风与职业素养；在选品方法教学中培养学生善于发掘市场潜在需求的选品意识和优中选优、精益求精的选品理念。

【重难点】

教学重点：速卖通平台注册开店的流程及方法，速卖通平台选品的方法和流程。

教学难点：如何选对速卖通的好产品以及打造爆款。

### 4.1.1　注册准备资料

如今速卖通还是有很多企业或个人选择，也有些人为了拓展销路，也尝试着做速卖通，但对跨境电商的认识少之又少。速卖通开店要准备以下资料：增值税号；公司营业执照，公司法定代表人身份证号；请确保公司的联系信息是最新的(电子邮件和电话号码)，以便在必要时联系。

### 4.1.2　入驻流程

需要在速卖通平台上进行开启店铺、经营活动、售卖商品，必须入驻速卖通，可以按照以下步骤操作。

**1. 账号注册**

商家通过手机、邮箱注册平台账号，如图4-1、图4-2所示。

图 4-1　注册账号页面　　　　　　图 4-2　填写校验码页面

## 2. 账号认证

商家进行企业信息认证，可选择以下两种方式：企业支付宝认证验证；企业法人支付宝认证验证，如图 4-3 所示。

**注意**：从 2021 年 12 月 10 日起速卖通平台已限制个体工商户入驻。

图 4-3　填写企业信息

## 3. 平台审核

审核时间预计 1～3 天。

## 4. 入驻审核成功

进入商家开店页面，如图 4-4 所示。

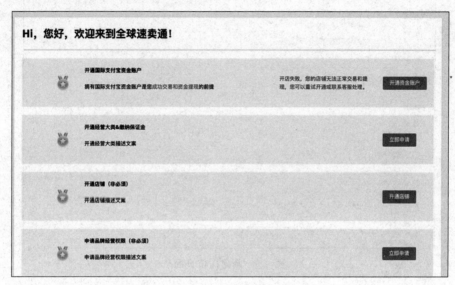

图 4-4　商家开店页面

### 4.1.3　子账号设置与管理

速卖通仅有主账号。如果只是单个操作，其实还较为方便；但如果员工多，只有一个主账号基本上忙不过来，所以，需要商家开设更多子账号给下面的员工去做工作，每个主账号（管理员账号）可以设置 50 个子账号，掌握子账号的管理至关重要。

#### 1. 创建岗位

单击子账号管理页面右上方"新建岗位"，进入岗位创建页面，如图 4-5 所示。

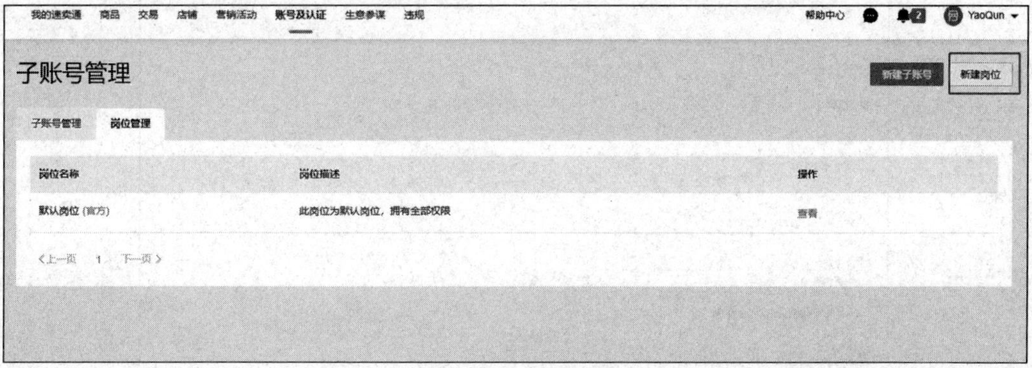

图 4-5　创建岗位页面

## 2. 新建岗位

填写岗位名称、描述并勾选相应页面的访问权限,如图 4-6 所示。

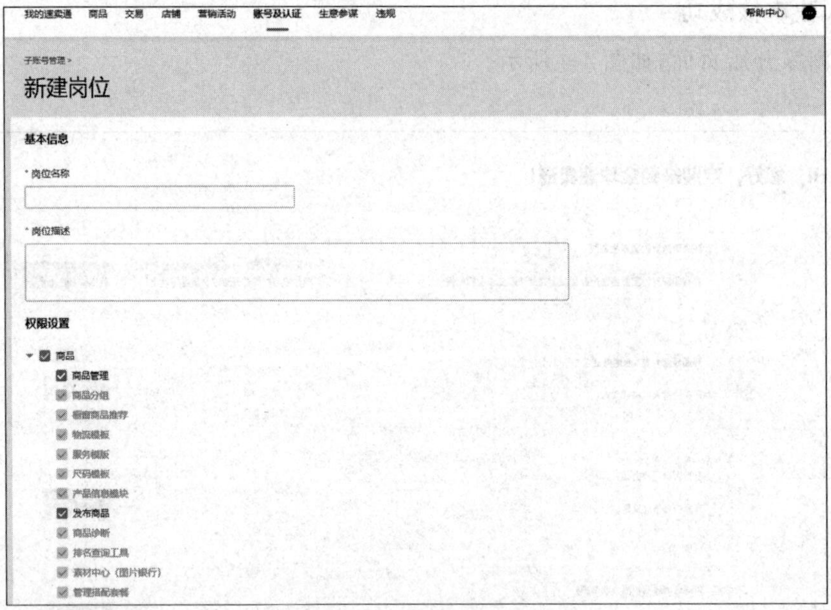

图 4-6　新建岗位页面

## 3. 新建子账号

完成岗位创建后,可新建子账号,输入相应信息,并选择先前已创建的岗位,如图 4-7 所示。

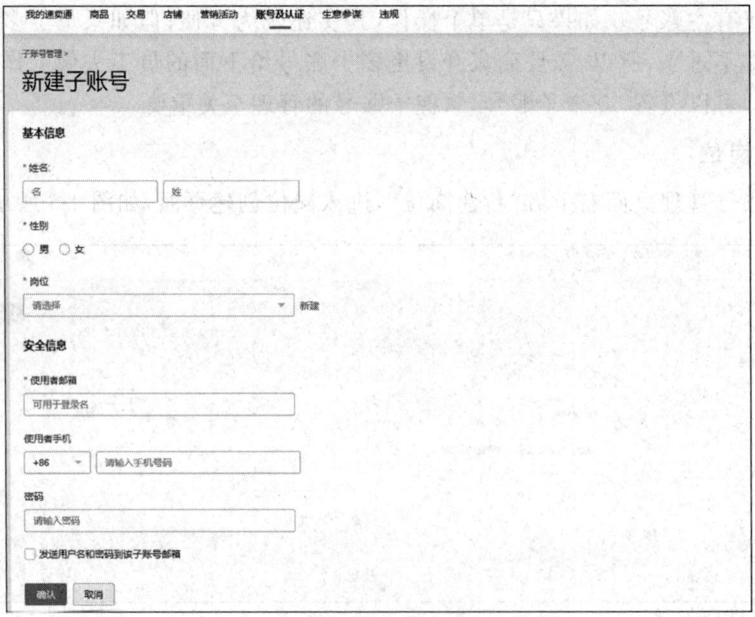

图 4-7　新建子账号

**4. 针对已创建岗位的修改与删除**

单击"子账号管理"或"岗位管理",可以对已创建的子账号/岗位进行编辑、状态变更和删除,如图 4-8 所示。

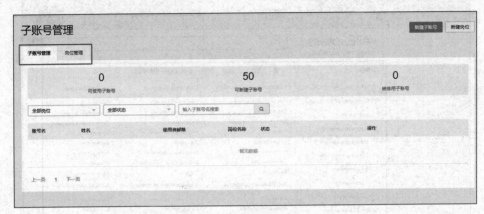

图 4-8　子账号管理页面

### 4.1.4　选品技巧

选品分为站内选品和站外选品,无论在哪里选品,都需要学会查看榜单,选择受欢迎、售后问题不复杂的商品。

**1. 站内选品**

进入速卖通首页,如图 4-9 所示,在速卖通首页可以查看平台里卖得好的产品。

图 4-9　速卖通首页

按类目查找热销品:打开平台首页,找到所带店铺的类目,把鼠标光标放在所选的类目上查看二级类目的产品,如图 4-10 所示。

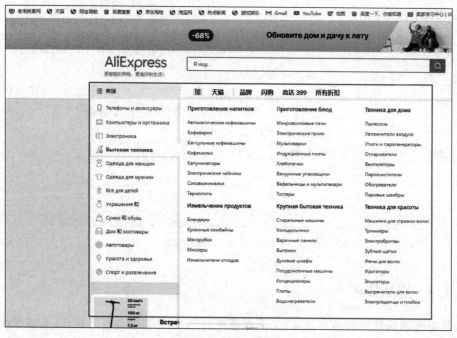

图 4-10　热销品排名

登录速卖通后台:单击生意参谋—搜索分析,可以通过热搜词查看热卖商品,也可以通过飙升词查询飙升产品和曝光产品,卖家可以根据排名进行选品,如图 4-11 所示。

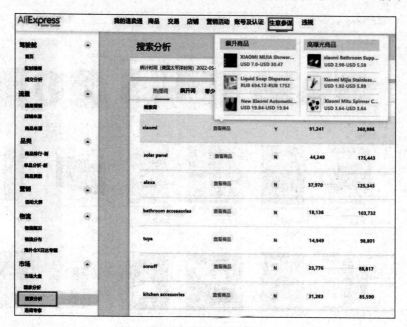

图 4-11　搜索分析页面

## 2. 站外选品

首先,关注国内外其他购物网站所流行的商品,关注 Facebook、抖音等平台的流行商品,还可以使用 Google Trehds 了解市场趋势。其次,通过其他平台查看热卖商品,如亚马逊、eBay 等跨境平台。

## 3. 其他技巧发现的潜力爆款

具有独特新颖设计或者功能的商品、明星同款商品、短期高需求商品或具有价格优势的工厂产品。

### 思政小课堂

在学习速卖通平台注册开店的准备资料和入驻流程中注重培养学生诚实守信、遵守国际规范和国家政策法规的职业意识,启迪学生养成循序渐进、精细严实的工作作风与职业素养,提高学生从事跨境电商工作的综合素质。

教学速卖通平台站内选品方法时,注重培养学生独立分析数据和独立进行选品的综合应用能力,善于发掘全球市场潜在需求,培养精益求精的选品理念。引导学生坚定文化自信,使学生能在选品过程中发掘中国文化因素,讲好中国故事,以及树立全世界休戚与共,是一个命运共同体的理念。通过相关案例,阐述中国文化走向世界的契机,理解民族品牌的出海之路,强调民族企业家的开拓精神,引导学生学会树立正确的世界观,坚定支持优秀的本土企业,增强爱国信念。

### 本节小结

卖家在速卖通营业之前,必须要准备好开店资料和入驻。卖家在速卖通上进行开启店铺、经营活动、售卖商品,就需要注册账号、根据页面提示完成账号认证、入驻类目并缴费、等待审核。开通店铺后,如果下面的工作人员多,只有一个主账号基本上忙不过来,所以,需要商家开设更多子账号给下面的员工去做工作,因此需要设置和管理子账户。选品分为站内选品和站外选品,卖家需要掌握选品方法,才能展开店铺经营。

### 复习思考题

1. 若想注册速卖通店铺需要准备哪些资料?
2. 选品的思路和原则分别是什么?选品的技巧有哪些?
3. 如果要在速卖通平台上卖货,应该如何选品?

## 4.2 商品管理

【学习目标】

知识目标:了解速卖通平台产品发布的要求,熟悉商品发布流程,理解速卖通平台产品发布各模块的介绍和要求,知悉产品发布流程,掌握商品管理和诊断的方法,学会清关价报价的设置。

能力目标:具备在速卖通发布商品、管理商品及诊断商品等的综合应用能力。

素质目标:培养学生了解商品发布要求并如实填写商品详情,养成实事求是、诚信经商的职业道德。在发布商品、管理商品和诊断商品等流程操作中,注重培养学生从事跨境电商运营的职业素养与综合素质。

【重难点】

教学重点:速卖通平台商品发布的内容及方法。

教学难点:如何优化商品详情的内容并管理和诊断。

### 4.2.1 商品发布要求

商品发布需要填写商品的基本信息,不同的跨境电商平台要求也不同。

**1. 基本信息填写**

基本信息板块包括商品标题、类目、商品图片、产品视频、产品属性。

1) 商品标题

标题是买家搜索并吸引买家单击进入商品详情页面的重要因素。一个优秀的产品名称应该包括准确的产品关键词、能够吸引买家的产品属性、服务承诺以及促销语。整个产品名称的字数不应太多,尽量准确、完整、简洁,128个字符以内(如标题是复制粘贴,建议放入记事本去除格式后填写)。标题可设置17国语言(含英文),系统提供自动翻译功能(注:一旦设置了其他语言,则不直接同步英文,且有地球符号提醒)。

2) 类目

展示进入产品发布页面前已选择的类目。也可以在产品发布页面重新选择类目,或者选择最近使用的某个类目(系统显示最近使用过的10个类目)。

3) 商品图片

产品的图片能够全方位、多角度展示商品,大大提高买家对商品的兴趣。

图片要求:5MB以内JPG格式、JPEG格式;横向与纵向比例1∶1(像素大于800px×800px)或3∶4(像素大于750px×1 000px),且所有图片比例一致。产品主体占比建议大于70%,风格统一,不建议添加促销标签或文字。切勿盗图、涉嫌禁限售或侵犯他人知识产权,以免受处罚;图片盗用规则。一款产品同时上传最多6张图片,可通过计算机上传或者从图片银行选择。

4) 产品视频

产品视频2GB以内,avi、3gp、mov等格式。建议视频长宽比与商品主图保持一致,时长30秒以内。若上传产品视频则会展示在前台商品主图区,建议上传产品视频,可提高用户转化。

注意:基本信息中的产品视频无论是PC端还是App端,产品Detail页面都展示在主图区域。商品详描中也可以添加视频,且PC端和App端可以分别单独设置。

5) 产品属性

产品属性是买家选择商品的重要依据,分为必填属性、关键属性、非必填属性(系统有展示,但无特别标注)、自定义属性(补充系统属性以外的信息)。建议详细准确填写产品属性,完整且正确的产品属性有助于提升产品曝光率。

**2. 价格与库存介绍**

价格与库存版块包括最小计量单元、销售方式、颜色、尺寸(部分类目)、发货地、零售价(USD)、库存数量、日常促销价、区域定价。

(1) 最小计量单元:所售卖的产品的最小度量单位,即单个产品的量词。

(2) 销售方式:根据重量、体积和货值决定是单件出售或者打包出售。一般产品单价较高,重量和体积较大的产品适合单件卖;而产品单价较低,重量和体积较小的产品(如珠宝首饰、3C 配件等)适合多个组成一包出售。

(3) 颜色:可选择一个或多个主色系,并设置对应的自定义名称或上传 SKU 自定义图片(图片可通过计算机上传或者从图片银行选择)。自定义图片可以代替 SKU 色卡,同时图片大小不能超过 200KB,格式支持 JPG、JPEG 格式。若上传了自定义图片,在买家页面优先展示图片,若未上传则在买家页面展示自定义名称,若两者都没有设置,则展示系统默认色卡图片和名称。

(4) 尺寸:对于服装等需要设置尺码的类目会展示尺寸属性。可以勾选通用尺寸,也可以自定义属性值名称,自定义属性值只允许含字母和数字。

(5) 发货地:根据实际情况选择一个或多个发货地。

(6) 零售价:即原价(包含交易手续费)。实际收入=零售价×(1-佣金费率)。多 SKU 商品在设置价格时,首先在标题栏填写价格、库存等信息之后,单击"批量填充",则全部 SKU 价格被填充。

(7) 库存数量:库存表示特定属性的商品是否有货。

(8) 日常促销价:属于非必填属性。零售价和区域定价都可以设置日常促销价,该功能目前仅针对部分卖家开放(若可用则零售价和区域定价均可用,不可用则均不可用)。设置日常促销价后前台 Detail 页面展示画线打折价格的效果。在营销活动里设置折扣价格依然以零售价和各国区域化定价(区域定价高于零售价)作为基准价,不参考日常促销价。营销活动折扣的优先级高于日常促销价。

(9) 区域定价:在商品发布端,按照 Ship To 区域不同,向卖家提供差异化定价的能力。

**3. 区域定价设置步骤**

1) 单击设置

选择需要设置差异化定价的国家。

2) 进行调价设置

选择直接报价、调整比例、调整金额中的一种方式进行调价。

区域定价下面的日常促销价和零售价对应的日常促销价一样仅针对部分卖家开放,未开放使用的卖家,产品发布页面不展示零售价对应的日常促销价,区域定价下面的日常促销价虽然会显示但是置灰不可选择,如图 4-12 所示。

3) 日常促销价和区域化定价设置范围说明

(1) 日常促销价需要设置零售价的 50%~100%;国家区域化定价需要设置零售价的 70%以上。

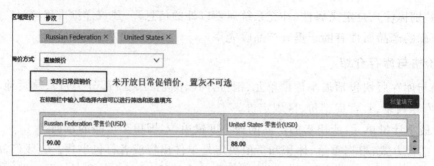

图 4-12　报价设置

(2) 如果设置区域化定价对应的是日常促销价,则日常促销价需要设置区域化定价的 50%~100%。

4) 批发价

对于支持批发的商品,可勾选"支持"。可以在弹出的窗口中设置起批数量和批发价格。批发价格以折扣形式填写。例如,零售价为 $100,"批发价在零售价基础上减免 10%,即 9 折",表示批发价为 $90。

**4. 商品发布各模块图片要求**

主图、营销长图、SKU 自定义图、详描图的发布,都有不同的要求。

1) 主图

最多上传 6 张,第一张展示在搜索推荐页面,6 张都展示在商品详情页。具体要求如下。

(1) 图片将呈现在商品详情页展示,至少上传 1 张,图片格式只支持 JPG、JPEG、PNG,且大小不超过 5MB。

(2) 图片像素要求不要低于 800px×800px,宽高比例为 1∶1(建议 1 000px×1 000px) 或 3∶4(建议 750px×1 000px),同一组图片尺寸必须保持一致。

(3) 建议不要在商品图片上添加除商品外的其他信息,如水印等。

(4) 图片保护提醒:切勿盗图,一经发现将对商品进行下架处理,同时将对商家予以处罚。

2) 营销长图

营销长图能够展示在搜索、推荐、频道、平台活动会场等商品导购场景,上传符合平台规范要求的图片有优先曝光的机会。如果卖家所传的图不符合规范,将不会被前台导购活动会场采用并展示,因此会影响相关产品的曝光。

(1) 营销长图的图片格式只能为 JPG、JPEG、PNG 格式,且大小不超过 5MB。

(2) 宽、高比例必须为 3∶4,像素要求不能低于 750px×1 000px。

(3) 不允许出现水印、任何形式的边框以及促销等信息。

3) SKU 自定义图

商品详细信息页面要求如下。

(1) 图片格式只能为 JPG、JPEG、PNG 格式,且小于 200KB。

(2) 宽、高比例建议 1∶1;像素建议大于 500px×500px。

4）详描图

商品详细描述页面要求如图 4-13 所示。

（1）图片格式只能为 JPG、JPEG、PNG 格式，且大小不超过 5MB。

（2）宽、高比例不限；像素宽高必须大于 260px。

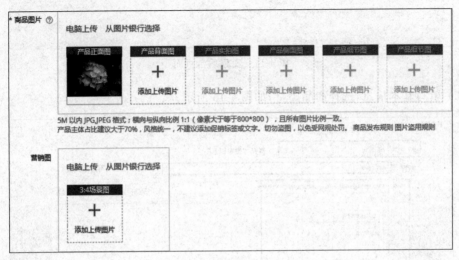

图 4-13　商品图片上传页

**5．包装与物流**

包装与物流版块包括发货期、物流重量、自定义计重、物流尺寸、运费模板。

（1）发货期：发货时间从买家下单付款成功且支付信息审核完成（出现发货按钮）后开始计时。

假如发货期为 3 天，如订单在北京时间星期四下午 5：00 支付审核通过（出现发货按钮），则必须在 3 日内填写发货信息（周末、节假日顺延），即北京时间星期二下午 5：00 前填写发货信息。

若未在发货期内填写发货信息，系统将关闭订单，货款全额退还给买家。建议及时填写发货信息，避免出现货款两失的情况。请合理设置发货期，避免产生成交不卖的情况。

（2）物流重量：准确填写包装后重量和产品包装尺寸，避免因填写错误而造成的运费损失和交易性降低。

（3）自定义计重：完整填写自定义计重的信息后，系统会按照设定计算总运费，忽略产品包装尺寸；对于体积重大于实重的产品，请谨慎选择填写，可以计算出体积重后填写。

（4）物流尺寸：长（cm）×宽（cm）×高（cm）。

（5）运费模板：只有填写了物流重量及物流尺寸情况下才可以选择运费模板。可选择已创建的运费模板或者直接单击"新建运费模板"跳转至新增运费模板页面。

### 4.2.2　商品发布流程

**1．发布单品**

（1）新增商品操作路径。在速卖通卖家中心后台单击"商品"→"商品管理"→"新增商品",如图 4-14 所示。

图 4-14 卖家后台页面

(2)填写基本信息,选择商品类目,如图 4-15 所示。

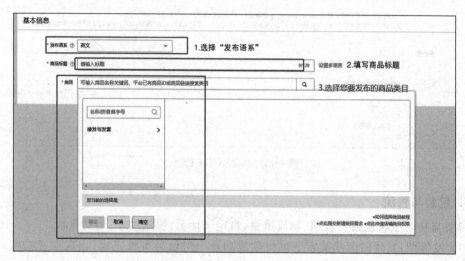

图 4-15 基本信息填写页面

上传商品图片,填写产品属性,如图 4-16、图 4-17 所示。

图 4-16 上传商品图片

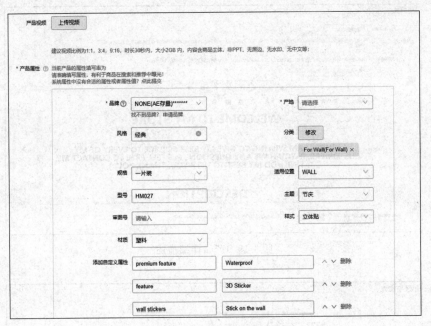

图 4-17 填写产品属性

（3）填写价格与库存信息，图中项目前面带星号的内容为必填项，如图 4-18 所示。

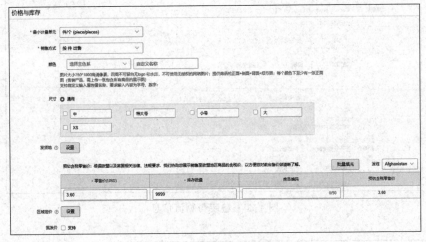

图 4-18 价格与库存信息

（4）填写产品详细描述，如图 4-19 所示。
（5）选择包装与物流信息，如图 4-20 所示。

## 2. 其他设置

"其他设置"页面如图 4-21 所示。
（1）在产品发布页面填写信息时可随时单击"保存"。已保存的该条产品信息可以在商品管理—草稿箱中查看和操作编辑、删除。
（2）信息全部填写完毕可操作"提交"，提交前支持预览。

图 4-19 产品详细描述

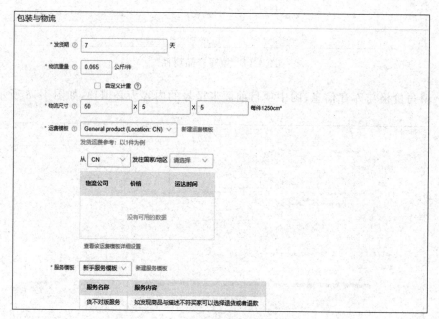

图 4-20 包装与物流信息

图 4-21 "其它设置"页面

**注意**：若单击"提交"时有任何必填属性未填写，页面左侧会显示红色"必填项不能为空"提示列表，每个未填写的必填属性下方也会有红色"必填项不能为空"的提示。单击某条提示即可定位到对应板块。

提交成功后会进入审核，如图 4-22 所示。

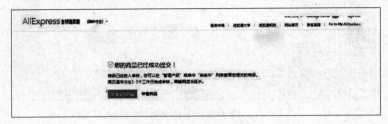

图 4-22　提交成功页面

### 3. 批量上传商品

（1）上传商品。在卖家中心后台单击"商品"→"商品管理"→"批量上传"，如图 4-23 所示。

图 4-23　上传商品

（2）单击"下载模板"，选择商品类目和产品后单击下方"下载模板"按钮即可下载模板，如图 4-24 所示。

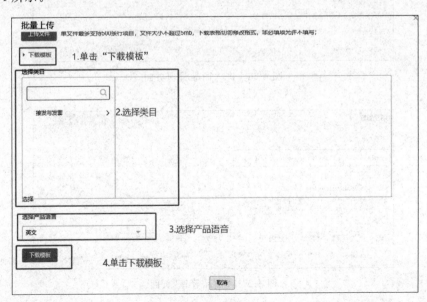

图 4-24　下载模板

(3) 将下载好的模板填写好相应的内容。

(4) 将填写好的模板上传，如图4-25所示。

图 4-25　上传文件

### 4.2.3　商品管理

发布商品后，卖家需要进行商品管理。在商品管理页面，主要介绍状态选项变更、筛选项微调、批量操作区三种经常使用的管理方式。

**1. 状态选项变更**

分类展示不同状态的商品，后续顺序将调整为正在销售、草稿箱、审核中、审核不通过、已下架，如图4-26、图4-27所示。

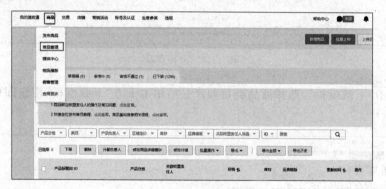

图 4-26　进入商品管理页面

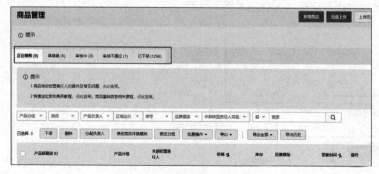

图 4-27　"商品管理"页面

## 2. 筛选项微调

(1) 新增筛选项：类目筛选；运费模板筛选。

(2) 去掉无用筛选：产品类型，到期时间。

(3) 产品 ID、名称、商品编码继续保留，在筛选项右侧。

(4) 翻页变更到底部。

(5) 支持复选（可同时设置多个维度进行商品筛选），如图 4-28 所示。

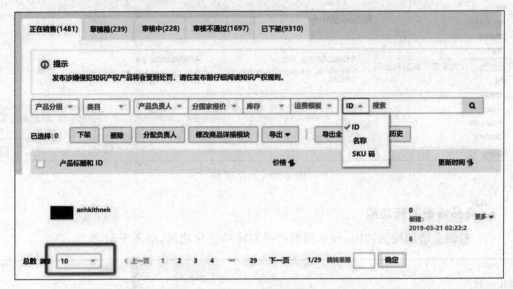

图 4-28　筛选商品

## 3. 批量操作区

(1) 下架、删除、分配负责人、修改商品详描模块保留在页面上。

(2) 批量修改页面变更为两个核心区块。

(3) 商品区块（标题）。

(4) 价格库存相关 SKU 区块。

(5) 选择商品时支持翻页选择商品，且可以预览筛选产品明细。

新增"导出全部"用于一次导出 1 000 个商品，如图 4-29 所示。

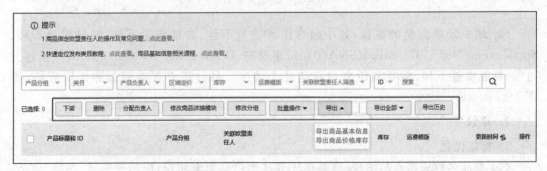

图 4-29　选择导出商品

### 4.2.4 商品诊断

在商品诊断中的商品信息标题、类目、属性、图片、详描将影响商品在流量市场获取流量,当商品信息优化好后,可以提升商品获取流量的能力,如图4-30所示。

图4-30 商品诊断

**1. 商品诊断的新功能**

(1)右侧会增加检测功能,显示当前产品对应的优化建议,如图4-31所示。

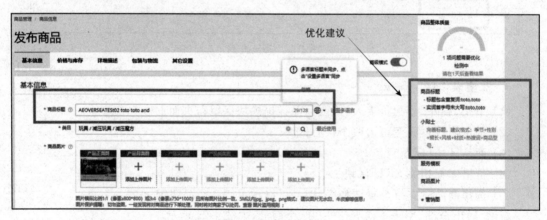

图4-31 商品发布页

(2)增加低质商品的建议,其中包含图片质量不佳、详情质量不佳、服务质量不佳、Signification Not as Described(SNAD)纠纷率过高、Detail Seller Rating(DSR)商品描述分过低、标题质量不佳、假货纠纷率过高这几个维度。另外还有普通商品和优质商品,如图4-32所示。

**2. 建议**

1)标题优化

(1)商品名称应与商品图片、商品描述等其他信息要素相符,应尽量准确、完整、简洁,可使用商品通称等。

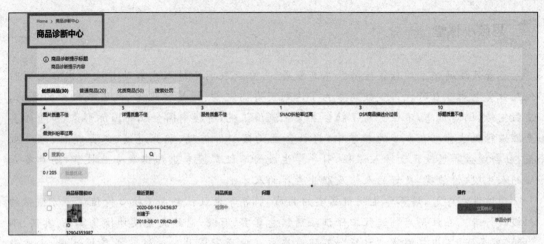

图 4-32　商品诊断页

（2）卖家可设置 1～3 个与商品相符的关键词（可选择品牌、型号、风格、功能、材质等关键词）便于买方搜索，同时可设置商品使用场景的关键词。不具有品牌授权不得使用品牌关键词等有知识产权风险的词汇。

（3）不要出现但不仅限于以下几类情况：标题无明确商品名称、标题带有联系方式、标题商品名堆砌、标题描述堆砌（包括不限于商品名、品牌、型号、修饰词堆砌）、标题商品名与商品图片不符、标题描述与详细描述中的买卖意向不符等。

2）类目优化

商品应选择相关性高且最合适的最小类目下。系统推荐类目仅供参考，卖家应根据商品的实际情况谨慎选择。

3）属性优化

（1）商品属性内容应与商品实际情况相符，如实填写成分、材料、尺码、品牌、型号、产地、保修信息、适合年龄等。

（2）防止重复铺货，卖家发布的不同商品信息之间要区别商品属性、描述（包括但不限于品牌、规格型号、材质、图片信息等）。

4）图片优化

（1）商品图片应与文字信息相符，应真实反映商品的实际情况。除指定情形外，图片应清晰完整无涂抹无遮挡（平台规定需要遮挡的图片除外）。

（2）图片规格建议满足：图片比例在 1∶1～1∶1.3，图片像素大于 800px×800px，图片大小不超过 5MB。增加白底图和营销场景图，有利于提升转化。

5）详描优化

（1）商品的简要描述和详细描述应以商品实际情况为准，可以介绍商品的功能、风格、特点、具体使用说明、包装信息、配件，展示商品实物全图、细节图、包装图、效果图等。

（2）商品有独立的 App 详描，现在大量用户使用 App 进行购物，独立的 App 详描可以提升转化。

**思政小课堂**

随着互联网技术及数字经济的不断发展,当今互联网已进入内容为导向的内容电商时代及社交电商 3.0 时代。少数商家为了达到获得高流量、提高转化率、促进成交率的目的,虚假宣传、倒卖信息,不但背离了社会主义主流价值观,有损中国企业的国际形象,严重的甚至涉嫌触犯法律。在本节的教学中,将社会主义核心价值观、职业道德、工匠精神、经济效益、社会效益等思政元素融入课程,引导学生成为不仅掌握专业知识及专业技能,还具备正确的人生观、价值观,良好的人格及职业素养的人才。

通过课程学习,培养学生明辨笃实的品质,引导学生做社会主义核心价值观——诚信的积极践行者。在注册店铺过程中保证注册信息真实、有效,商品文案设计信息客观、真实、不隐瞒、不夸张,不出售假货、"水货",不随意盗取其他商家图片。通过完成店铺注册、文案设计等实训任务,使学生具有正确的价值判断力,能够明辨是非善恶,弘扬真善美,贬斥假恶丑,具备诚信的意识和品质。在发布产品时严格遵守广告法,不夸大宣传,不涉及违法违规字眼,形成规则意识,建立其内在的电商行为秩序和准则。在商品发布和管理的过程中追求精益求精的态度和品质。

 **本节小结**

商品发布的要求主要分为四个板块。首先是基本信息板块,包括商品标题、类目、商品图片、产品视频、产品属性。其次是价格与库存板块,包括最小计量单元、销售方式、颜色、尺寸(部分类目)、发货地、零售价(USD)、库存数量、日常促销价、区域定价。其次是主图、营销长图、SKU 自定义图、详描图的发布,都有不同的要求。再次是包装与物流板块,包括发货期、物流重量、自定义计重、物流尺寸、运费模板。最后是进入商品发布的流程,选择要发布的商品后选择类目,填写商品基本信息后发布。

发布商品后,需要进行商品管理。状态选项变更、筛选项微调、批量操作区是经常使用的三种管理方式。商品信息中,标题、类目、属性、图片、详描将影响商品在流量市场获取流量及商品转化,优化好后,可以提升商品获取流量的能力并提升转化,学会商品诊断是至关重要的。

**复习思考题**

1. 速卖通的标题字符数是多少?
2. 请模拟编写一个速卖通合格的标题。
3. 商品诊断页包含哪几个维度?

## 4.3 物流服务

【学习目标】

知识目标:了解速卖通物流政策、海外仓发和优选仓,知悉海外仓发和优选仓的利益和相关规则,学习如何操作和入驻,选择适合自己的物流方式及库存管理方式。

能力目标:具备在速卖通平台独立进行物流模式特点分析、物流方式选择、海外发货流程操作的能力。

素质目标:培养学生独立分析并选择适合自己商品的物流服务,遵守海外仓规则的专业素养;引导学生形成正确权衡跨境电商物流效益最大化的专业素养。

【重难点】

教学重点:物流政策、海外仓发的利益和规则、优选仓模板配置要求。

教学难点:分析选择海外仓和优选仓,设置商家仓承诺达、优选仓发货和入驻。

### 4.3.1 物流政策

全球速卖通的物流形式根据服务的等级可以分为以下几种。

(1) 经济类物流(小包常用):物流运输费低廉,目前目的国的包裹信息不支持查看,适用于寄运价值较低、质量较小的物品,仅支持线上发货。

(2) 简易类物流:邮政提供的简易挂号邮件服务,支持查看投放、签收等关键环节的物流信息。

(3) 标准类物流(常用于小包):邮政挂号服务和专线类服务包含在内,支持查看和追踪货物运输全过程中的各种信息。

(4) 快速类物流(常用于小包):商业快递和邮政快递服务都属于此类物流服务,时效性高,支持追踪查看全程的物流信息,适合用于运输高价值的货物。

(5) 线下类物流(常用于大包和高价值的货物):支持查询线下物流线路可抵达的国家或地区。

速卖通平台主要根据订单金额划分速卖通物流方式,可分为不超过 2 美元、不超过 5 美元和超过 5 美元三个部分。根据这三个部分,不同服务等级的物流形式可以简化以下内容。

(1) 对于订单价值超过 5 美元的产品,所有国家或地区只能选择标准类和快速类物流。标准类是最常用的类型。

(2) 价值超过 2 美元和不超过 5 美元的订单:乌克兰、俄罗斯、白俄罗斯只能走简易类、标准类物流和快速类物流,简易类物流最便宜,用得最多。其他国家或地区可以走经济舱、标准舱、快速舱物流,其中经济舱最便宜,用得最多。

(3) 订单价值不超过 2 美元:除俄罗斯、白俄罗斯和乌克兰外,其他国家或地区可以采取经济类物流、简易类物流、标准类物流和快速类物流,其中经济类物流是最便宜、使用最多的一种物流。如果在俄罗斯,可以选择菜鸟超级经济、菜鸟专线—超级经济、中国邮政普通小包、菜鸟专线经济等。

**1. 中东物流政策规则**

中东市场是"一带一路"重点国家或地区,中东市场总人口为 4.5 亿,客户群优质,城市人口占比高达 83%。

(1) 正式上线卖家发货时效考核:2020 年 7 月 6 日 0 点起支付成功的中东集运预付订单,如在支付成功后 96 小时内没有第一条上网信息,则卖家需要支付额外运费差价。

(2) 取消中东集运预付订单物流关单:2020 年 7 月 6 日 0 点起支付成功的中东集运预

付订单,超过T+12未到集运仓的订单将继续发送给买家,不再关单。

此次变更有几个重要的地方值得关注,首先是第一条上网(Ascan)信息的查询,卖家可在速卖通卖家后台查询物流信息,显示"物流商已收到包裹"。

**2. 美国物流政策规则**

为了提升买家体验,速卖通平台针对主流国家或地区市场,根据订单金额对物流方案进行了分配,具体是0~2美元、2~5美元、5美元以上,并且这个区间是(商品原价×数量+运费)的区间。

具体的国家有俄罗斯、西班牙、美国等。对于一些低成本、轻重量的卖家来说,就可以根据不同的物流渠道规划产品的定价。

而针对美国、西班牙、巴西等地,为提升物流体验,降低卖家经营风险,速卖通则规定,普通类目的商品,如果订单实际支付金额大于等于5美元,则线下线上都不能使用经济类和标准类物流(E邮宝、AliExpress无忧物流除外),只能发快速类。如果订单实际金额小于5美元,则线下发货不能使用经济类,线上发货可以,标准类和快速类物流也都可以使用。

如果是特殊类目,所有订单不论实际支付金额是多少,线下发货都不能使用经济类,线上发货可以用经济类物流,标准类和快速类则没有限制,线上和线下发货都可以正常使用。

**3. 速卖通 plus 物流补贴政策**

速卖通 AliExpress Plus 计划旨在提高客户的物流购物体验,客户下单后,产品会快速到达俄罗斯的35个重点城市,目标是在俄罗斯35个城市,客户从下单到收货不超过10天,且物流免费。

卖家加入 AliExpress Plus 计划之前,要加入无忧退货计划,无忧计划会收1.3%的服务费,但卖家可以通过区域调价进行弥补。现在加入该计划的卖家会有6个月的补贴,对于卖家来说,这相当于免费加入。AliExpress Plus 计划流量扶持主要在于站内扶持,站内扶持会享有搜索加权,并且在手机端享有独立的频道阵地,参与平台活动会有优先参与权。站外平台也会重点扶持推广。

跨境直发产品,加入 AliExpress Plus 的店铺物流模板为无忧标准包邮,加入无忧退货计划,店铺货不对板纠纷低于行业平均值。

海外仓商品,加入 AliExpress Plus 的店铺,加入无忧退货计划,俄罗斯35个城市保证10日达,并且包邮。非菜鸟认证仓,商品需要打标。

**4. 速卖通新品补贴扶持政策**

(1)速卖通平台上的大型活动只允许有品牌的商家参与,速卖通平台也主推中国乃至世界有名的品牌商品。速卖通平台对于有品牌的商家也提供了一定的政策倾斜,当消费者在搜索关键词时会有店铺直达通道,优先给予流量推荐。

(2)产品商标化政策施行之后,速卖通平台上线各种产品来支持现有商户转型品牌卖家或在平台中突出产品的品牌效应。比如上线阿里旗下知识产权产品"创新保",为平台卖家提供一站式国内外商品注册指导服务。

(3)速卖通平台已经明确包括服饰配饰、珠宝饰品、手表等多个类目产品不再发布无商标的产品,后续更是规定平台所有类目新发产品的"品牌属性"必须有商标。速卖通平台积极吸纳更多的品牌产品进入平台,向超过2 000家已经具备走向海外市场条件的天猫商家发出入驻定向邀约,为他们提供翻译、选品参考等全球销售工具和服务,并联手菜鸟物流为商家提供跨境物流解决方案。

(4)部分类目完成商标化。速卖通平台通过启动商品"品牌属性"来提高部分类目的门槛。比如假发行业,只有符合平台资质审核及许可的商家才有权限经营及发布假发产品。

### 4.3.2 海外仓发

海外仓模式介绍:卖家通过提前备货到海外的仓库进行储存,待用户下单后,商品将直接从海外仓进行发货,物流时间因此会大幅缩短,并且时效更有保障,对提升买家满意度尤其重要。此外,海外仓服务还能解决卖家类目拓展的瓶颈,帮助卖家大货、重货出海。因此,海外仓项目将作为 AliExpress 和菜鸟协同打造的重点项目,对海外仓进行强有力的扶持。目前 AliExpress 平台上可设置 22 个国家海外仓服务发货权限。

菜鸟官方仓:已开通西班牙、法国、比利时、波兰四国官方仓服务菜鸟认证仓;已接入 4PX/万邑通/IML/谷仓,4PX 已接入美国、英国、德国、西班牙、捷克、波兰、比利时;万邑通已接入英国、美国、德国;IML 已接入俄罗斯;谷仓已接入英国、美国、捷克、法国。

**1. 加入海外仓获得的利益**

1)海外仓商品权益

海外仓商品权益,如图 4-33 所示。

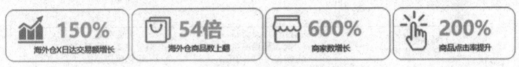

图 4-33 海外仓商品权益

(1)搜索加权,筛选曝光。
(2)全链路透标,提升转化。
(3)营销流量权益大幅度提升。
(4)X日达成交专享补贴。

2)海外仓前台运营框架

为了给买卖双方一个良好的环境,每个平台都会出台一些相关的规则,速卖通也不例外。商家在速卖通开店之后,速卖通平台会对店铺进行考核。海外仓前台运营框架如图 4-34 所示。

3)前台流量利益

(1)导购:Flash Deal 专属位置,透标有好货透标,楼层,独立榜单,算法加权。
(2)营销:平台大促独立招商与会场,主题日(科技、生活),行业日常活动单独招商与楼层,专属清仓促。
(3)搜索:F 搜索筛选项,详情页物流方案推荐,柔性调控,大促叠加加权。核心国家有西班牙、法国、俄罗斯、波兰。

4)首页导购产品

首页导购产品核心策略如图 4-35 所示。

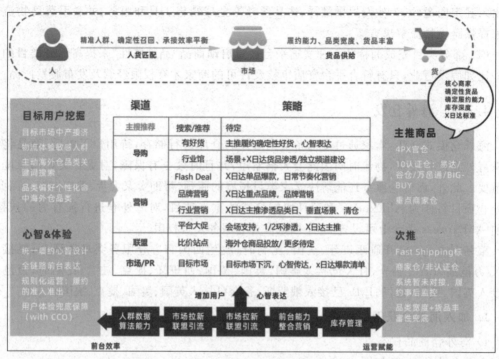

图 4-34 海外仓前台运营框架

图 4-35 核心策略导图

(1) 通过×日达卖点＋专属场域货品深度合作扩展用户心智。

(2) 建立服务心智（履约＋售后）的专属导购场，快速提升用户对 AliExpress 服务能力的认知。

5) 搜索

(1) 搜索详情页示例，如图 4-36 所示。

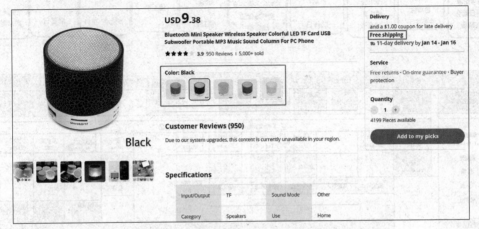

图 4-36　搜索详情页

(2) 全链路 demo 示例，如图 4-37 所示。

图 4-37　首页导航产品

6）营销

（1）全年营销规划，如图4-38所示。

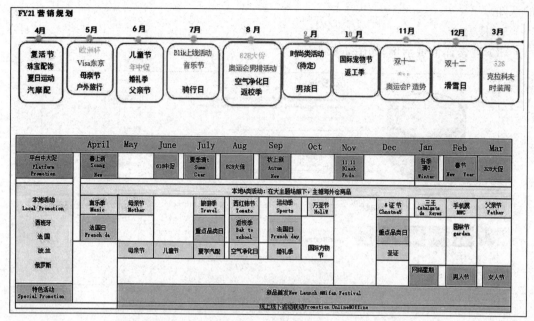

图4-38　全年营销规划

（2）海外仓营销资源，如表4-1所示。

表4-1　海外仓营销资源

| 营销资源 | Flash Deal营销 | 品牌营销 | 行业营销 | 月度清仓<br>市场热点 | 平台大促 |
|---|---|---|---|---|---|
| 渠道 | Flash Deal频道 | 品闪/超品/新品首发 | 行业营销/有好货/行业馆/新品 | 整合营销资源（每月一次） | 国家大促<br>平台S级大促 |
| 策略 | 主打国家单品爆款 | 核心KeyAccount＋品牌商品＋海外仓备货 | 行业营销场景中目标市场重点推×日达活动商品，心智传达 | 滞销清仓＋尾货清仓最大让利的用户利益 | 在大促行业场景与商品中highlight海外仓商品 |
| 招商规则 | 价格/备货量<br>履约能力 | 品牌/商家能力<br>价格/备货量<br>履约能力 | 价格/履约能力 | 价格/履约能力 | 商家能力/价格<br>备货量/履约能力 |

7）大促

大促资源位有S级、A＋级别活动，如"双11、周年庆、"6·18"等。海外仓会场资源位（拟定、以活动最终上线为准），可展示并且可运送到的海外仓商品的国家有俄罗斯、西班牙、法国、波兰。大促资源位结构如图4-39所示。

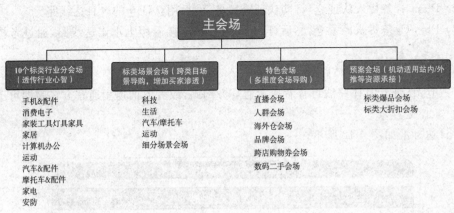

图 4-39 大促资源位

8) 专属清仓

(1) 清仓即清货能力与备货意愿,如图 4-40 所示。

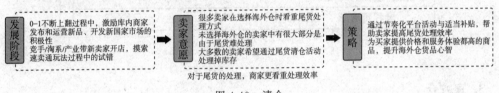

图 4-40 清仓

(2) 站内外渠道联合清仓,如图 4-41 所示。

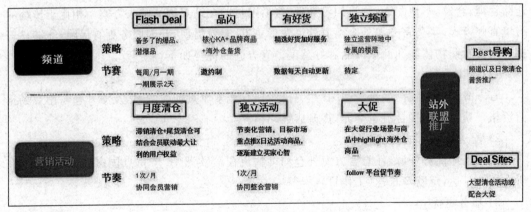

图 4-41 站内外联合清仓

9) 西班牙、法国国家权益

西班牙、法国海外仓资源投入有仓配能力建设及管理、重点商家及核心爆款打造、前台流量倾斜三大重点权益。

**2. 海外仓标识规则**

1) 商家获得×日达标识的途径

(1) Plan A:备货入官方仓订购官方仓服务,然后用官方仓的线路。

(2) Plan B：备货入认证仓，订购认证仓服务，然后用认证仓的×日达线路。

(3) Plan C：备货入商家仓，然后订购承诺达服务，接着用上承诺达线路，通过考核后即可获得。

2）官方仓/认证仓具体路线

官方仓/认证仓具体路线可查看速卖通官方网站，或者咨询速卖通官方客服即可了解。

3）×日达标准

×日达标准如图4-42所示。

| 但是不管用哪类仓库都要满足下述要求： | |
|---|---|
| ×日达准入标准 | |
| 指标 | 要求 |
| 48小时上网率 | ≥90% |
| 达成率 | N日妥投率≥85%（工作日） |
| 全店×日达订单NR | ≤3% |
| 全程可追踪 | ≥95% |

图4-42 ×日达标准

### 3. 官方仓

菜鸟官方海外仓服务是阿里巴巴集团旗下全球速卖通及菜鸟网络联合海外优势仓储资源及本地配送资源共同推出的速卖通官方配套物流服务，专为速卖通商家打造的提供海外仓储管理、仓发、本地配送、物流纠纷处理、售后赔付的一站式物流解决方案。相比于传统的跨境直邮模式，菜鸟官方海外仓离海外消费者更近、时效更快、仓内服务更有保障，能够显著提升消费者购物体验和商家的品牌好感度。官方仓的优势如下。

1）流量更大

官方海外仓仓发商品享受"×日达"打标，拥有搜索流量加权倾斜，及海外仓营销专场招商资格。获得更多平台流量曝光，提升店铺动销。

2）配送更快

采用当地优势资源，任意官方海外仓均可物流覆盖欧洲16个重点国家或地区，官方仓所在国3日达，泛欧7日达（工作日）。

3）服务更优

(1) 仓内服务：库存准确率99.5%，入库时效＜48小时；出库时效＜24小时；异常时效＜24小时。

(2) 自动发货：交易订单自动流转、拣货、打包、发货等全部自动解决。

(3) 物流免责：仓发订单因物流原因导致的纠纷、Detail Seller Rating（DSR）低分不计入卖家账号考核。

(4) 菜鸟赔付：入库后因物流原因导致的货物问题或纠纷退款，由菜鸟规则以合同为准。

目前菜鸟官方海外仓已经遍布西班牙、法国、比利时、波兰，只要消费者在西班牙、法国、波兰、葡萄牙、德国、意大利、捷克、丹麦、卢森堡、荷兰、比利时、英国、匈牙利、斯洛伐克、斯洛文尼亚等欧洲国家,就可以使用菜鸟官方海外仓服务。

**4. 认证仓**

前提条件:填写认证仓问卷,如图 4-43 所示;自行备货至认证仓。

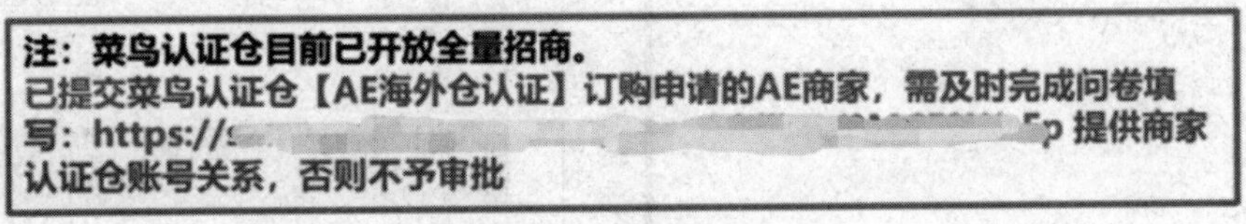

> 注:菜鸟认证仓目前已开放全量招商。
> 已提交菜鸟认证仓【AE海外仓认证】订购申请的AE商家,需及时完成问卷填
> 写:https://⋯⋯⋯⋯⋯⋯⋯⋯⋯⋯⋯⋯⋯⋯⋯⋯⋯p 提供商家
> 认证仓账号关系,否则不予审批

图 4-43　认证仓问卷填写

(1) 申请菜鸟认证仓。操作路径:AliExpress 后台→交易→我有海外仓,如图 4-44 所示。

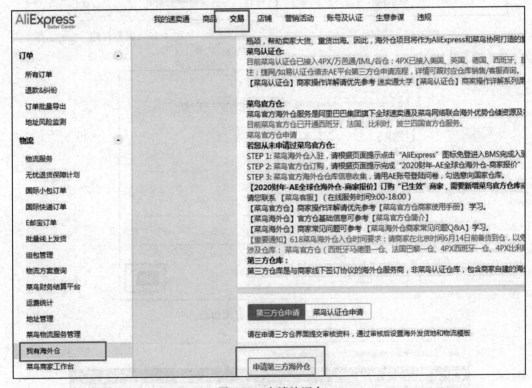

图 4-44　申请认证仓

(2) 授权。单击申请菜鸟认证仓后系统将跳转至"菜鸟商家工作台"(简称 BMS)。若商家首次登录"菜鸟商家工作台",单击"授权",如图 4-45 所示。

若商家此前已入驻 BMS,请参考图 4-46,单击 AliExpress,并直接参考此处进行服务订购。

(3) 填写信息。菜鸟商家工作台入驻,所属行业默认(AliExpress)"若商家误修改了行业信息,统一选择为:跨境出口—海外仓",如图 4-47 所示。

(4) 联系人信息。必须提供角色为"运营负责人"的联系信息。"手机""邮箱"请务必如实填写,"钉钉""旺旺"若无可统一填写联系人手机号码,如图 4-48 所示。

图 4-45 授权入驻

图 4-46 服务订购

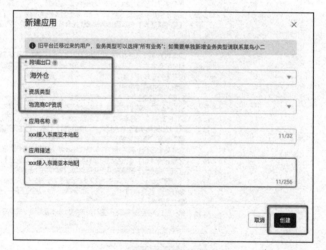

图 4-47 填写入驻订购信息

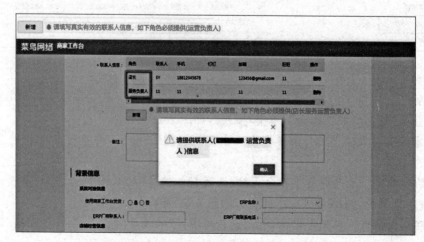

图 4-48 填写联系人信息

（5）背景信息。带星号为必填项（不可留空，填写完成后直接单击"申请"），如图 4-49 所示。

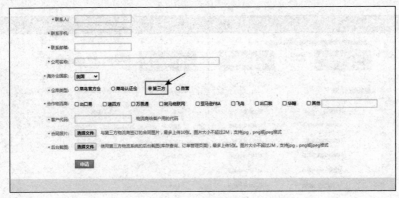

图 4-49　填写背景信息

（6）签署协议。该环节涉及菜鸟商家工作台使用许可协议、基础信息授权许可和菜鸟服务标准协议，如图 4-50 所示。

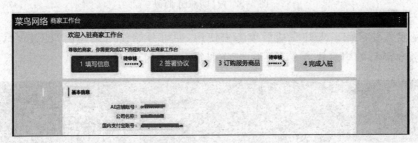

图 4-50　签署入驻订购协议

所有协议需仔细阅读并勾选，否则无法进入下一步，如图 4-51 所示。

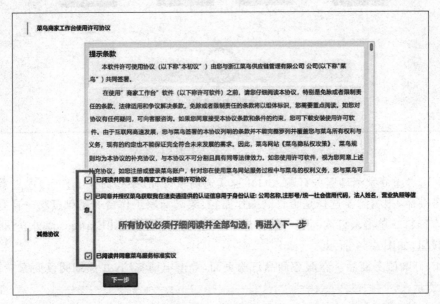

图 4-51　协议页面

(7)订购服务商品。在服务商品列表中找到 AliExpress 海外仓-3PL 单击"订购",如图 4-52 所示。单击"跳过"后,请直接参考此处继续操作。

图 4-52　订购服务商品

(8)完成入驻订购。入驻完成后单击去使用,便可开始使用菜鸟商家工作台,如图 4-53 所示。服务商品订购申请需要等待"小二"审批(3~5 个工作日)。

图 4-53　完成入驻订购

(9)速卖通商家菜鸟服务订购入口。速卖通商家可在(菜鸟商家工作台)内查看到未订购的服务商品,根据需要选择是否订购操作路径:菜鸟商家工作台→基础资料→自有资料→商家基本资料→单击未订购列表→选择想要订购的服务商品(AliExpress 海外仓认证)单击"订购"按钮,如图 4-54 所示。

(10)订购服务商品。在服务商品订购页面,单击申请签约,并仔细阅读商家端协议,如图 4-55 所示。

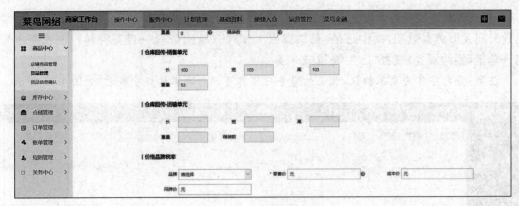

图 4-54 订购操作步骤

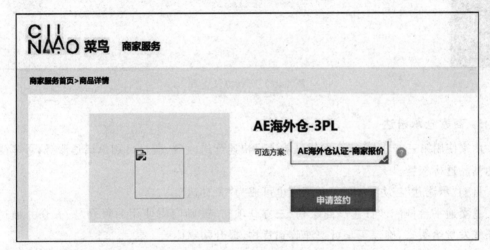

图 4-55 订购服务商品

请务必认真阅读后,勾选我已阅读复选框,单击我同意申请(提交申请后请及时完成问卷填写,否则将不予审批),如图 4-56 所示。

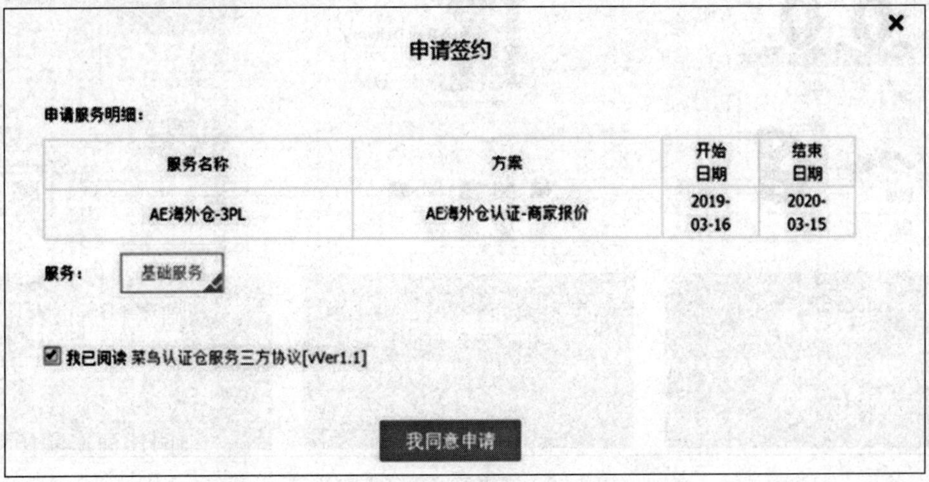

图 4-56 申请签约

(11）商家协议查看。速卖通商家可在菜鸟商家工作台内查看到已订购的服务商品,含生效时间及服务有效期,操作路径:菜鸟商家工作台→基础资料→自有资料→商家基本资料→单击(签约服务)查看"已生效"服务订购。

**注意**:蓝色字体为商家协议,相关的服务内容都可以在商家协议中查看,如图4-57所示。

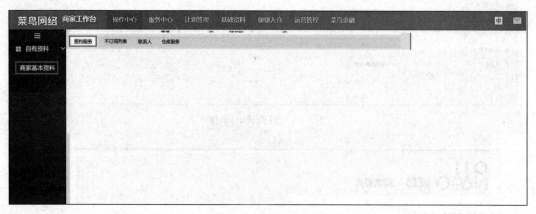

图4-57　商家协议查看

### 5．商家仓承诺达

商家使用第三方仓/商家仓发货且能满足快速配送时效,通过订购承诺达服务,可享受×日达商品透标权益。

订购"承诺达"三方仓/商家仓商家也可成为"×日达"。

速卖通平台推广×日达—商家仓/三方仓项目,鼓励商家使用商家仓/三方仓并通过优质路线发货给买家,确保买家可快速收到货物,提升购物体验。

使用三方仓/商家仓且开通承诺达服务,通过承诺达考核即可上标"×日达",享有"×日达"所带来的全部权益,如图4-58所示。

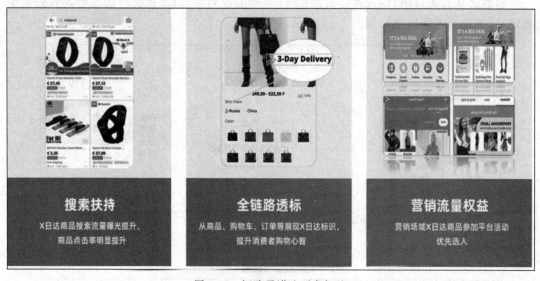

图4-58　订购承诺达可享权益

目前承诺达已上线的发货国包括中国、英国、西班牙、法国、波兰、比利时、捷克、德国、巴西、沙特、美国,只要备货在这几个国家,就可以通过订购承诺达服务,上标"×日达"(后期开放更多国家或地区)。

开通步骤:配置运费模板→声明发货 ERP 配置→签订承诺达协议→报名开通承诺达线路。

### 4.3.3 优选仓

**1. 设置运费模板配置要求**

1)优选仓加入优选仓的商品,必须在运费模板里同时配置

(1)优选仓无忧标准线路。这是仓发专属线路,买家则会透出:Aliexpress Selection Standard,如果不配置,优选仓 SKU 无法正常下单发货。

(2)Aliexpress 无忧物流-标准。这是现有商家仓发货无忧标准线路,配置这个线路确保商家仓库可正常用无忧标准发货,包括从优选仓切回商家仓发货的 SKU,操作指引如图 4-59 所示。

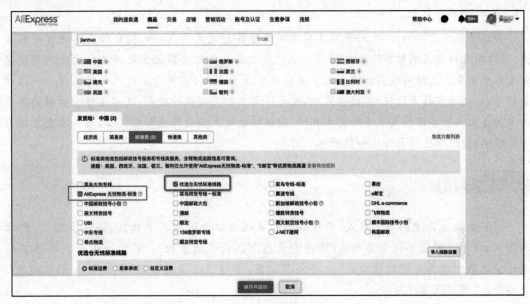

图 4-59 无忧物流

2)如需使用无忧简易,请及时在运费模板中添加"优选仓无忧简易线路"

(1)具体"优选仓无忧简易线路"的介绍及报价请详见速卖通物流服务。

(2)优选仓商家需增加订购无忧简易才能发货,可在速卖通上订购签约。

注意:"优选仓无忧简易线路"与 AliExpress 无忧简易线路的配送范围及配送价格保持一致。上线后仅优选仓已签约商家开放可见。

**2. 优选仓无忧标准发货,入仓商品合理范畴**

(1)任何涉及有效期管理和储存温度的商品都不能进优选仓(如化妆品、相机胶片、颜料等)。

（2）若商品需要走无忧物流带电发货渠道，商家维护时必须填写为内置电池。

（3）首次入仓备货量：单个SKU不低于20件，单商品平均不低于50件。

（4）单件商品带物流包装重量低于1.9kg。

（5）单边限长58cm，长+宽+高限长87cm（只要折叠后包裹形态符合即可）。

**注意**：威海优选仓专发韩国线路的产品单件商品可超过2kg但不超过30kg，单边长超过58cm但不超过1.5m，长、宽、高总和超过87cm但不超过2m。

（6）禁止发运或限制发运的商品（常见违规商品，具体详看链接）：打火机、火柴；不符合PI967~PI970包装的含锂电池产品；强磁性产品（如磁铁）；物理形态为液体、粉末的产品；电子烟；知名品牌的品牌及外形仿制品、仿牌和盗版物；刀具（厨房用刀具除外）及其他影响公共安全的产品；化妆品及个人护理用品（如护肤霜、洗液、香水、唇膏、指甲油、眼霜和面霜、香波、永久卷发剂、染发剂、牙膏、剃须膏、乳液、身体喷雾、防晒油、驱蚊剂、酒精棉片）；清洁产品（如消毒剂、清洁剂、洗手液）；塑料制厨房用品（如塑料杯、塑料盘）；军火及可用于军事用途的产品（如军用头盔、帐篷）；详情请参考速卖通商品禁限运表。

 **思政小课堂**

在速卖通平台的教学中，培养学生对不同类型物流模式特点的比较分析及库存分析的能力，引导学生形成正确权衡跨境电商企业运营效益最大化与顾客至上之间关系的现代管理理念及职业素养。通过对我国物流企业出海的发展历程介绍，讲解我国现代化物流行业一路逆袭超越，以先进科技为依托，实现智能化，极大提高了物流运输的效率，让学生感受祖国的强大和中国企业在世界经济发展中的重要作用，增强学生的民族自豪感和自信心，培养学生家国天下的情怀，增强学生的责任感和使命感。

**本节小结**

掌握全球速卖通的物流形式，根据服务的等级可以分为经济类物流、简易类物流、标准类物流、快速类物流和线下类物流（常用于大包和高价值的货物）。速卖通平台主要根据订单的额度来划分速卖通物流方式，一共分为三段：不超过2美元阶段，超过2美元不超过5美元阶段，超过5美元阶段。

通过学习可以了解到速卖通的海外仓有更低的物流成本，更快的送货时效，更好的仓储管理经验和高效地处理退货、处理订单的优点，以及卖家无法自己管理仓库、库存压力相对大、仓储价格不低、资金周转不便的缺点。速卖通官方优选仓服务，是阿里巴巴集团旗下全球速卖通及菜鸟网络集合国内仓储和全球配送资源，共同推出的速卖通官方跨境供应链服务，可为商家提供仓配一体的端到端综合解决方案，同时通过"爆品孵化、供应链计划、全自动履约、无忧全球配送、物流纠纷官方承接"等能力支持商家。

**复习思考题**

1. 什么是海外仓发和优选仓？它们有什么区别？

2. 官方仓和认证仓是什么？分别有什么优势？
3. 速卖通优选仓运费设置有什么要求？

## 4.4 店铺运营及运营工具

【学习目标】

知识目标：了解速卖通平台店铺模式和学会装修，掌握速卖通平台店铺营销活动。

能力目标：初步具备在速卖通平台管理好店铺的能力，能够通过营销活动提高转化率。

素质目标：培养学生遵守平台规则运营的跨境电商经营理念与做好营销活动留住客户的管理意识。

【重难点】

教学重点：店铺管理、调整店铺休假模式、认识营销活动。

教学难点：分析店铺状态和使用营销活动。

### 4.4.1 店铺管理与诊断

对速卖通新手卖家来说，数据是一种最直接的言语，产品的选择、产品的曝光、店铺的成绩等都可以在速卖通数据中显示。当卖家想了解店铺的情况，可以通过数据分析的方式对速卖通店铺进行诊断。

### 4.4.2 店铺休假模式

针对部分区域由于特殊情况影响严重仍无法恢复正常经营，全店均无法发货的商家，平台为商家推出了"休假模式"，帮助商家平稳度过特殊情况。商家可一键设置店铺"休假模式"，店铺内全量商品下架且暂不售卖，不会产生相关责任和平台处罚风险。休假模式结束后，商品历史评价及累积销量均保留，消费者可重新购买。

休假模式上线时间：××月××日起休假模式功能根据区域政策，逐步面向受影响的区域的商家开放（请关注后台功能）。

**1. 休假模式开启方法**

登录卖家后台→单击"我的店铺"→开启休假模式，如图 4-60 所示。

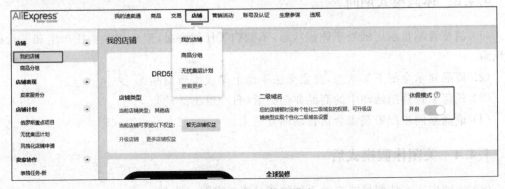

图 4-60 开启休假模式

**2. 休假模式关闭方法**

登录卖家后台后,单击我的店铺→关闭休假模式,如图4-61所示。

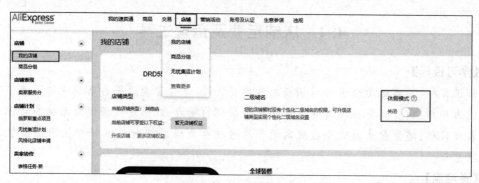

图4-61　关闭休假模式

**3. 账号权限**

仅支持主账号操作权限。

**4. 休假模式功能升级计划**

休假模式期间商品支持消费者正常浏览加购,休假模式结束后支持推送消费者店铺恢复营业的功能(平台优化中,敬请期待)。

**5. 休假模式开启生效时间说明**

全量商品陆续自动下架,时效预计12小时。自动下架缓冲期内陆续产生的少量订单,商家应与消费者友好协商、做好订单处理工作。

(1) 如商家于北京时间当日00:00:00—15:59:59执行开启休假模式,店铺内商品陆续自动下架,预计于当日16:00:00顺延12小时内完成全量下架。

(2) 如商家于北京时间当日16:00:00—23:59:59执行开启休假模式,店铺内商品陆续自动下架,预计于次日16:00:00顺延12小时内完成全量下架。

(3) 为保障生效时间,避免商品量级及系统缓存影响,请明确需要使用休假模式的商家,提前至少12小时执行启动休假模式操作,并尽量确保操作时间早于北京时间当日15:59:59。

### 4.4.3　休假模式期间

(1) 消费者端显示店铺处于休假状态,不能购买任何商品,避免相关责任产生和平台处罚风险。

(2) 商品显示全部下架状态,商家无法手动上架或编辑商品。

(3) 任何平台营销活动中的商品亦会失效(自动退出活动)。

(4) 请商家同步配置买家会话自动回复话术。

### 4.4.4　关闭休假模式后

(1) 店铺内本次休假模式自动下架的商品将陆续自动上架。

(2) 商家可以手动上架或编辑商品。

(3) 商品恢复可售状态后,消费者可以重新购买商品。

(4) 商品恢复可售状态后,历史评价及累积销量均保留。

### 4.4.5 店铺装修指南

在速卖通平台上,如果商家的店铺足够优秀,就可以给店铺带来更多流量以及转化,那么店铺应该如何装修呢?步骤是什么?如何更好地向买家展示产品和活动?

**1. 进入装修后台**

在店铺菜单中选择我的店铺进入装修后台,如图 4-62 所示。

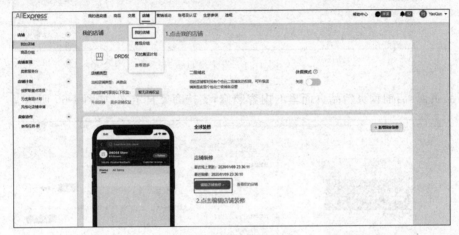

图 4-62　进入装修后台

装修区分 App 端和 PC 端两个装修页面,目前 App/PC 支持同步装修,提升效率,如图 4-63 所示。

图 4-63　装修后台

导航条常规展示为首页、自定义页、新品页面;部分店铺有品牌故事页、大促名称命名的大促承接页。

自定义页：导航条常规展示为首页、自定义页、新品页面；部分店铺有品牌故事页、大促名称命名的大促承接页，如图4-64所示。

图4-64　自定义页

新品页面：店铺首页新品页面里的内容装修，支持商家自定义，如图4-65所示。

图4-65　新品页面

### 2. 店铺模块

1）图文类内容

（1）文本：纯文字输入。

（2）单列图文：单列的图片＋文字输入。

（3）双列图文：双列的图片＋文字输入。

（4）轮播图：图片上传，支持URL链接。

（5）热区图文：主要支持在图片上设置超链，双击可新增热区模块，热区模块也可支持任意拉大拉小。

2）营销类内容

（1）满件折：模块不可编辑，需提前完成营销工具的设置。

（2）粉丝专项优惠券：需提前完成粉丝优惠券的设置，且该模块只针对粉丝透出。

（3）粉丝专项折扣商品：需提前完成粉丝价商品的设置，且该模块只针对粉丝透出。

（4）邀请活动：需提前设置老带新活动。

（5）店铺签到有礼：需有店铺金币或优惠券，可在装修中直接操作。

3）产品类内容

（1）产品列表：选择自己想要推荐的商品。

（2）排行榜：不支持自主编辑，展示店铺前三热卖商品。

（3）猜你喜欢：不支持自主编辑，按买家特性系统自动推荐。

（4）新品：不支持编辑，新发布的商品推荐。

（5）智能分组：不支持编辑。

### 4.4.6 营销活动

对于新手卖家来说，营销活动可以带来很多流量，提升店铺的销量，真的是平台的"武功秘籍"。下面就来了解下速卖通平台常规营销活动有哪些。

**1. 设置满减活动**

（1）在营销活动→店铺活动→满减活动中单击"创建"按钮，设置满减活动如图 4-66、图 4-67 所示。

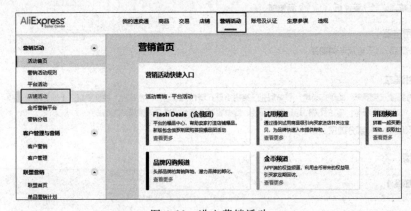

图 4-66　进入营销活动

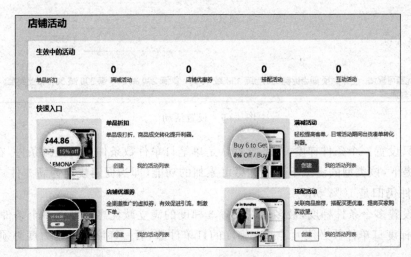

图 4-67　店铺活动

（2）填写活动的基本信息，如图 4-68 所示。

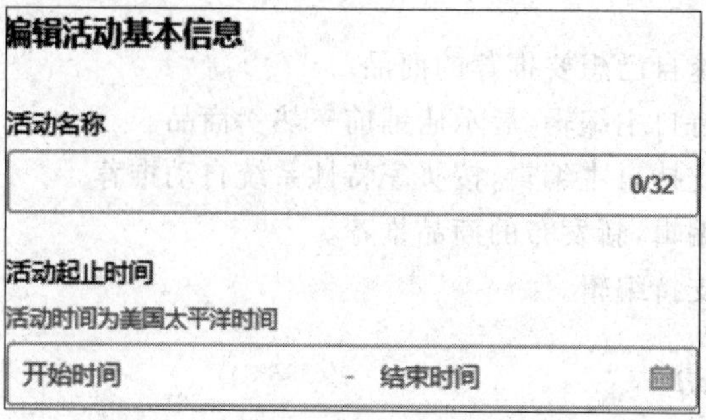

图 4-68　填写活动信息

（3）设置活动类型和详情，如图 4-69 所示为设置"满减条件"。

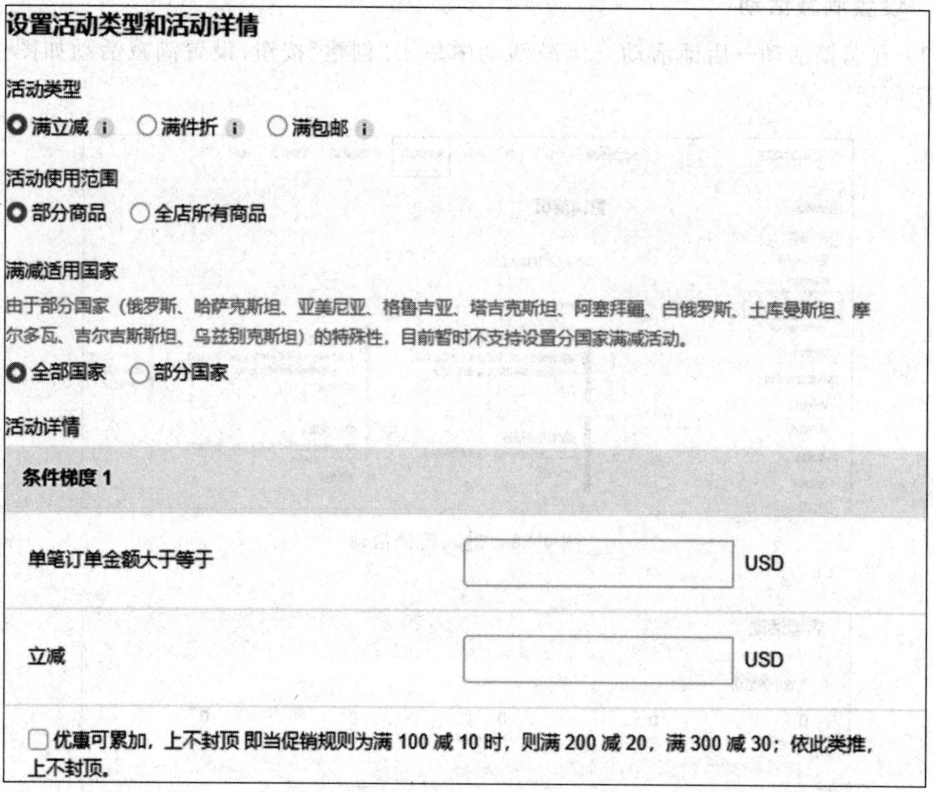

图 4-69　设置活动

① 可只设置一个条件梯度，则系统默认是单笔订单件数条件以及立减条件，在"条件梯度 1"的前提下，该类型的满减不支持优惠可累加的功能（即当促销规则为满 3 件减 10% off 时，则满 6 件仍旧是 10% off）。

② 可设置多个条件梯度，最多可以设置 3 梯度的满立减优惠条件。多个条件梯度需要满足：后一梯度订单件数必须大于前一梯度的订单件数，后一梯度的优惠力度必须大于前一梯度。

(4) 选择商品。

① 针对"商品满立减"活动,可以通过选择商品或者批量导入选择商品,如图 4-70 所示。

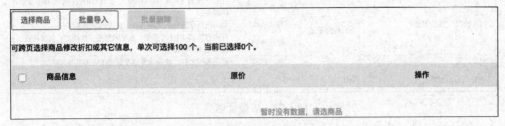

图 4-70　选择商品后台

② 选择商品,单次最多可以选择 100 个商品;选择商品页面如图 4-71 所示。

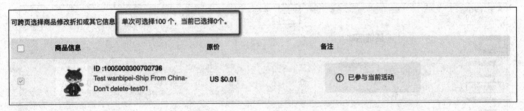

图 4-71　选择商品

③ 可通过批量导入 Excel 导入商品,Excel 一次最多可以导入 10 000 个商品。Excel 批量导入界面如下,先下载模板,在模板文件中提交商品信息,然后上传文件,如图 4-72 所示。

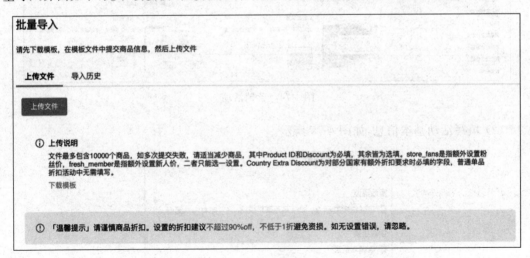

图 4-72　批量导入

## 2. 店铺优惠券

店铺优惠券用于店铺自主营销。可以通过多种渠道进行推广,通过设置优惠金额和使用门槛,刺激转化提高客单。常用的优惠券有领取型、定向发放型、互动型。升级前后对比,如图 4-73 所示。

| 升级前 | 升级后 | | 展示渠道 |
| --- | --- | --- | --- |
| 领取型（常规领取型、领券中心） | 店铺常规展示 | | 用户将会在商品详情页、购物车、店铺看到并领取该券。 |
| | 官方推广渠道 | | 优惠券将有可能展示在领券中心及卡包推荐页，领券中心在买家app端-Account-Coupon Center。 |
| 定向发放型（直接发放） | 所有定向渠道 | 所有定向渠道 | 在客户营销（买家会话除外）、粉丝营销或互动游戏中发放优惠券。 |
| | | 互动游戏 | 您可在互动游戏的奖励选择中选择该类型优惠券 |
| | | 粉丝营销 | 在内容营销-粉丝营销中，发帖时添加该优惠券，买家可在feed看到并领取。 |
| 定向发放型 | | 客户营销 | 您可通过邮件、定向优惠券发放将该店铺券发送给用户 |
| 互动型（金币兑换） | 下线 | | |

图 4-73 店铺优惠券

1）设置流程

(1) 登录速卖通后台，单击营销活动→店铺优惠券，再单击创建按钮，如图 4-74 所示。

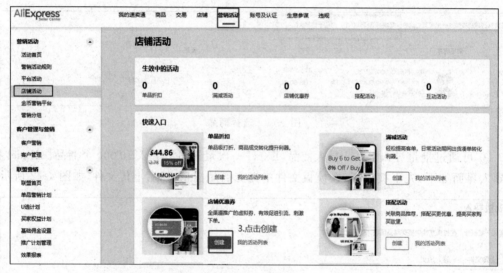

图 4-74 营销活动

(2) 填写活动基本信息，如图 4-75 所示。

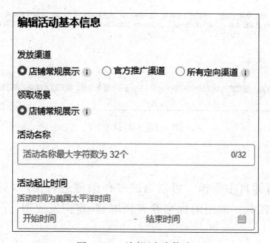

图 4-75 编辑活动信息

(3) 设置优惠券详细内容，如图 4-76 所示。

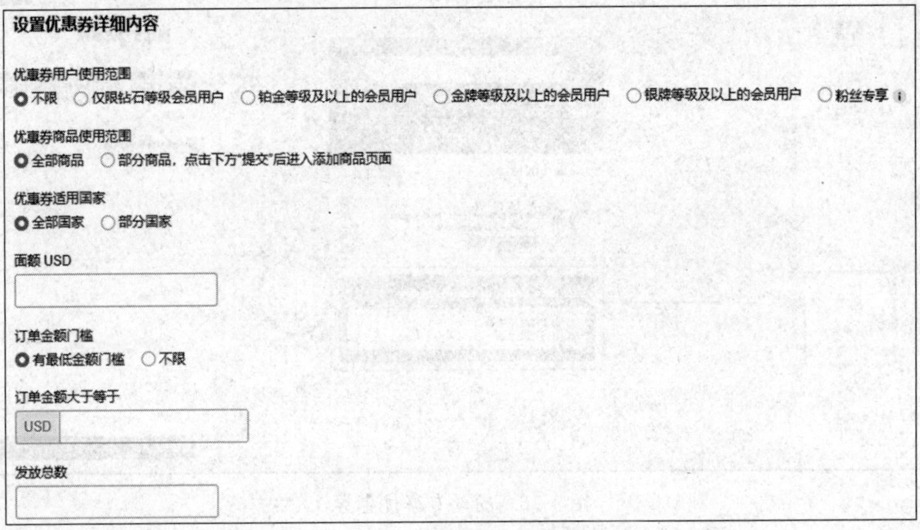

图 4-76  设置优惠券信息

2) 设置优惠券使用规则

需要填写每人限额和使用时间，如图 4-77 所示。

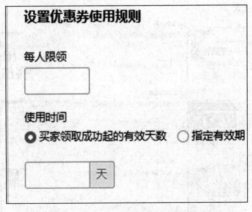

图 4-77  设置优惠券使用规则

3) 优惠券用户使用范围补充说明

(1) 会员专属。只有对应等级及以上的买家才可看到，如设置铂金级的，那么铂金和钻石的买家可见，金牌和银牌的买家不可见。

(2) 粉丝专享优惠券。设置的粉丝专享券，仅可在"店铺页面"→"粉丝模块"中展示；粉丝模块需单击"店铺"选择"店铺装修"→"首页"→"编辑"；从左侧营销类"粉丝专享优惠券"拖曳到右侧，可支持上下移动，如图 4-78 所示。

4) 优惠券适用国家设置指引

国家营销分组入口如下：登录商家后台，进入"营销活动"→"店铺活动"页面，在页面下方会有"国家营销分组"入口，如图 4-79 所示。

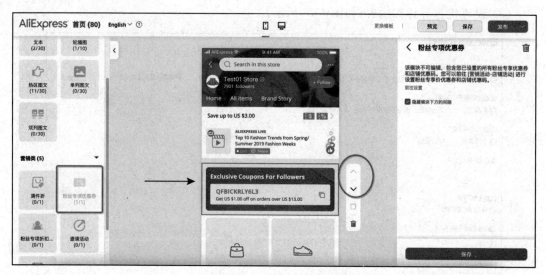

图 4-78 粉丝专享优惠券

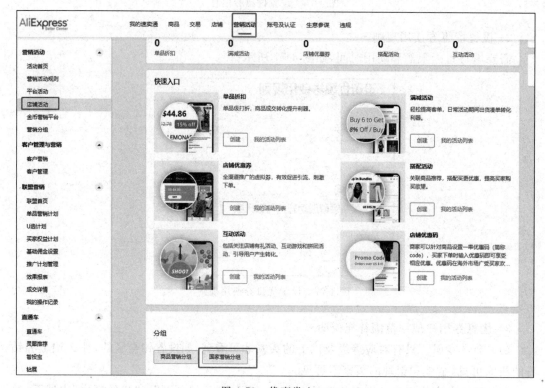

图 4-79 优惠券入口

### 3. 设置粉丝店铺折扣

目前无法批量设置店铺粉丝折扣,只能单个设置。

店铺粉丝折扣价在后台单击营销活动→店铺活动→单品折扣,在设置折扣处勾选店铺粉丝设置额外的折扣率即可针对店铺粉丝设置额外折扣,如图 4-80 所示。

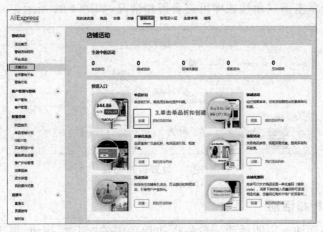

图 4-80　设置粉丝店铺折扣

（1）单击活动页面"点此设置"按钮设置折扣，如图 4-81 所示。

图 4-81　设置折扣

（2）希望针对店铺粉丝设置比普通买家便宜 1%，单击店铺粉丝下方设置 1 即可，如图 4-82 所示。

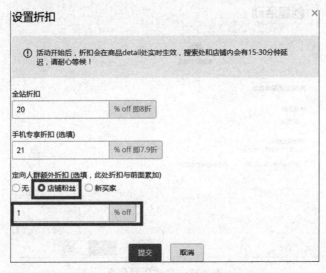

图 4-82　填写折扣信息

（3）设置完毕单击下三角按钮即可查看折扣情况，如图4-83所示。

图 4-83　设置折扣完成

**4. 设置单品折扣活动**

（1）单击营销活动→店铺活动→单品折扣活动中的"创建"按钮，即可设置单品折扣活动，如图4-84所示。

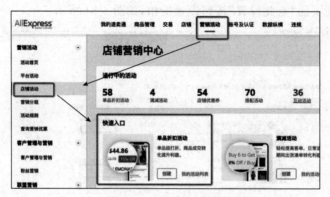

图 4-84　单品折扣活动

（2）设置活动基本信息（名称、时间），如图4-85所示。

图 4-85　创建活动信息

（3）活动优惠信息设置，支持单个商品、根据营销分组、表格导入形式设置；可筛选全部已选商品和未设置优惠商品，支持商品 ID 搜索。

 **思政小课堂**

通过学习速卖通平台店铺运营的营销活动以及店铺的装修指南，引导学生树立开源节流、节支增收的跨境电商经营理念与管理意识。从市场调研、店铺管理、品牌推广、数据营销、客户服务的全环节中，既要求学生具备遵纪守法、爱岗敬业、诚实守信、脚踏实地的职业品格和行为习惯，又要求学生具备全球视野、家国情怀和跨文化交际能力，对外展示一个开放、包容、繁荣的中国形象。

在营销推广活动的创立过程中，引导学生利用中国传统节日开展促销活动，如春节、中秋节、端午节等，并通过案例介绍中国节日主题活动营销的成功案例，让学生更加了解中国传统节日，弘扬中国文化，以特色鲜明的中国元素设计店铺营销方案，使店铺运营更具特色，从而弘扬中国传统文化，增强文化自信。

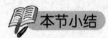 **本节小结**

生意参谋是速卖通店铺后台辅助卖家运营的工具，卖家可以通过在后台查看，制定好的营销策略。在速卖通进行店铺管理，可以开启店铺休假模式，帮助店铺更好地调整运营计划。在速卖通平台运营可以使用不同的营销活动，通过引流活动吸引买家。

**复习思考题**

1. 生意参谋主要有几大板块？分别是什么？
2. 店铺装修导航条常规展示有什么？
3. 速卖通有什么引流工具？分别简短介绍一下。

---

**职场通**

了解速卖通平台并分析如何成为"中国好卖家"，积极投入企业的跨境电商事业中，为中国跨境电商行业新业态做出贡献。了解速卖通的注册开店的准备资料及知悉速卖通平台开店流程，掌握并应用速卖通平台的选品方法，培养学习和运用知识的能力。知悉产品发布流程，掌握商品管理和诊断的方法，掌握卖家后台的操作。掌握速卖通物流政策，培养学生进入企业后开源节流、节支增收的跨境电商经营理念与管理意识。

在跨境电商平台速卖通的学习中，学生从速卖通的介绍和速卖通开设的各个站点开始，从入驻到上新商品，再学习如何上新商品、运营店铺和与客户交流。

# 第5章 阿里巴巴国际站

## 5.1 阿里巴巴国际站入驻开店概述

阿里巴巴国际
站入驻开店

【学习目标】

知识目标:了解阿里巴巴国际站的入驻条件和注册流程,以及账号安全维护。

能力目标:具备独立注册阿里巴巴国际站的能力。

素质目标:通过注册阿里巴巴国际站,培养学生独立自主,积极探索跨境电商领域的学习精神。

【重难点】

教学重点:阿里巴巴国际站的入驻条件和注册流程的主要内容。

教学难点:在阿里巴巴国际站进行账号安全维护。

### 5.1.1 入驻条件

**1. 公司类型**

(1)需要有工商局注册的做实体产品的企业(生产型和贸易型都可以),收费办理。

(2)服务型公司,如物流、检测认证、管理服务等企业暂不能加入。

(3)离岸公司和个人也无法办理。

(4)个体经营执照各个区域限制不同,需要联系当地客户经理,判断是否能够加入。

**2. 实地认证门槛**

公司类型符合后,还需要通过实地认证才能确认是否可以合作,实地认证需要以下资料。

(1)客户提供:公司执照信息(包含公司中英文名称、营业执照照片、公司注册地址)、公司对公账户信息(包含公司对公账户开户行、开户名、对公账号)、公司经营地址信息(包含公司经营地址及经营场地证明)、认证人信息(包含认证人姓名、联系方式、身份证号码、职位、部门等信息)。

(2)客户经理上门采集:客户经理会上门拍摄公司的办公及生产环境照片,认证信息确认书需要公司盖章确认。

**3. 注册资料**

注册资料内容如下。

(1) 营业执照合法真实有效。
(2) 法人身份证正反面的扫描件。
(3) 公司对公账户信息。
(4) 公司经营地址信息。
(5) 认证人信息。
(6) 需要提交的公司信息。

### 5.1.2 注册流程(模拟开通流程)

注册流程如下。
(1) 提交认证信息,如图 5-1 所示。

图 5-1 提交认证信息页面

(2) 填写公司营业执照信息,如图 5-2~图 5-4 所示。

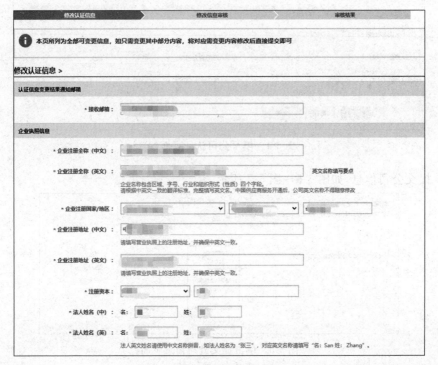

图 5-2 填写公司营业执照信息页面

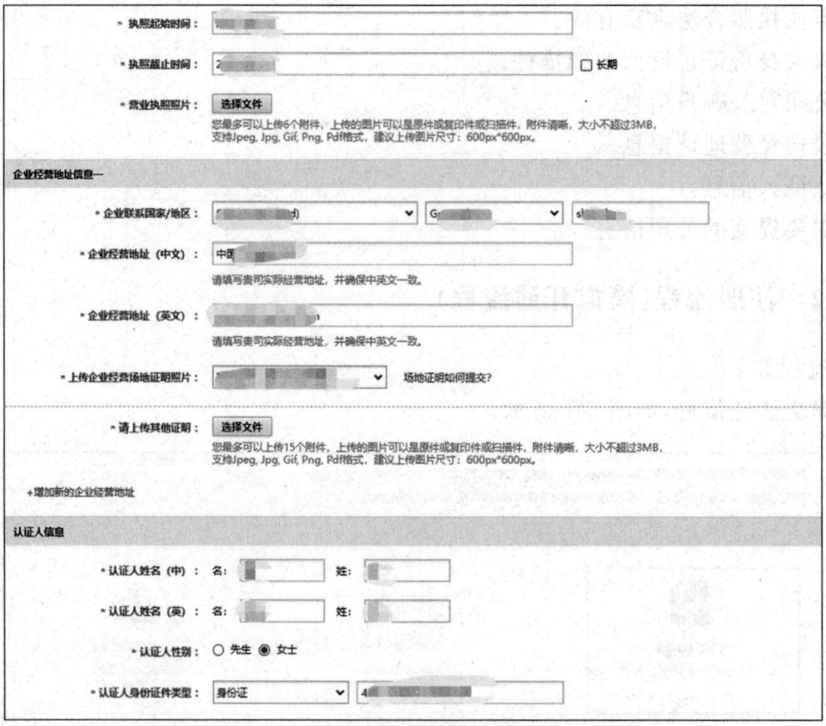

图 5-3　填写公司认证页面(1)

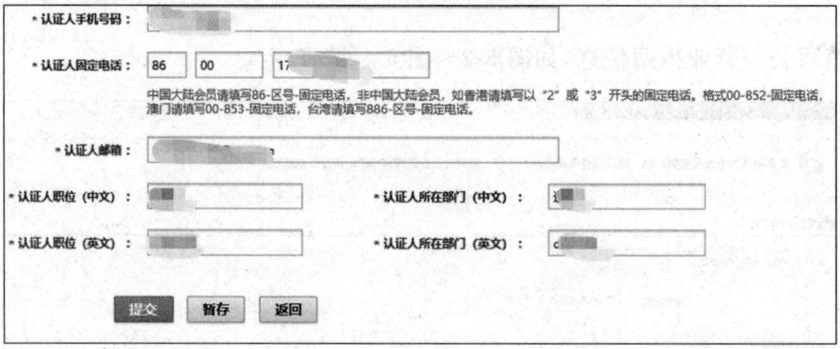

图 5-4　填写公司认证页面(2)

(3) 提交公司信息，如图 5-5～图 5-7 所示。

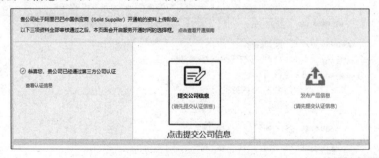

图 5-5　单击提交公司信息页面

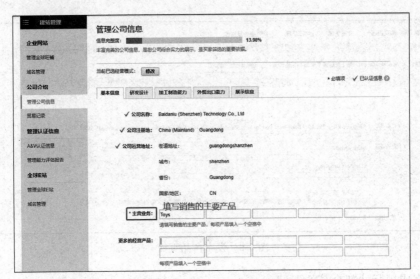

图 5-6　填写公司信息页面(1)

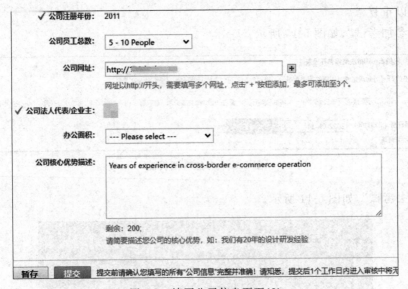

图 5-7　填写公司信息页面(2)

(4) 发布产品信息,如图 5-8 和图 5-9 所示。

图 5-8　单击发布产品信息页面

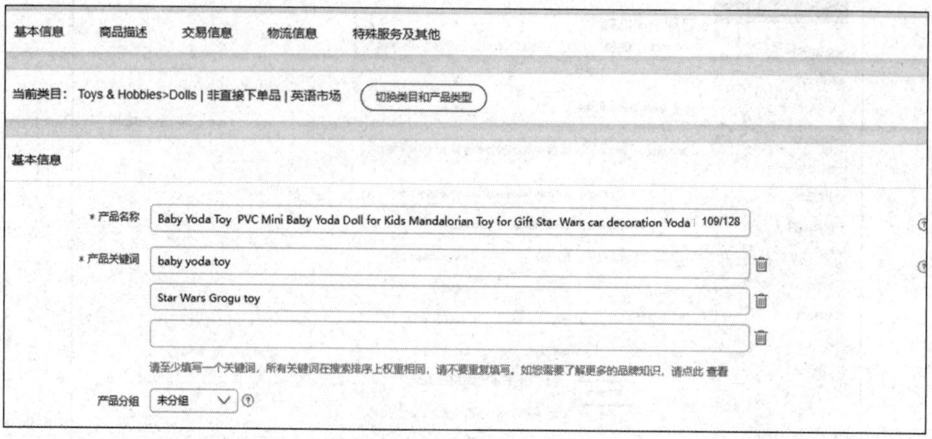

图 5-9　发布产品页面

（5）完成国际站新会员的考试。

考试一共 10 道题,每题 10 分,满分 100 分,90 分通过,考试时间为 60 分钟。考试次数无限制,可以重复考。

单击"参加考试",如图 5-10 所示。

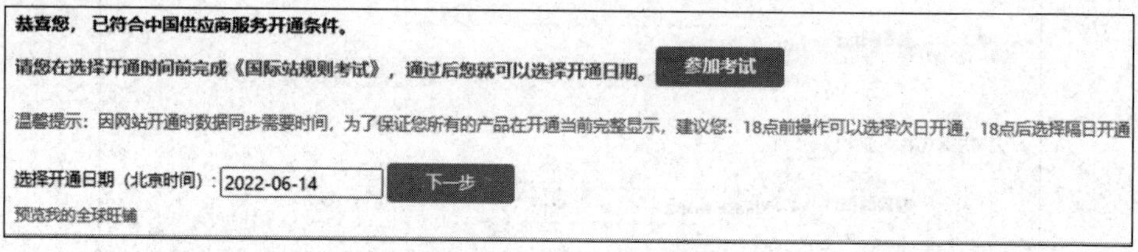

图 5-10　参加考试页面

单击"去考试",如图 5-11 所示。

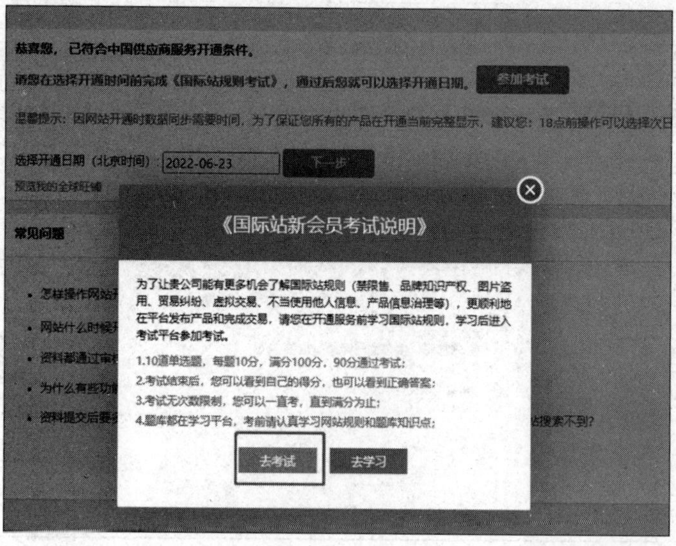

图 5-11　单击"去考试"页面

单击"开始考试",如图 5-12 所示。

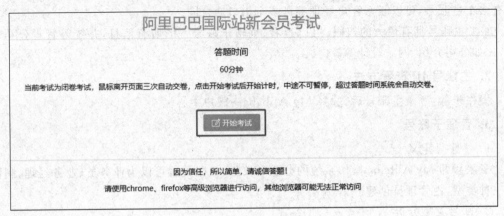

图 5-12　"开始考试"页面

开始进行答题,如图 5-13 所示。

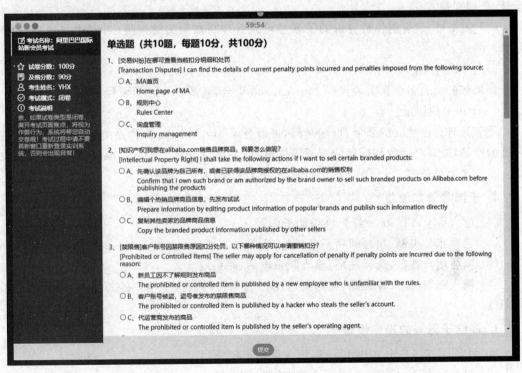

图 5-13　答题页面

### 5.1.3　会员账户与安全

**1. 主账号设置**

(1) 针对只签订一份出口通合同的会员:主账号即管理员账号,只能有一个主账号,不能设置多个。

(2) 一个公司可以签多个出口通合同：一个出口通合同对应一个主账号，若同个公司希望有多个主账号，可以联系客户经理签订多个出口通合同。

(3) 主账号拥有最大的权限，可以查看、编辑子账号下的所有信息，并统筹管理公司信息，比如公司介绍、网站设计等。

**2. 主账号 ID 查看方法**

操作步骤：登录主账号后，选择 My Alibaba→账户中心。

**3. 管理子账号**

1) 子账号定义

子账号即 My Alibaba 操作系统的分账号权限，权限配置可以为业务员、业务经理、制作员三种类型，由管理员创建。

2) 账号类型分析

(1) 业务员：创建和管理被分配到的产品，接收和回复针对所属产品的反馈，处理交易。

(2) 业务经理：创建产品、管理自己和所属业务员的产品，接收和回复针对所属产品的反馈，处理交易。

(3) 制作员：只有制作员身份的子账号可以管理旺铺和关键词推广，创建产品，管理产品和产品组。

3) 子账号作用

如果您公司有多个人需要操作 My Alibaba 平台，就需要开通子账号了。

4) 子账号权限

子账号有自己独立的账号 ID 和密码，可以登录 My Alibaba 操作系统，比如发布和管理自己的产品，处理自己收到或者分配所得的询盘；也可以登录 Trademanager 和买家在线交流。出口通会员最多 5 个子账号，金品诚企会员最多 10 个子账号。

**4. 子账号添加流程**

(1) 进入 My Alibaba→账户→添加子账号。

(2) 选择账号类型、填写邮箱信息、输入密码。

(3) 填写用户姓名、选择性别、输入联系电话、联系地址。

(4) 输入邮编、输入验证码、勾选发送用户名和密码到这个用户的邮箱中，最后单击添加即可。

**5. 冻结子账号的操作步骤**

(1) 主账号进入 My Alibaba→账户→管理子账号。

(2) 勾选要冻结的子账号，然后单击"冻结"即可。

 **思政小课堂**

通过本节的教学，使学生了解阿里巴巴国际站的入驻条件和注册流程，以及账号安全维护。培养学生提高安全意识和责任意识，要严格遵守企业安全制度、明确责任、重视管理。培养学生提升法律意识，高度重视网络信息安全并保护好买家个人信息安全，确保店铺账号、信息及数据的安全与保密。

以阿里巴巴的发展史,介绍中国企业"出海"的历史,使学生理解和认同精益求精、勇于创新对于跨境电商企业取得成功的重要意义,对外讲好中国品牌创新故事。以阿里巴巴从PC淘宝到千人千面的手淘的案例,说明技术上的自主创新带来了消费者的全新体验,也带来了企业的发展壮大,培养学生勇于突破的创新精神,提升学生的民族自信心。

### 本节小结

通过本节的教学,对于阿里巴巴国际站注册的要点进行梳理学习;弄清入驻的所需条件、准备注册前的资料、了解注册流程、理解会员账户与安全要素等。

引导学生运用所学的知识和方法开通注册,加强学生对会员账户的认识,引导学生学会添加子账号以及冻结子账号,加强学生对于账号安全的掌握。

### 复习思考题

1. 注册资料有哪些?
2. 可以设置多个主账号吗?
3. 子账号可以开通多少个?

## 5.2　产品图片要求

【学习目标】

知识目标:了解在阿里巴巴国际站发布产品以及管理产品的方法。

能力目标:具备在阿里巴巴国际站上传并发布产品,以及管理产品的能力。

素质目标:通过引导学生在阿里巴巴国际站上传产品和管理产品,培养学生的跨境电商运营理念及管理意识。

【重难点】

教学重点:在阿里巴巴国际站发布产品。

教学难点:在阿里巴巴国际站进行产品管理及优化。

### 5.2.1　产品视频发布要求

(1) 主图视频时长不超过 45 秒,分辨率 640px×480px 以上,大小不超过 100MB,展示位置在产品首图第一张。画面背景尽量选择浅色或者虚化,尽量不要出现与产品不相关的内容信息。

(2) 详情视频时长不超过 10 分钟,大小不超过 500MB,展示在产品详情描述的上方。

(3) 便于供应商上传主图视频和详情视频,视频空间 1GB 提升到 3GB。

### 5.2.2　发布产品的操作步骤

(1) 单击产品管理→发布产品。

(2) 选择产品类目→产品类型。
(3) 填写商品基本信息,如产品名称、产品关键词等。
(4) 商品描述,上传图片、填写产品详细描述等。
(5) 填写交易信息,包括价格设置、最小起订量、支付方式、是否提供样品服务设置。
(6) 填写物流信息,设置发货日期、选择物流模式等内容。
(7) 设置特色服务及其他,定制服务、私域品服务、生产可视化服务。

### 思政小课堂

通过本节的教学,使学生具备在阿里巴巴国际站上传并发布产品,以及管理产品的能力,从而培养学生干一行、爱一行、专一行、精一行,务实肯干、坚持不懈、精雕细琢的敬业精神,以及持之以恒、开拓创新的品格,谱写新时代爱岗敬业的时代新篇章。以执着专注、精益求精、一丝不苟、追求卓越的工匠精神为指引,在新征程上勇毅前行,创造新的辉煌。

诚实守信不仅是中华民族的传统美德,也是基本的职业道德之一。在跨境电商经营过程中不讲诚信,不仅损害外国消费者的利益,也将对企业本身的信誉造成严重负面影响,抹黑我国的国际形象。以近年来出现的卖家因"侵权""仿牌""盗图"等损害买家利益而受到跨境电商平台惩罚和扣款的事件为例,强调从业者应诚信经营,树立"讲诚实、守信用"的国际形象,引导学生认同诚实守信的职业道德,以诚信经营、高质量的产品和服务换取企业信誉。

### 本节小结

通过本节的教学,了解详情页打造的要求、理解产品发布的步骤要素等,引导学生运用所学的知识和方法操作产品发布,加强学生对产品管理的认识,通过学习,使学生了解图片的要求、产品视频的发布要求。

### 复习思考题

1. 图片有哪些要求?
2. 产品视频发布有哪些要求?
3. 在经营阿里巴巴国际站中商家应如何做好产品管理?

## 5.3 店铺装修

【学习目标】

知识目标:了解阿里巴巴国际站首页的主要内容,以及基本操作。
能力目标:能够熟练操作阿里巴巴国际站主页的各个内容设置。
素质目标:通过引导学生,如何进行阿里巴巴国际站的首页装修,激发学生的跨境电商的运营维护意识。

**【重难点】**

教学重点:阿里巴巴国际站首页的主要内容。

教学难点:阿里巴巴国际站的首页装修。

### 5.3.1 首页装修

**1. 装修店招**

(1) 店招中可设置:店招图片、公司名展示、添加/更换导航条上的自定义页面等。

(2) 设置店招上的公司简介:公司简介可以设置"显示"或"隐藏"。设置"显示"公司简介,则可进一步设置公司简介的字体和颜色。

(3) 添加店招底图:店招底图也可设置"显示"或"隐藏"。选择"显示"则可上传店招的背景图片,店招图片尺寸为1 200px×280px,但图片下方实际是有44像素被导航条遮挡的,请注意给店招的内容留出空间;设置"隐藏",则店招就会直接透出大背景。

(4) 导航栏上新增自定义页面:自定义页面装修好后,需要做一步添加的动作才会被展示在旺铺上。下拉店招的编辑弹框即可看到"新增导航项及跳转的页面",在此可添加页面进行展示。

**2. 页面背景设置**

(1) 页面背景里可设置:旺铺大背景、导航条颜色、模块的强调色、超出背景图部分的背景色。

(2) 页面主题色:设置导航条颜色和各个模块组件上的强调色。

(3) 页面背景色:选色器,用来设置除背景图以外空白背景的颜色。

(4) 传背景图:传大背景一定要选择"显示"背景图片,然后上传设计好的大背景图,具体尺寸以后台提示为准。

**提示**:大背景的最佳宽度为1 920像素,高度建议是3 000像素,大背景图如果上传太长,会导致页面加载变慢(传完背景图记得检查图片填充方式和对齐方式)。

(5) 设置旺铺右侧工具条联系人:可在此设置除了默认联系人外的其他联系人(即 service center 里的联系人)。

**3. 添加视频**

(1) 上传视频至视频银行。拍摄高质量的企业或产品宣导视频,并上传至视频银行。

(2) 进入编辑器添加视频模块。操作流程:编辑器→视频模块→拖曳添加,添加成功后单击视频模块→选用视频,选用成功后单击确认。

(3) 编辑内容。可在编辑弹框中设置对视频内容的描述/说明;自定义区可以添加文字说明,也支持添加图片及代码;设置视频封面是800×600像素的图片;视频位置可选居左或居右;模块底图可上传1 200×600像素的模块底图。

(4) 预览及发布。完成编辑后,单击保存→预览→发布,旺铺视频就添加成功了。

**4. 注意事项**

(1) 旺铺视频时长限小于10分钟,视频大小要求小于500MB。PC端旺铺视频展示比例16∶9,无线端旺铺视频比例可选,具体请见装修后台提示。

(2) 目前PC首页、自定义页和无线首页均支持添加视频,且每个页面最多可添加一个视频。

(3) PC端旺铺视频添加后可预览播放效果,发布后,访客在无线网络或有线网络环境下浏览旺铺,视频是自动静音播放,访客可自行开启声音。

**5. 添加 banner 轮播图**

(1) 添加上限:仅支持在首页、自定义页和无线旺铺的首页添加,一个页面支持添加两个轮播 banner 模块。

(2) 图片尺寸:PC端图片高度可设 3 种,即 250、350、450,宽统一为 1 200。

(3) 操作步骤:单击图文→选择滚动 banner→拖曳添加。

单击 banner 图后右边弹出编辑页面,可对轮播 banner 进行图片高度设置、图片设置、轮播时间设置。

**6. 自定义风格页面装修**

(1) 设计图片。请先设计宽度为 1 200 像素的图片。

(2) 进入编辑器添加热区切图。操作步骤:单击编辑器→营销→热区切图→拖曳添加,添加成功后单击热区切图模块上传图片即可。

(3) 绘制区域。添加链接,在图上用鼠标绘制热区,快速切图,并添加跳转链接。一张图上可绘制多个热区,添加多个链接。

(4) 预览及发布。完成编辑后,单击完成→保存→预览→发布,热区切图模块就添加成功。

**注意**:热区切图模块支持上传 1 200 像素宽的图,图片高度不限。目前 PC 首页、自定义页和无线首页均支持添加热区切图模块,每个页面最多可添加 10 个热区切图模块。

**7. 自定义区块的添加**

旺铺 2.0 自定义区可添加代码,支持更自由、开放的装修需求。如果要使用链接工具给自定义区的图片添加跳转链接,只支持添加 Alibaba 网站的链接。

**8. 添加主营商品类目**

在主营类目模块中,可展示 4 个主打的产品分类,每个分类下又能展示 6 个产品,是旺铺中比较清晰的产品导购模块。

操作步骤:单击产品→主营类目,将它拖曳到页面上,单击展区的主营类目可进行编辑。

手动选品:自主选择想要展示的 4 个主营类目,并选择每个分类下的产品。一共可展示 4 组,24 个产品。

**9. 添加橱窗产品**

模块布局:橱窗产品的展示有通栏、宽栏、窄栏三种布局可选,请将模块拖拽至位置中查看展示效果。

橱窗产品模块可展示产品数:显示数量范围在 10~60,可自主设置橱窗产品的展示数量。如将模块添加在窄栏,橱窗产品可以全部展示。

展示规则:此模块是默认将后台上传的橱窗产品按顺序展示,如果想调整产品排列,请至 My Alibaba 后台橱窗产品管理处调整。

产品排布:产品是固定排布,具体请参见后台提示,排布效果如不理想请重新设置模块布局,或调整展示数量。

操作步骤:单击产品→单击橱窗产品将橱窗产品拖曳至展示区内。

单击"产品展示",右边会弹出编辑框,可对展示数量进行设置。

**10. 添加带类目的产品**

(1) 可展示产品数。4个,可选自动选品/手动选品。

(2) 左侧类目的展示规则。大标题为大类目,右侧展示的4个产品均在该大类目下,红框位置的小分组是该大类目下的子分组,可在"产品分组"里修改。

(3) 带类目产品模块添加效果。操作步骤:单击产品—带类目产品将它拖曳到展示区。

① 编辑带类目产品:自动选择。

② 编辑带类目产品:手动选择。

### 5.3.2 自定义页装修

修改自定义页面名称的操作步骤:进入编辑器,单击界面上方导航条上的我的页面→Custom page→设置→设置页面名称。

**1. 装修自定义页面**

(1) 进入编辑器,在页面选项卡中切到自定义页面,进行编辑。或进入我的页面→Custom page→选择自定义页面,进行编辑。

(2) 装修:自定义页面可添加的模块和首页是一样的,所以装修自由度比较高,可以参考首页的装修步骤,风格和内容可自定义。

(3) 推荐的页面内容:合作伙伴、工厂实力、公司新闻、优势项目、优惠活动等。

(4) 发布页面并配置到前台:装修完成后单击发布按钮,如果之前未在首页配置过自定义页,则发布成功后该页面并不会在旺铺前台展示,所以需要有"到首页添加自定义页"的动作。

**2. 在旺铺导航条上添加自定义页面**

在自定义页面装修并发布后,需要配置到旺铺的导航条上,再次发布,该页面才可被展示。操作步骤:首页编辑器→店招→新增导航项及跳转的页面。

### 5.3.3 Promotion页装修

**1. 设置优惠券的步骤**

(1) 单击营销中心→优惠券。

(2) 单击创建优惠券。

(3) 设置优惠券信息。填写优惠券标题、有效期、面额、数量、适用商品、适用人群等,创建完成后该优惠券就会在设置的时间内生效。

(4) 进入旺铺2.0装修后台→Promotion页,添加优惠券模块;拉开旺铺装修后台左下角的页面选项卡,将当前正在装修的页面切换至Promotion页;Promotion页内为默认配置好的优惠券模块;如果误删除了,可以手动添加,依次单击营销→店铺优惠券→拖动添加即可。

(5)将优惠券模块一键同步至无线,或切换到无线旺铺装修后台,手动添加调整。

(6)预览并发布旺铺。

**2. 优惠券注意事项**

除了在Promotion页展示外,优惠券模块目前暂时也支持在PC首页、PC自定义页、无线首页添加,1个页面支持添加1个优惠券模块,但建议商家将营销模块都添加到Promotion页下。

(1)优惠券的适用商品及适用范围:优惠券可绑定的商品必须是支持买家直接下单的商品,可设置为全店商品通用,或者特定商品使用,特定商品上限为50款。

(2)优惠券的设置和修改都只在网站"营销中心"的后台,旺铺后台只有发布操作,更多优惠券相关的问题请查看优惠券。

**3. 限时折扣设置的步骤**

(1)进入后台,单击营销中心→折扣营销→新建活动。

(2)设置活动基本信息。

(3)设置活动库存以及优惠方式。

(4)进入旺铺装修后台的Promotion页,添加限时折扣模块;操作同添加优惠券的步骤,拉开旺铺装修后台左下角的页面选项卡,将当前正在装修的页面切换至Promotion页。Promotion页内为默认配置好的限时折扣模块;如果误删除了,想手动添加,请依次单击营销→限时折扣→拖曳添加;系统将自动抓取最大折扣的相关信息进行展示(如折扣数值、活动时间),以网站后台预览发布的实际展示效果为准,折扣商品数量必须大于3个。

(5)同步添加模块到无线旺铺上,将限时折扣模块一键同步至无线,或切换到无线旺铺装修后台,手动添加调整,同优惠券模块添加第4步。

(6)预览并发布旺铺,发布成功后在旺铺Promotion页的显示页面。

**4. 限时折扣注意事项**

(1)除了在Promotion页展示外,限时折扣模块目前暂时也支持在PC首页、PC自定义页、无线首页添加,1个页面支持添加1个限时折扣模块,但建议商家将营销模块都添加到Promotion页下,以贴合买家习惯。

(2)必须设置3个以上折扣商品才可添加限时折扣模块,否则旺铺前台将不展示。

(3)限时折扣的设置和修改都是在网站"营销中心"的后台,旺铺后台只有发布操作。

**5. 视频带货**

视频带货模块是带导购性质的短视频应用场景,以1个短视频+多个关联商品的组合形式,完成场景化,增加买家选品体验的同时,为买家传输了公司主打品,缩短买家找品时间,帮助商家包装精品。

(1)进入Promotion装修页面添加视频带货模块。进入旺铺2.0装修后台,打开左下角页面选卡,切换至Promotion装修页,单击"营销",拖曳视频带货模块至展示区,添加模块成功;如视频带货模块已经默认添加在装修后台,则无须再拖曳添加了。

(2)单击视频带货模块,编辑内容。请按照编辑表单的设置,完善视频带货模块。注意,该模块只可选用1个视频进行展示,选择的视频类型、填写的标题和描述最好能和视频内容相符,搭配在这个模块上配置的商品,主题统一,更能打动买家,1个视频最多能"带"

20个商品。

(3) 一键同步至无线,或切换到无线旺铺装修后台,手动添加调整。

(4) 预览并发布。发布成功后,页面上将展示视频带货模块,关联的推荐商品将排列在视频右侧。无线页面上的展示分两部分。

(5) Promotion页内展示视频带货模块,页面透出视频和部分产品缩略图,单击视频后进入"视频带货承接页"。

(6) 承接页设置,顶部视频做宣导,下方产品获曝光。

**6. 视频带货注意事项**

(1) 无线环境下视频自动播放。

(2) 添加的视频是调取视频银行的视频,所以要到视频银行先上传好视频素材,上传视频的比例最好为16:9。

(3) 除了在Promotion页展示外,视频带货模块目前暂时也支持在PC首页、PC自定义页、无线首页添加,1个页面支持添加1个视频带货模块,但建议用户将营销模块都添加到Promotion页下,以贴合买家习惯。

**思政小课堂**

通过本节的教学,让学生在学会店铺装修技能的同时,培养审美能力和精益求精、不惧困难的品格,从而根据数据分析不断做好产品优化,使学生在掌握业务操作流程的同时,养成善钻研、有毅力、求真务实、开拓进取的良好品行。

以传统店铺的视觉营销、内贸平台天猫的网店装修案例,与阿里巴巴国际中的品牌店铺装修案例进行对比分析,使学生理解视觉营销的目的性、审美性、统一性、实用性,进一步培养学生对跨境网店视觉营销的不同之处的认知、提升审美意识和设计策划能力。让学生认识到中国卖家在海外网络推广中,要学会尊重包容各国的文化差异,既要有意识地宣传中国的优秀传统文化,又要结合不同国家或地区的风俗习惯、宗教信仰、网购心理行为特征进行店铺装修,在共建人类命运共同体中增强民族自豪感和大国担当责任。

**本节小结**

通过本节的教学,使学生了解阿里巴巴国际站首页的主要内容以及基本操作。弄清首页装修的步骤,了解Promotion页装修包括哪些内容。讲解填写公司信息的操作步骤。引导读者掌握优惠券、限时折扣、视频带货设置。通过学习使读者了解店铺装修的内容,培养读者全面、深入了解装修店铺的重要知识。

**复习思考题**

1. 店铺装修主要分为哪几部分内容?
2. Promotion页装修包括哪些内容?
3. 可以用什么样的方式进行带货?

## 5.4 营销中心

【学习目标】

知识目标:了解什么是外贸直通车、产品展位、产品橱窗,以及怎么进行折扣营销。

能力目标:具备设置产品优惠券和折扣,以及运营好产品橱窗的营销能力。

素质目标:通过引导学生认识到怎么去进行产品的折扣营销和橱窗运营,培养学生创新思维的能力,以及开源节流、节支增收的跨境电商的经营理念。

【重难点】

教学重点:外贸直通车、产品展位、产品橱窗的定义。

教学难点:做好个人运营定位并进行产品营销。

### 5.4.1 外贸直通车

外贸直通车(又称 P4P)是能让卖家占据优质资源位,获得海量曝光来源的增值服务产品,网络推广方式是通过单击产生的收费,可以自主选择充值金额,自主设置推广预算,自主设置推广方案。可以通过出价获得搜索第一页的前五个展位(不包括其他资源位,比如顶级展位等)和底部的 5 个智能推荐位。

**1. 直通车的核心特点**

外贸直通车的特点是海量免费曝光和单击后扣费。

**2. 直通车扣费规则**

直通车的扣费规则如下。

(1) 外贸直通车按照单击扣费,曝光不扣费。

(2) 底价≤扣费≤出价。

**3. 前台展示页面**

在搜索页的第一页前五个产品,产品带有 Ad 标志。

**4. 直通车的基础操作流程**

直通车的基础操作流程如下。

(1) 设置每日预算。

(2) 产品发布。

(3) 把推广关键词、产品加入直通车。

(4) 建立分组。

(5) 词品关联。

(6) 出价。

**5. 直通车账户充值**

(1) 操作步骤:在主账号登录营销中心,单击外贸直通车→账户充值。

(2) 充值金额只能是万的整数倍,最少可充值一万,最多可充值十万。

**6. 直通车关键词预算设置**

（1）操作步骤：单击营销中心→外贸直通车→关键词推广投放设置。

（2）开启关键词推广状态，设置每日预算，预算必须大于或者等于 80 元，周预算是智能分配一周预算，在一周预算不变的情况下，获取更多的流量。

### 5.4.2 顶级展位

顶级展位是一种通过购买关键词，让产品排在搜索第一名的固定排序广告。在产品标题前面可以看到一个小皇冠的标识，这就是顶级展位，如图 5-14 所示。

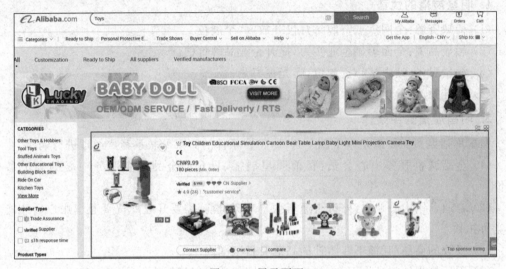

图 5-14　展示页面

**1. 顶级展位的优势**

（1）锁定第一名，精准曝光。

（2）样式多元化展示。

（3）享有尊贵的标识，凸显身份。

（4）相似产品推荐。

**2. 顶级展位的定价**

顶级展位关键词分为线上和线下售卖两部分，如表 5-1 所示。

表 5-1　顶级展位定价表

| 关　键　词 | 售　　价 |
| --- | --- |
| 钻石词 | 15 万/年 |
| 白金词 | 7.5 万/年 |
| 黄金词 | 3 万/年 |
| 普通词 | 1.5 万/年 |
| 秒杀词 | 299 元起/月 |

### 5.4.3 明星展播

明星展播面向阿里巴巴全网提供近 80 个优质展位,为企业提供专属展示机会,彰显品牌实力,助力品牌实现海量曝光。

每月特定时间段内,在营销中心后台,自助线上竞价首页的焦点展示位,竞价成功后次月投放,焦点展示位包含 PC/App/Wap 三端英国站点首页焦点图。

明星展播展示位置:PC/App/Wap 三端英国站点首页焦点图。

**1. 明星展播的优势**

(1) 稀缺资源:全网焦点资源每月仅开放 80 个展位。

(2) 彰显品牌:全面彰显企业实力,提升企业品牌价值。

(3) 海量曝光:站内核心资源位,曝光更海量。

(4) 精准投放:分地域展示,投放更精准。

**2. 明星展播购买条件**

明星展播购买需要满足以下四个条件,符合条件的商家可联系客户经理进行购买。

(1) 金品诚企服务中心会员:目前明星展播,只允许金品诚企服务中心的会员参与竞价。

(2) 开通营销中心账户(外贸直通车账户):竞价前,需要开通外贸直通车账户后才能参与竞价扣款。

(3) 投放的商品/旺铺不在防控的高危类目范围内。

(4) 因违规累计扣分小于 24 分且无知识产权严重侵权行为。

**3. 明星展播扣费标准**

明星展播竞价成功后,会从直通车账户余额中冻结。投放开始时,分天消耗。例如,明星展播价格为 3 000 元,竞价后从直通车账户余额冻结 3 000 元,投放开始后,每天从冻结的款项中扣除 100 元。

明星展播扣费操作步骤如下。

(1) 单击营销中心→明星展播。

(2) 单击新增订单。

(3) 选择匹配店铺主营的投放类目。

(4) 选择购买月份。

(5) 单击添加。

(6) 生成订单详情,单击付款。

购买后,出现购买成功的提示,表示购买已经成功,如图 5-15 所示。

### 5.4.4 橱窗

橱窗是产品展示位,是阿里国际站的一种推广营销方式,会员有 10 个橱窗,金品诚企服务的卖家有 40 个橱窗。下面是开通规则。

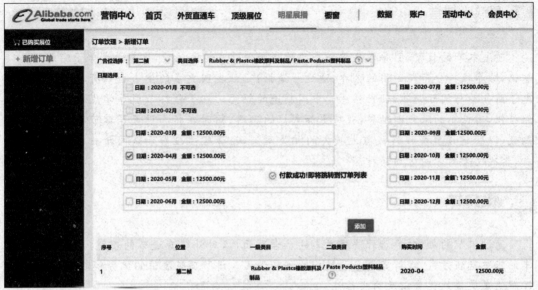

图 5-15 购买完成页面

（1）购买橱窗订单，依照当前的星等级，以及已生效的服务中橱窗组数，判断可开通橱窗数量（具体可设置时间，以客户"橱窗订单管理"页面提醒为准）。

（2）赠送橱窗开通不受星等级限制，可自由设置开通时间，最晚开通时间为签单后 90 天内，到期未设置，系统将会自动开通。

### 5.4.5 优惠券

优惠券模块是商家常态化的自营销工具，商家可以通过在 My Alibaba 后台设置部分商品或全店通用的优惠券，达到推广优惠商品的效果。优惠券设置步骤如下。

（1）单击营销中心→优惠券。

（2）单击创建优惠券。

（3）设置优惠券信息，填写优惠券标题、有效期、面额、数量、适用商品、适用人群等，创建完成后该优惠券就会在设置的时间内生效。

### 5.4.6 折扣营销

折扣营销可帮助免费创建促销活动，折扣商品可在旺铺前台醒目展示，限时活动创建好后，可随时编辑活动信息，调控营销节奏，推动商品销售、提高交易效率。折扣设置步骤如下。

（1）进入后台后单击营销中心→折扣营销→新建活动。

（2）设置活动基本信息。

（3）设置活动库存以及优惠方式。

### 思政小课堂

通过本节的教学，引导学生学会产品的折扣营销和橱窗运营，培养学生勇于突破的创新意识，培养数据分析与运用的素养，通过营销推广，让我国更多的中小企业有机会通过跨境电子商务参与国际销售，让世界感受中国制造的魅力。在营销环节引导学生跳出自己的思维框架，用世界的眼光看世界，获得更加宽广的思路，同时在折扣设置等环节要求学生认真细致，以营销设置失误造成重大损失的相关案例，培养学生理解和认同精益求精的工匠精神，养就吃苦耐劳的劳动精神。

### 本节小结

通过本节的教学，弄清外贸直通车的后台页面，从对外贸直通车的理解，了解明白直通车的账户充值方式、理解直通车关键词的预算设置。讲解顶级展位的优势和定价，引导读者了解明星展播的优势以及购买条件。

引导读者掌握橱窗、优惠券、折扣营销的设置，通过学习使读者了解营销中心的内容，培养读者全面、深入了解营销中心的重要知识信息。

### 复习思考题

1. 会员和金品诚企分别有多少个橱窗？
2. 直通车最多能充值多少钱？
3. 顶级展位和明星展播分别有什么优势？

## 5.5　物流管理

【学习目标】

知识目标：了解一达通的含义，了解陆运服务和国际快递服务的主要内容。

能力目标：掌握国际快递配送。

素质目标：具备独立进行阿里巴巴国际站物流管理能力，以及结合外贸服务进行物流风险防范的能力。

【重难点】

教学重点：认识一达通，了解陆运服务和国际快递服务的主要内容。

教学难点：掌握国际快递配送的各种方式。

### 5.5.1　一达通

阿里巴巴一达通（onetouch）是指数智化外贸综合服务平台，可提供快捷、低成本的通关、收汇、退税及配套的退税融资、国际物流服务，通过电子商务的手段，解决外贸企业流通环节的服务难题。

**1. 一站式服务**

（1）金融服务：无抵押、无担保、零门槛的融资服务。提供阿里巴巴 B2B 信用卡、赊销（Open Account, OA）买断、信用证（Letter of Credit, LC）买断三种国际主流的金融支付方式。

（2）阿里巴巴 B2B 信用卡：阿里巴巴 B2B 信用卡是阿里巴巴基于国际贸易中的赊销模式所开发的融资服务，以信用卡作为其表现形式。通过虚拟信用卡，海外买家可以实现以赊销方式在中国大陆采购货物，阿里巴巴将为买家提供相应的资金支持和付款担保，并为买家全程提供国际贸易报关、物流、保险、金融等相关服务。

（3）赊销（OA）买断：出口企业接赊销订单时，一种为企业分担收款风险，提前"放款"的金融服务。

（4）信用证（LC）买断：出口企业接信用证订单时，一种为企业审证制单、分担收款风险，提前"放款"的金融服务。

（5）通关服务：以一达通名义完成全国各口岸海关、商检的申报。海关顶级资质，享受绿色通关通道。

（6）物流服务：服务涵盖中国主要港口与全球贸易区间内的海陆空各种物流方式，物流专家按需为客户定制最佳物流方案，持续降低物流成本。

（7）退税服务：为企业与个人正规快速办理退税，加快资金周转。

（8）外汇服务：中国银行首创在一达通公司内设置外汇结算网点，提供更方便快捷的外汇结算服务。亦可为客户提供外汇保值服务，提前锁定未来结汇或者购汇的汇率成本，防范汇率波动风险。

**2. 一达通外贸服务的优势**

（1）通关：海关高信用资质，专业团队，造就高效通关速度。

（2）外汇：国内唯一银行进驻的外贸服务平台，安全快捷；可实现境内境外同步收汇结汇，到账快，成本低。

（3）退税：合规办理，安全顺畅（一达通可提供垫付退税增值服务，垫付退税服务费由商家和拍档确定，满足退税款释放条件后3个工作日内即可获得垫付退税款，加速企业资金周转）。

**3. 开通一达通的操作**

开通阿里巴巴一达通，填写所需信息进行报名。一达通报名可到阿里巴巴一达通报名页面申请。

若已有阿里巴巴国际站账号：可单击"马上登录"直接输入国际站账号和密码登录，根据页面提示留下联系方式等信息，客户经理会与其联系。

若还没有阿里巴巴国际站账号：可以免费注册阿里巴巴国际站，然后再登录到一达通平台进行报名，后续流程同上。

客户经理联系时，需要沟通签约事宜，签约一达通需要以下资料：营业执照、法人（复印件或原件）及授权人身份证（原件）、税务登记证、公章、合同、专业清空表并且需要法人支付宝实名认证。

**4. 一达通设置管理**

一达通设置管理操作步骤：进入 My Alibaba 后，单击出口服务→基础信息设置。

(1) 账号管理：查看账号信息、子账号设置，查询公司信息、查询签约一达通子公司信息。

(2) 收货人管理：可添加或删除收货人或公司的离岸账户。

(3) 合作货代管理：新增合作货代。

(4) 联系人管理：添加联系人。

(5) 结汇管理：可查询外汇子账号、查看申请收汇账户列表、结汇方式设置。

(6) 结算管理：设置授权结算联系人、签署转款确认函、管理收款人账号、管理银行子账号、设置缴费方式。

(7) 拍档管理：查看拍档信息、共享信息给拍档、更换拍档、选择拍档等设置。

**5. 一达通主账号授权子账号操作**

阿里巴巴国际站主/子账号均可操作下单、查看外汇、操作转款及缴费。子账号需要主账号授权后才可以下单，仅可查看资金总览及资金明细，无法查询外汇、操作转款以及缴费。

一达通主账号授权子账号操作步骤：进入 My Alibaba 系统后，单击出口服务→基础信息设置→账号管理→子账号。

### 5.5.2 陆运服务介绍

**1. 陆运服务的主要内容**

(1) 中港运输：提供珠三角出口至中国香港特别行政区的送货到门服务以及可承接各地送货至深圳仓库集中发货到中国香港特别行政区。在线查询、下单和支付并及时监控货物流转状态。价格、时效真实有效，拼车低至 0.5 元/kg，当天入仓当天派送。状态在线实时更新，货物零风险（赠送最高人民币 10 万元货运一切险，零免赔额）。

(2) 集港拖车：依托阿里巴巴一达通外贸出口的综合服务优势，提供有运力保障的集装箱拖车服务。

(3) 中俄欧铁路：可实现全国至俄罗斯的门到门服务，节省时间，通关安全，运价透明。

(4) 操作步骤：单击在线查询→在线下单→接单派车→出账单→付款→返回签收单。

**2. 陆运（集港）操作步骤详解**

进入跨境供应链，然后单击陆运，输入起运港和装货地、选择柜型以及数量，最后单击查询报价。

(1) 登录一达通，单击物流服务→查询下单，输入起运码头和装货地→查询报价。

(2) 跳转到查询结果页面，页面中有每种柜型对应的拖车费用、提示以及注意事项。

(3) 单击下单→下单信息填写页面→添加新装货地信息。

(4) 单击下一步→费用预算→勾选我已阅读并同意《集港拖车服务协议》→单击下一步，最后单击提交即可。

### 5.5.3 国际快递服务

国际快递服务分为门到门快递和仓到门快递两种服务类型。

**1. 门到门快递**

阿里物流与国际知名快递服务商 FedEx、UPS 合作，快递服务商直接至商家指定的地点上门取件,并由服务商将货物递送至商家指定的目的国收件人。

国际快递门到门服务提供免费上门取件服务,优势如下。

(1) 与快递公司直接沟通,操作高效。

(2) 减少国内运输成本。

(3) 价格透明有竞争力。

(4) 品牌服务商提供更高保障。

**2. 门到门快递下单步骤**

门到门快递下单步骤:进入 My Alibaba 后台后,单击物流服务→查询报价并下单。

(1) 查询物流方案,首先要选择物流服务→输入发件地邮箱→货件信息→目的地。

(2) 选择合适的方案下单。

(3) 注意查看提示。

(4) 创建物流订单:选择包装方式、填写货件信息。

(5) 填写商品信息:填写商品中文名称、英文名称、海关编码、件数、单价。

(6) 填写申报信息:填写商品总申报金额、选择是否正式报关。

(7) 填写收/发货人信息,确认取件时间,并确认预算价格。

(8) 填写收件人信息。

(9) 确认费用、提交订单。

(10) 服务商确认订单:服务商确认订单成功后,安排人员上门取件。

(11) 服务商上门取件。

(12) 订单派送完成,余额结算。派送完成,等待服务商返回账单。

(13) 服务商返回账单,余额结算。账单导入后,预扣运费大于实际产生运费,系统将自动退款到支付宝。

(14) 订单完成。

**3. 仓到门快递**

阿里物流合作仓接入国际知名快递公司,保障货物安全同时降低物流成本。商家选择指定仓库送货入仓,由仓库提供全程服务。

操作流程:进入 My Alibaba 后台后,单击物流服务→查询报价并下单→价格查询页面(下单页面→填写发货信息和申报信息→订单详情)。

**思政小课堂**

通过本节的教学,引导学生了解什么是一达通,了解陆运服务和国际快递服务的主要内容,以及怎么去进行国际发货配送,锻炼学生独立进行跨境电商物流配送设置,以及结合外贸服务进行物流风险防范的能力。

一达通的发展,与国家发展战略紧密相连,"一带一路"涉及亚洲、欧洲、非洲、大洋洲四大洲众多国家和地区,人口近五十亿,需要打通的事项很多,比如海关关税、海关商检查验、基础设施标准、铁路轨道统一、货运车辆统一、贸易壁垒和非贸易壁垒、运营规则、文化风俗、民族传统等。正是有国家的发展战略,企业的一系列不断更新的现代技术,才能实现"一达通"。通过回顾"一带一路"倡议愿景,引导学生思考"一带一路"的理论逻辑和实践逻辑、"一带一路"对跨境电商运营模式的影响,让学生领悟"一带一路"倡议背后展现出的道路自信,牢固树立实现民族复兴的理想信念和敢为人先的精神。

## 本节小结

通过本节的教学,弄清一达通的优势以及开通一达通的操作,从对一达通的设置管理,了解一达通的主账号授权子账号操作步骤、理解陆运服务及国际快递服务要素等。

引导如何开通一达通,加强国际快递服务的认识,掌握门到门快递和仓到门快递的主要内容,通过学习了解门到门、仓到门快递的流程,培养全面、深入了解物流管理的知识信息。

## 复习思考题

1. 一达通的优势有哪些?
2. 门到门快递的优势是什么?
3. 国际快递服务的要素有哪些?
4. 如何开通一达通?怎么进行子账号操作?

---

**职场通**

通过本章的教学,使学生了解阿里巴巴国际站的入驻条件、注册流程、营销方式,以及物流管理。了解怎么在阿里巴巴国际站发布产品以及管理产品。了解什么是外贸直通车、产品展位、产品橱窗、折扣营销、起草信用保障订单、运费设置。了解什么是一达通、陆运服务和国际快递服务,以及阿里巴巴国际站中引流的关键词、流量来源分析、访客营销、商家星等级。使学生认清阿里巴巴国际站的发展趋势及前景,培养学生的国际视野及全球观念,坚定在企业从事跨境电商工作的决心与信心,为企业的跨境电商出口提供高效人才,为中国跨境电商新业态的发展作出贡献。

# 第6章 Shopee平台

## 6.1 Shopee注册开店

Shopee平台

【学习目标】

知识目标：了解Shopee平台的入驻条件，以及开店注册流程。

能力目标：能够在Shopee平台独立进行开店注册并开通店铺。

素质目标：培养学生诚实注册、守信经商的职业品质，启迪学生养成循序渐进、精细严实的工作作风与职业素养。

【重难点】

教学重点：Shopee平台的入驻条件。

教学难点：Shopee平台开店注册并开通店铺。

### 6.1.1 入驻要求

**1. 跨境卖家（亚马逊eBay、速卖通等跨境电商平台）**

(1) 拥有中国境内注册的合法企业营业执照。

(2) 产品符合当地出口要求及当地进口要求。

(3) 有3个月以上跨境电商经验。

首站：马来西亚或菲律宾。

**2. 内贸卖家（淘宝、拼多多、京东等国内电商平台）**

(1) 拥有中国境内注册的合法企业或者个体工商户营业执照。

(2) 产品符合当地出口要求及当地进口要求。

(3) 有3个月以上内贸电商经验。

首站：中国台湾站。

### 6.1.2 Shopee开店准备资料

(1) 拥有中国境内合法企业营业执照或个体工商户营业执照。其中，个体工商户营业执照仅针对境内电商卖家店铺近3个月的订单流水或资金流水截图（只需要提供总体的数据，无须精细到每一天）。

(2) ERP 或系统后台的产品数量截图。
(3) 法人身份证正反面复印件。
(4) 正常使用的手机号,确保没有被他人用于注册过 Shopee 账户的。
(5) 确保邮箱是开通的、正常使用的,同样提供的邮箱要确保是未注册过 Shopee 账户的。
(6) 提交的资料都是真实有效的。

### 6.1.3 Shopee 开店清单

Shopee 开店清单的注意事项如下。
(1) 了解平台规则,关注账户健康,避免产生罚分影响店铺运营。
(2) 进行基本设置保证店铺正常运营,包括子账号设置、绑定收款账户以及物流设置。
(3) 选择合适的商品上架。
(4) 店铺的装修。
(5) 出单设置。

### 6.1.4 Shopee 店铺注册流程

Shopee 本地店铺买家和卖家是用同一个后台和注册方式,以下以马来西亚店铺注册为例。打开 Shopee 马来西亚店铺首页,然后单击注册,如图 6-1 所示。

图 6-1　单击注册

输入电话号码,如图 6-2 所示。

图 6-2　输入电话号码

选择 Next，如图 6-3 所示。

图 6-3　选择 Next

完成验证拼图，如图 6-4 所示。

图 6-4　完成验证拼图

输入验证码，如图 6-5 所示。

图 6-5　输入验证码

选择验证,如图 6-6 所示。

图 6-6　选择验证

设置密码,如图 6-7 所示。

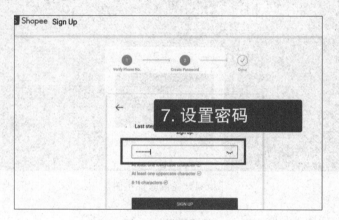

图 6-7　设置密码

单击注册,如图 6-8 所示。

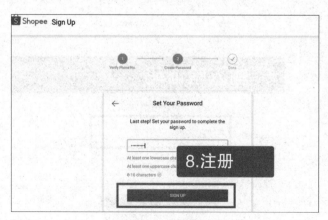

图 6-8　单击注册

### 6.1.5 注册为跨境店铺流程

**1. 商家入驻流程**

进入 Shopee 线上申请页面,填写资料,填写好后提交审核,审核时间为 2~3 天。首先要提交申请,卖家可登录 Shopee 官网,然后单击"立即入驻"按钮。登录主账号后,按照入驻要求填写线上申请。

(1)"联系人信息"主要有联系人、联系手机、邮箱和 QQ 号。注意该联系邮箱和手机将作为在 Shopee 官方的唯一联系方式,后续开通店铺需要用于接收验证码。

(2)"公司信息"主要有公司名称、公司地址、员工总数和营业执照编号。注意正确填写公司信息,后续需提供营业执照作为审核内容。

(3)"品类与店铺信息"包括主要品类、Listing 总数和其他经营平台,可以备注公司优势等。

(4)提交申请后,Shopee 审核团队会通过电话联系卖家,如果电话无法接通,会用邮件联系卖家,提交申请的卖家必须保持联系方式畅通。

审核通过后卖家会收到 Shopee welcome onboard 邮件,邮件中附有注册流程和邀请码,请按邮件信息单击邮件"这里"按钮。

(5)填写用户注册信息,接收验证码电话号码为入驻申请时填写的号码,阅读服务条款后,勾选"我已阅读并同意服务条款"后,单击"下一步"。

(6)设置用户名和密码,并输入邮件收到的邀请验证码,请在"电邮"一栏处输入一个可以接收邮件的电子邮箱地址。

(7)用户名设置之后无法修改,每个市场会有默认后缀,比如马来西亚市场为×××.my。

(8)该电邮为该店铺唯一对应邮箱,可用于接收验证码、找回密码等操作,设置成功后不可修改。

(9)输入电邮验证码,单击提交,即完成店铺注册设置。

**2. 需要提供的资料**

(1)营业执照扫码件。
(2)身份证正反面。
(3)自己主营的跨境电商平台链接。
(4)3 个月内订单流水截图,注意截图必须截取整页。
(5)退货地址为实际地址。

**思政小课堂**

通过本节的教学,指导学生学会注册 Shopee 店铺的全部流程,强调跨境电子商务工作人员在注册店铺过程中的注册信息须真实、有效,培养学生明辨笃实的品质,引导学生做社会主义核心价值观——诚信的积极践行者,使学生具有正确的价值判断力,能够明辨是非善恶,弘扬真善美,贬斥假恶丑,具备诚信的意识和品质。以注册店铺的实操,锻炼学生敬业专注、细心耐心的职业态度和精益求精的职业精神。

本节小结

通过本节的教学,弄清跨境电商 Shopee 平台卖家的入驻要求、开店清单以及店铺注册流程等内容,并对跨境电商 Shopee 店铺注册要点进行梳理学习;弄清 Shopee 店铺注册全部流程,从 Shopee 卖家入驻要求介绍,准备开店前的开店清单,店铺注册流程以及注册为跨境店铺流程,主要培养学生可以成为 Shopee 卖家的能力,强化跨境电商东南亚平台开店知识。

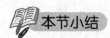复习思考题

1. Shopee 的跨境电商卖家入驻要求有哪些?
2. Shopee 开店清单有哪些?
3. 简单写出 Shopee 店铺注册流程。
4. 如何注册成为跨境电商?

## 6.2 订单管理

【学习目标】

知识目标:了解 Shopee 平台的订单发货流程,以及出货天数及备货时长。

能力目标:掌握在 Shopee 平台进行订单出货、订单管理、取消订单等运营一整套订单流程的能力。

素质目标:具备独立处理订单能力,以及结合订单出货备货进行物流风险防范的能力。

【重难点】

教学重点:Shopee 平台的订单流程。

教学难点:Shopee 平台的跨境电商物流配送设置。

### 6.2.1 订单出货

**1. 设置首选物流方式**

单击卖家中心→物流→在物流设置页面下开启首选物流方式。

**2. 在卖家中心出货**

用户可以通过卖家中心来管理订单。可以在卖家中心→我的物流页面查看订单。在待出货页面查看需要安排出货的订单,包括已处理订单和处理中的订单。

当单击申请出货编号时,系统将引导选择出货方式(寄件或揽收)。

当使用第三方物流(非 Shopee Logistics Service,SLS 物流)时,需要提前开设好对应物流商的账户,并在单击出货后填写取货编号/交货便代码。

将商品按打包要求进行打包,将商品寄往相应的仓库,仓库收到商品后扫描面单,商品状态会由待出货变为运送中。

要注意面单的打印,还有商品打包,为确保买家能收到完好无缺的商品,需要使用正确

的打包方法和包装材料。

(1) 对于需要谨慎处理的易碎物品,应在外包装明显处贴上易碎贴纸,提醒物流公司需要小心留意。

(2) 包装完好,不能有破损。

(3) 不能使用透明袋包装。

(4) 包装胶带不能盖住 Shopee Logistics Service 标签。

(5) 尖锐物件需用坚固纸箱包装。

(6) 对于较难包装的商品,Shopee 提供一些特殊的包装技巧。

首公里发货预报,在确定寄送方式后,可以在卖家中心—物流设置—首公里设置中进行转运仓的切换和寄送方式的选择。

### 6.2.2 订单状态

**1. 未付款账单**

未付款账单是指买家下单后还未完成付款的订单。卖家可单击查看订单详情(check details)或者订单任意位置查看更多订单详细信息。

**2. 待发货订单**

待发货订单是指买家已付款,等待卖家发货的订单,分为待处理订单、已处理订单、待审核的订单。

(1) 待处理订单是指买家已完成付款或者订单是货到付款形式,等待卖家发货的订单。

(2) 已处理订单是指卖家已在后台单击发货,但是还没有完成首公里扫描的订单,或不使用首公里时,运送至 Shopee 转运仓途中的订单。

(3) 待审核订单是指仅当 Shopee 认为此订单存在欺诈风险时出现。该状态在买家已完成付款或选择货到付款后。待审核的订单无法单击发货,需要等到该订单进入"处理中"状态时再单击发货。待审核订单会在 4 小时内完成审核,如果该订单被判断无欺诈风险则会进入"处理中"状态,如果被证实存在欺诈风险,则会被取消。

**3. 运送中的订单**

运送中的订单分为 SLS 物流和非 SLS 物流两种。

使用 SLS 物流时,如使用首公里发货,则是指被首公里成功扫描之后的订单;如不使用首公里发货,则是指被 Shopee 转运仓扫描后的订单。

使用非 SLS 物流时,非 SLS 物流是指已发货在运送途中的订单。

**4. 已完成订单**

买家自行单击确认收货或者买家一直未操作确认,由系统自动确认收货的订单;卖家还可以单击"评价"按钮评价相应订单的买家。

**5. 取消订单**

交易完成前,由买家或者卖家取消的订单;单击已取消订单的任意位置进入订单详情页面,可以查看该订单被取消的原因。

### 6. 退款或者退货

退款或者退货即买家申请退款/退货的订单；单击退款/退货订单的任意位置进入订单详情页面，可以查看该订单申请退款/退货的原因。

### 6.2.3 出货天数及备货时长

出货天数即订单从订单确认到出货所需要的时间，又称备货时长或者备货天数，简称DTS(Days To Ship)，只计算工作日。出货天数取决于商品的类别。

(1) 现货商品。若商品有现货，出货天数为3个工作日。

(2) 预售商品。预售商品的出货天数可设置为5~10个工作日。对于库存不足商品或者定制化商品，能拥有较长的备货时间来解决延迟发货的状况。

(3) 关于出货期限。出货期限是指包裹安排出货的最晚日期，而出货期限的长短则取决于商品的出货天数。注意出货天数只计算工作日，不包含周末、节假日以及第三方物流休息日。准时出货有利于提高商店的评价。

(4) 关于预计到货时间。预计到货时间能让买家更清楚选择的物流所需要的运送时间，计算方式为：平均备货时长＋物流运送天数。平均备货时长(Average Preparing Time)是指卖家过去30天所有订单的平均出货天数。

#### 1. 设置出货天数

单品修改方法如下。

(1) 进入卖家中心→我的商品页面，单击商品并进入商品详情页面。

(2) 在页面最下方其他→预购，即可修改每个商品的出货天数。

(3) 选择否，那么出货天数将会被系统默认设置为3个工作日。

(4) 选择是，那么卖家可以自行设置出货天数为5~10个工作日，此时商品将被计算为预售商品。

#### 2. 批量修改

(1) 进入卖家中心→我的商品页面，选择批量更新工具。

(2) 生成并下载出货天数资料。

(3) 在模板中将出货天数修改对应天数。

(4) 对于现货商品，可以将出货天数设置为3个工作日。

(5) 对于预售商品，可以将出货天数设置为5~10个工作日。

#### 3. 一键修改(目前越南站点不适用)

(1) 进入卖家中心→物流设置页面。

(2) 在物流设置页面最下方的出货天数单击修改。

(3) 输入出货天数并单击更新，便能一次更新商店中所有商品的出货天数。

#### 4. 出货天数对卖家的影响

卖家要在出货天数内完成发货，否则会导致延迟发货和系统自动取消，从而影响延迟发货率(late shipment rate, LSR)和未完成订单率(non-fulfillment rate, NFR)。

### 5. 迟发货订单

1) 针对现货商品

如果使用了首公里追踪功能,那么包裹需要在 3 个工作日内(巴西/墨西哥/波兰/西班牙/法国站点为 DTS+1 个自然日内)完成首公里扫描,否则会被计为迟发货。

如果没有使用首公里追踪功能,那么包裹需要在 3 个工作日内(巴西/墨西哥/波兰/西班牙/法国站点为 DTS+1 个自然日内)到达转运仓并完成扫描,否则会被计为迟发货。

大量的迟发货订单会导致卖家的迟发货率过高,将可能因此收到计分。

2) 针对预售商品

如果使用了首公里追踪功能,那么包裹需要在预设的出货天数内(巴西/墨西哥/波兰/西班牙/法国站点为 DTS+1 个自然日内)完成首公里扫描,否则会被计为迟发货。

如果没有使用首公里追踪功能,那么包裹需要在预设的出货天数内(巴西/墨西哥/波兰/西班牙/法国站点为 DTS+1 个自然日内)到达转运仓并完成扫描,否则会被计为迟发货。

大量的迟发货订单会导致卖家的迟发货率过高,将可能因此收到计分。

### 6. 系统自动取消订单

1) 针对现货商品

若出现以下两种情况,Shopee 系统将会自动取消订单。

(1) 卖家没有在 3 个工作日内(巴西/墨西哥/波兰/西班牙/法国站点为 3 个工作日+1 个自然日内)在后台单击发货。

(2) 订单没有在 3 个工作日+3 个自然日内到仓扫描。

2) 针对预售商品

若出现以下两种情况,Shopee 系统将会自动取消订单。

(1) 卖家没有在预设的出货天数内(巴西/墨西哥/波兰/西班牙/法国站点为出货天数+1 个自然日内)在后台单击发货。

(2) 订单没有在预设的出货天数+3 个自然日内到仓扫描(预售商品的出货天数可设置为 5~10 个工作日)。

## 6.2.4 首公里追踪

首公里功能是发货流程中必备的一步。在接到订单、在卖家中心单击出货后,就可以使用首公里功能进行发货预报了。首公里使物流信息的更新时间提前,并且提供更精确的物流状态、监控平均备货时长(average preparing time,APT),从而改善物流表现。

### 1. 揽货批次号生成历史查询

(1) 勾选需要导出的批次号历史编号,可以不勾选、直接导出全部历史。

(2) 可以在侧边栏查看揽货批次号状态。

① 待发货:已成功生成揽收批次号。

② 待揽件:已预报成功,揽收号等待扫描。

③ 运送中:揽收批次号已被成功扫描。

(3) 下载单个揽货批次号历史,或下载勾选好的多个历史编号。

**2. 单个订单预报流程**

在我的订单→选择发货预报。选择需要预报的订单进行绑定。

填写首公里寄送方式、物流承运商,以及揽收批次号(非快递卖家)/快递单号(快递卖家),然后单击确认。

**3. 订单预报解绑**

进入绑定订单→选择解绑→选择订单→单击解绑订单→查看解绑结果。

**4. 查看绑定结果**

进入发货预报—单击绑定记录。

**5. 上传发货预报时出现上传失败的原因**

(1)可能使用了昨天甚至更久之前已经被司机扫描过的揽收批次号/快递单号绑定新的订单。

(2)在上传预报的时候,预报中有订单已经被取消。请重新下载预报操作绑定揽收批次号/快递单号再上传。

(3)揽收批次号/快递单号在粘贴到表格中的时候格式有问题,请在粘贴揽收批次号/快递单号时选择无格式粘贴或跟文档里一样的格式粘贴。

(4)确定后台开通的寄送方式是真正使用的方式。

(5)请多次尝试,有时可能是网络不稳定导致上传失败,可以减少每次上传的订单数量后,再尝试上传。

(6)若排除以上原因,可能是系统问题导致的。如果是这种情况请及时向Shopee平台反馈。

### 6.2.5 订单取消

**1. 取消订单的几种常见方式**

1)未付款订单

对于未完成付款的订单,买家可以随时取消,同时如果买家未在规定时间内完成付款,则会被系统自动取消。这类取消不会影响卖家的未完成订单率。

2)待出货订单

在下单一定时间内(每个站点的时间不同)且卖家并未安排出货的情况下,买家可以随时自行取消订单。

3)卖家取消

未出货之前,卖家也可以取消订单,如在库存不足的情况下。但是请注意卖家取消的订单会计入未完成订单率,未完成订单率过高会影响销售权限甚至冻结店铺。

4)系统自动取消

如果卖家未在DTS内(巴西/墨西哥/波兰/西班牙/法国站点为DTS+1个自然日内)单击发货,或者订单未在DTS+3个自然日内到仓扫描,则会被系统自动取消,计为未完成订单率。

5) 运送中订单

如果订单完成首公里扫描(已使用首公里的卖家)或者转运仓扫描(未使用首公里的卖家),则会变成运送中,此时不支持任何形式的取消。买家只能发起退货退款。

**2. 查看和管理取消订单**

可以通过卖家中心→订单→订单取消页面管理取消的订单。单击该页面的以下选项卡来筛选不同的订单。

(1) 全部:全部的订单为所有取消的订单。

(2) 待回应:待回应的订单为买家提交取消请求且需要确认的所有订单。这些订单按照截止日期的先后顺序进行排序。

(3) 已取消:已确认取消请求的所有订单。

**3. 回应取消请求**

须在规定时间(详见买家取消部分)之内对买家的取消订单的请求做出回应。否则,系统将自动确认买家的取消请求。

为了帮助及时回应买家的取消请求,待回应的订单将按照截止日期的先后顺序进行排序。在决定拒绝或接受取消请求之前,可以在订单详情页面查看取消原因。

**4. 查看订单取消原因**

为了帮助快速了解订单取消的原因,可以将鼠标悬停在状态栏下的"?"上,以查看每个订单的取消原因。然后,可以更快速地确定是接受还是拒绝取消请求。

**5. 批量查看订单取消详情**

订单取消有许多原因,可能是买家取消,也可能是卖家取消或系统取消。查看订单取消详情步骤如下。

(1) 在卖家后台下载订单详情报告,来批量查看订单的详细信息和订单取消的原因。通过总结常见的取消原因,可以更好地分析订单表现并提高服务质量。

(2) 需在订单成立时间中选择报告的开始时间和结束时间。

(3) 单击汇出并输入密码进行身份验证,然后单击下载即可得到最新报告。

(4) 然后,可以在报告中查看所有订单的详情,包括每个订单的取消原因。

### 6.2.6 退货退款

**1. 申请退货/退款**

根据退款与退货政策的条款与条件构成服务条款的部分,买方可在服务条款中所载之虾皮履约保证期间到期前申请退还购买商品(下称商品)及/或退款。

虾皮履约保证是 Shopee 所提供的一项服务,可应使用者要求协助其处理在交易过程中可能产生的冲突。在使用虾皮履约保证之前、期间或之后,使用者间可以通过友好协商解决纠纷,或寻求当地相关主管机关的协助解决任何纠纷。

**2. 退款条件**

买方兹同意只有在下列情况下才能依据虾皮履约保证或本退款与退货政策申请退款。

(1) 买方未收到商品。

（2）商品有瑕疵及/或在运送过程中受损。

（3）卖方寄送未符合约定规格之商品（如错误的尺寸、颜色等）给买方。

（4）买方收到的商品实质上与卖方所刊登的商品描述不符。

（5）根据与卖方私下达成之协议，此时卖方必须向 Shopee 发送其就该协议的确认信息。

买方申请退款必须经由虾皮平台提交。虾皮将逐案审核买方的各项申请，并根据上述条件及本服务条款，全权酌情决定是否通过买方的申请。当买家提出针对卖家的诉讼时，买家可以向虾皮提供来自相关政府出示的正式通知，要求虾皮继续持有该笔争议交易的购买资金，直到正式的裁决产生时。虾皮可以根据其单方面的考量，决定是否有必要继续持有该笔购买资金。

### 3. 卖方权利

当虾皮收到买方的退货及/或退款申请时，虾皮将以书面方式通知卖方。卖方应按照虾皮于书面通知中所要求的步骤答复买方的申请。卖方必须在书面通知所规定的时间范围内（下称规定期间）给予答复。若虾皮未在规定期间内收到卖方的消息，则虾皮推定卖方对买方的申请无答复，并将继续评估买方的申请，而不另外通知卖方。

虾皮将逐案审核卖方的各项答复，并在考虑卖方所述的状况后，单方全权决定是否通过买方的申请。

### 4. 退货条件

买方应确保退回给卖方的商品必须保持买方收货时的状态，包括但不限于任何附随于商品送达之物品如配件、赠品、保证书、原厂包装、文件等，若买方没有对商品进行必要检查，或其他可归责买家的原因导致商品或包装发生耗损，将影响买家退货之权益。建议买方在收到货品时立即拍摄一张商品相片。

### 5. 商品退货运输费责任

（1）对于卖方无法预知的错误，如损坏、错误的商品送到买家处，卖家将承担买家退货的运输费。

（2）对于买家改变主意的情形，买家应在卖家同意退货的情况下退货，买家承担运费。

（3）当买方与卖方对于运输费的承担出现争议时，虾皮将全权决定承担退货运费的一方。

### 6. 商品退款

关于商品退款，买方必须等到卖方或虾皮确认已收到退回商品符合退货条件且确认商品状况未有损毁的信息后才能获得退款。如果虾皮未在指定的时间内收到卖方的消息，虾皮将不需要进一步通知卖方，即可单方面决定是否要将适用之金额退还给买方。有关卖方答复时间限制的详细信息，请按虾皮相关要求。退款将退至买方适用的信用卡/签账卡或指定的银行账户。

### 7. 买方与卖方之间的沟通

虾皮鼓励用户在交易发生问题时互相进行友好协商。由于虾皮只是一个供用户进行交易的平台，买方如有任何与所购买商品有关的问题，应直接联络卖方。

### 思政小课堂

通过本节的教学,引导学生运用本章的订单不同状态知识点,及时妥善处理订单出货、退货等问题,强化学生信守承诺的意识,增强诚实守信的职业操守、公平合理的商业理念和服务顾客的思想意识。教导学生作为跨境电商从业者,在与世界各国客户打交道的过程中要做到不卑不亢,尊重各国文化习俗,求同存异,促进和而不同、兼收并蓄的文明交流。比如在面对客户恶性投诉时,要有处变不惊的应变能力,在被误解或埋怨时,要有抗挫折的能力,面对客户要热情耐心,形成正确的就业观,培养学生的吃苦耐劳和热情服务精神。

### 本节小结

通过本节的教学,弄清及掌握Shopee首公里发货概念,了解出货天数对卖家的影响、掌握订单不同状态的处理方式、客户服务处理订单的工作内容。

### 复习思考题

1. 订单出货注意事项有哪些?
2. 首公里追踪的定义是什么?
3. 退款条件有哪些?

## 6.3 物流配送

【学习目标】

知识目标:了解Shopee平台的海外仓、自建物流SLS、物流的相关项目。

能力目标:具备熟练使用海外仓和自建物流SLS发货的能力。

素质目标:培养学生实事求是的精神,落实所学知识本领,积极投入跨境电商事业中,为我国跨境电商行业新业态作出贡献。

【重难点】

教学重点:Shopee平台的海外仓发货。

教学难点:Shopee平台的自建物流SLS的发货全流程解析。

### 6.3.1 海外仓

**1. 海外仓概况**

卖家批量发货至虾皮境外当地的仓库,由当地仓库提供仓储及一件代发服务,实现本地销售及高速尾程配送的物流形式。

Shopee会推荐第三方物流公司供卖家选择;卖家也可使用自行寻源的物流公司;若选择马来保税区仓库,则需要使用Shopee指定的物流公司。

到达目的地仓库后,Shopee 将对按照预约时间送达的、与提报产品一致的货品进行入库和店铺上架操作。

**2. 海外仓优势**

(1) 低成本:针对体积或质量较大的产品可大幅节省运输成本,卖家成本降低 90% 以上。同时 Shopee 还提供免尾程配送费。

(2) 快发货:Shopee 海外仓全年无休,下单后 10 小时内完成出库。

(3) 快配送:部分地区可实现当日、次日达,平均送达时效为 2~3 天。

(4) 强引流:提供限时秒杀位资源,首页曝光资源为店铺强势引流,打造爆款;免运促销减免运费降低卖家成本;店中店多元发展让买家买得更多,卖家卖得更多;跨店合卖服务让跨店铺商品可进行合并发货派送。

(5) 小损失:海外仓 Cash On Delivery(简称 COD)不取率最多降低至跨境 50% 以下。退货产品审核通过后,允许二次上架销售。

(6) 小语种:海外仓团队提供免费在线客服,客服团队高度本地化,支持 4 个市场,为卖家解决语言难题。

**3. 收费标准**

(1) 仓储费:根据收费时商品的库龄计算,从产品上架日期开始计算,并非从产品到库日期计算。

(2) 操作费:根据每件商品计算。

(3) 佣金:每笔完成的订单收取佣金 5%~6%。

(4) 交易手续费:每笔完成的订单收取佣金 2%。

**4. 海外仓入仓流程**

(1) 被邀请或者联系客户经理申请。

(2) 新卖家开店、签署合同并提交售卖产品清单进行市场销售审核。

(3) 审核后发送入选产品至卖家。卖家进行店铺设定后,上传产品。

(4) 卖家备货装箱,运输至海外仓。

(5) 产品到仓,经当地海外仓团队验收后,上架售卖。

### 6.3.2 自建物流 SLS

Shopee 自建物流 SLS(Shopee Logistics Serrice)是运用多种物流解决方案并行的策略,利用空运和陆运提升运输灵活性及时效性,极大地降低了物流成本,配送价格低于市场价约 30%,实现最快 3 天送达东南亚市场。

Shopee 自建物流 SLS 实际上是一个中转仓的模式。卖家在出单之后,将包裹进行打包,贴上后台条形码面单,就近发往 Shopee 位于上海、深圳、泉州、义乌的转运仓。由平台承接后续的清关、尾程配送等事宜,卖家无须操心,而中间所产生的费用均由平台垫付。

随着平台的飞速成长,当前 Shopee 物流团队也持续倾听跨境电商卖家的需求,并对 SLS 链路的各个环节进行优化,以期提升全链路的配送效率,为卖家提供极具性价比的物流服务。

**1. 自建物流 SLS 的发货流程**

首先进入 Shopee 的后台在待发货订单中找到需要打印面单的订单，单击申请出货编号，之后就会自动生成一个运单号，单击打印寄件单产生面单，然后将这个面单打印下来贴到包裹上。

**2. 面单打印规范**

面单打印规范要求如下。
(1) SLS 条码：清晰，不能断针，不能折叠或遮盖，方便仓库扫描。
(2) SLS 运单号：一个包裹对应一个单号，每个单号只能使用一次。
(3) P/T 货：标识要正确。
(4) 包含目的地的站点/地区代码。
(5) 包含目的地的渠道代码。
(6) 标签规格：10cm×10cm 的热敏纸。

面单不规范会导致扫描延误，影响包裹转运效率，以下是不规范面单。
(1) 无 P/T 标识。
(2) 渠道标识错误或无渠道标识。
(3) 面单条码折叠。
(4) 墨水太浓厚，造成面单不够清晰。
(5) 打印机断针。

**3. SLS 包装规范**

SLS 包装规范如下。
(1) 包装完好，不能有破损。
(2) 最长边要等于 100mm，面单条码必须在同一水平面上。
(3) 不能使用透明袋包装及销售包装。
(4) 包装胶带不能盖住 SLS 标签。
(5) 尖锐、易碎、带磁物品等需要用坚固纸箱包装并做气泡填充，将物品放置中间。
(6) 建议使用三层气泡棉，根据商品大小调整纸箱磁性屏蔽作用，且与外箱表面保持距离。
(7) 建议用纸箱包装，根据商品大小调整纸箱大小，建议纸箱最小边大于 10cm。
(8) 每个包裹必须有且只有一个 SLS 面单，不能贴有多个 SLS。
(9) 面单的包裹缠绕在一起，多个包裹不能共用一个面单，不能直接在货物上贴标签。
(10) 快递单不能覆盖 SLS 面单。

**4. 包裹发往仓库有以下两种方式**

(1) 自送。
(2) 快递（需要在包好的包裹外面再多套一层不透明包装，再贴上国内的快递面单，避免运输中面单破损，影响扫描，或被快递公司涂改、覆盖而变成异常件）。

**5. 多站点包裹发货规范**

多站点包裹发货规范如下。

(1) 按照订单将商品打包好并贴好面单。
(2) 同个站点的包裹集中到一个包装箱内贴好标识卡:公司名、站点、件数。
(3) 将贴好标识的各站点的包裹再放到一个大箱中,贴上国内的快递面单发往仓库即可。

### 6.3.3 物流相关的项目

**1. 大件物流服务和海运渠道**

Shopee大件物流服务是针对所有销售大件货的卖家提供的陆运与海运服务,从而进一步拓宽品类,满足更多目标市场消费者的需求。大件物流为马来西亚、新加坡、菲律宾等国家及地区的大件商品提供一站式运输服务,面向全体卖家开放。

海运渠道是为运输大件商品而开通的配套物流方式,区别于SLS物流体系,运输方式为海运。

**2. 使用Shopee大件物流服务的优势**

运费极速下降:Shopee大件物流服务使用成本低,尤其针对抛重较大的商品,相较于空运,海运、陆运能节省大部分成本。马来西亚市场运费减少幅度最高达70%,新加坡市场运费减少幅度最高达88%,泰国市场运费减少幅度最高达77%。

运量极速扩大:Shopee大件物流服务可运输的品类更多,运量更大,助力卖家开发、运送更多商品。

Shopee大件物流服务可以提供5项增值服务。

(1) 集运:对同一买家的多个商品进行集中运输,仅收取一次尾程派送费。
(2) 自提:开通自提点,方便买家自助取货,让买家更快确认收货,卖家更快完成订单。
(3) 上门安装:提供第三方安装服务(新加坡市场),减少买家因不会安装、安装错误等问题造成的退货与退款,节省买家时间精力,降低卖家售后成本。
(4) 开箱验货:卖家发货至第三方承运商仓库后,仓库提供开箱验货服务,保证商品完好无损出库。
(5) 货品加固:为长途运输的货品进行加固服务,提供抗震、减压、缓冲等多样化、专业化的包装,减少货损。

**3. 重物渠道**

1) 重物渠道的定义

重物渠道是指Shopee为高重量段的商品提供的物流服务,使用单独的计费方式,相比SLS费用更低,且物流时效保持不变。

重物渠道能够帮助卖家进一步开拓高重量段的品类,支持卖家以更具竞争力的价格销售更多元化的商品。

2) 重物渠道适用站点

目前重物渠道可支持马来西亚、新加坡以及越南站点。

**4. 重物渠道的优势**

(1) 物流费用大幅度降低。

(2) 重物渠道让价格更具竞争力。

**5. 品类进一步拓展**

重物渠道可满足诸如家居生活、时尚鞋包、母婴玩具、汽配摩配、小家电、户外运动等具有高重量段的品类拓展。未开拓以上品类的卖家可在物流支持下积极发展新品类,已开拓相关品类的卖家使用重物渠道后,可上架销售更高重量段的商品,并提供更具竞争力的价格。

**6. 轻物流费率(仅我国台湾站点)**

由于我国台湾虾皮原物流费率的跨境物流成本(藏价)计算方式是以每500g为单位,重量轻的包裹不具优势,因此,提供卖家轻物流费率作为新选择,改以每10g为藏价计算单位,同时提供极具竞争力的买家运费优惠。

1) 轻物流费率的好处

对卖家:希望通过降低重量轻的包裹物流成本,让商品价格降低,进而提升海外卖家价格竞争力,以帮助单量及整体收益提升。

对买家:降低买家运费成本,可以解决买家购买海外商品时,物流费用过高的痛点。

2) 参与轻物流费率的条件限制或者要求

如需参与轻物流费率计划,需要满足以下要求:目前由于需做费率以及免运系统设定,卖家须同时参与免运项目(free shipping program),且不可中途退出。由于费率改动会影响藏价,需配合做商品一次性改价(会提供藏价工具作为参考),以达成此轻物流费率宗旨——提高跨境商品价格竞争力。

由于轻物流费率需要在商店层面做统一设置,需要整间商店参与,而不支持商店中的部分商品参与。如果商品重量分布较广,也可以新开一家商店专售轻物流费率商品。

 思政小课堂

通过本节的教学,引导学生了解海外仓和学习如何自建物流SLS,培养学生的自主学习和应对问题的能力。学习海外仓收费标准、SLS运费和物流费用,并会计算各种要收取的费用,能够运用在实际的操作运营上,因地制宜地选择合适的物流方式,培养学生独立思考、学习的能力,科学准确的分析能力,应对复杂竞争形势的能力和准确的判断能力;在选择自建物流运输时,培养认真细致的职业精神,确保运输和投递的准确性、及时性;严守职业道德,对客户信息保密,确保信息安全,保护隐私,不外泄、不买卖用户信息,具备相关的法律意识。

**本节小结**

通过本节的教学,能让学生了解海外仓,学会分析海外仓优势并进行选择,自建物流SLS,了解学习海外仓收费标准、SLS运费和物流费用,学会计算各种收费费用,并运用在实际的操作运营上。

**复习思考题**

1. 说出海外仓的优势，以及应如何利用这些优势。
2. 如何自建物流 SLS？
3. Shopee 大件物流的优势有哪些？

## 6.4 商品管理

【学习目标】

知识目标：了解 Shopee 平台的选品技巧，批量上传商品以及怎么对商品进行优化。

能力目标：掌握在 Shopee 平台进行选品，批量上架商品和管理，能够及时去优化商品。

素质目标：通过引导学生在 Shopee 平台进行选品和管理，培养学生循序渐进、精细严实的工作作风与职业素养，具有发掘市场潜在需要的选品意识和优中选优、精益求精的选品理念。

【重难点】

教学重点：Shopee 平台的选品技巧。

教学难点：Shopee 平台批量上传商品、管理及优化技巧。

### 6.4.1 选品技巧

**1. 平台内发现潜力爆款**

（1）市场周报会定期总结各市场的热卖品和潜力商品；选品平台有九大站点最新的热点商品，包括上新商品、关键字、推荐价格段和推荐理由，方便随时随地查看。

（2）可以使用市场周报中的热搜词来总结有潜力的商品，热搜词会直接体现某个站点的功能需求和趋势，热搜词所属的子产品归纳信息，可以反映出当地的经济特点以及变动，是非常有利的市场信息。知道热搜词之后可以到 Shoppe 页面使用关键字搜索，然后可以看到平台的热卖 SKU，可以从这些 SKU 中总结出热卖品的风格、价格等属性特点。了解站内热卖的 SKU 属性之后可以从抖音、淘宝、YouTube 等发现流行的货源，寻找新产品的切入点，确定上新款式，除了热搜词还可以从爆款商品的变体进行选品。

**2. 平台外发现潜力爆款**

可以关注国内外其他购物网站，看一下这些网站中所流行的商品，例如关注 Facebook、抖音等平台的流行商品，还可以使用 Google Trehds 了解市场趋势。

**3. 其他技巧发现的潜力爆款**

我们可以发现具有独特新颖设计或者独特功能的商品，如明星同款商品、短期高需求商品或具有价格优势的工厂产品。

### 6.4.2 Shopee 上架规范

**1. 商品上新基本规则**

（1）不允许上架假货侵权商品。
（2）不允许上架禁售、禁运物。
（3）个别品类需要当地认证的商品需要完成认证方可上架（主要是我国台湾）。
（4）商品需使用当地语言上架（我国台湾为繁体中文，其他站点为英文）。
（5）相同站点不可重复上架相同商品。
（6）标题不少于 3 个单词，描述不少于 50 个单词。
（7）商品信息中不得含有外部交易链接。
（8）类目选择正确，价格调整在合理水平。

**2. 商品正确上新要求**

1）图片
每张小于 2MB，建议尺寸 1 024px×1 024px（小视频需要用 App 上传），至少要 4 张全方位展示产品的不同角度的图。

2）标题
标题的字符数不是统一的，例如，马来西亚和新加坡的平台标题要求 80 个字符，印度尼西亚的平台标题要求 100 个字符。标题上不可以滥用关键词，且不能堆砌关键词。

**3. 商品描述**

商品描述内容如下。
（1）商品规格＋材料＋商品介绍（介绍商品的优势，鼓励买家购买）。
（2）尺码详细图表（注意：尺码图标对于品牌/衣着产品非常重要）。
（3）包裹内容（即什么产品包括在包裹里）。
（4）使用说明书/适用人群等（主要是电子产品，DIY 制作产品等的产品用法）。
（5）注意分段，方便买家快速阅读。

**4. 商品分类**

（1）分类：正确选择商品分类，如果不确定可以参考平台相同热卖产品的分类选择（70%的商品下架原因都是因为分类错误，请务必选择正确）。
（2）品牌：选择正确品牌，如果后台无该品牌，请选择自有品牌/OEM/No Brand（印度尼西亚站填品牌可以用 Tidak Ada Merek）。

**5. 选项和定价**

（1）要求：选项明确，价格均为当地货币。
（2）建议：原价不要放最低价（平时售价能够打 8 折比较合适），商品加上折扣会更吸引买家购买，不可以设置误导不实标价或者无效标价。

**6. 物流和预约**

1）重量：建议填写产品实际重量（含包装）
（1）物流：开启想要使用的物流选项（建议使用虾皮物流 Standard Express）。

(2) 预购:非预购商品需要在2个工作日内发货(从下单至仓库扫件)。

2) 建议尽量提高出货速度,不要设置为预购

(1) 优选卖家会有要求。

(2) 首页限时特卖以及其他大型活动会要求商品为非预购商品,否则无法成功报名,商品为非预购商品也为买家下单考量的重要因素,会影响出单。

(3) 平台规则:设定的出货天数＋2天才会计入晚发货,＋5天才会取消订单,不用担心。

**7. 单个商品上架**

1) 我的商品页面介绍

前往卖家中心→我的商品,可以在此查看商店中的所有商品,可以按照条件搜索,也可以单击不同的商品状态查看。

(1) 架上商品:若商品上架,该商品会显示于商店商品列表,且买家可于商店页面搜寻和购买该商品。

(2) 已售完:商品现有库存已售完。

(3) 已禁卖:卖家有违反Shopee的上架规范和政策,这些违规行为直接导致商品被Shopee系统下架或删除。

(4) 未上架:若商品未上架,该商品会隐藏于商店商品列表,且买家无法搜索或购买该商品。

2) 填写商品基本信息

最多可上传9张商品图片,包括封面图、细节图及商品尺寸表,还可以为商品上传相应的视频。

(1) 商品描述(必填)。

(2) 商品分类(必填)。

(3) 商品属性(必填,详细介绍可以前往"关于商品属性")。

(4) 其他属性(选填)。

3) 填写销售信息

(1) 价格(必填)。

(2) 库存(必填)。

(3) 商品规格(选填)。

(4) 多件优惠(选填)。

4) 填写运费信息

(1) 包含三个部分:商品重量、包裹尺寸及运费。

(2) 选择可使用的物流渠道。

5) 可以在其他标签下输入相关信息

比如是否预购、商品保存状态、主商品货号等,完成后即可储存并上架。

**8. 查看已上架商品**

可以进入卖家中心→我的商品页面查看所有商品,可以选择网格视图或列表视图进行查看。

## 9. 商品规格

1) 商品规格的定义

商品规格是当我们要上架的商品有不同的规格(如颜色、尺寸)时,则会需要使用到商品规格功能,设定详细的商品规格,可以让买家在购买时更清楚、迅速地选择。

2) 商品规格功能介绍

商品双规格是指当商品同时有两种规格的需求时,可以设定此功能,如商品鞋子,可以设定第一层规格为颜色、第二层规格为尺寸。

规格图片:可以在设定商品规格时,针对特定规格,上传相对应的规格图片,如该商品有白色、黑色两种规格选项,则可以分别上传这两种颜色的商品图。

3) 设定商品规格

如果要上架的商品有不同的规格(如颜色、尺寸)时,就可以使用商品规格功能,对不同商品进行规格设定。每项商品最多可设定两种规格。

## 10. 商品编辑

1) 进行商品编辑的方法

登录卖家中心,进入我的商品页面。

2) 单品编辑

只需要编辑单个商品时,找到想要修改的商品,单击编辑按钮,进入商品信息页面进行修改。

### 6.4.3 商品优化

**1. 优化商品上架信息的技巧**

(1) 创建专业的商品名称。

(2) 选择正确的商品类别。

(3) 提供完整的商品描述。

(4) 上传高质量的商品图片。

**2. 创建专业的商品名称**

(1) 首字母大写。

(2) 除了品牌名称外(如 ZARA 和 ASUS),不要大写单词中的所有字母。

(3) 不要在商品名称中添加主观性言论和促销信息,例如,热门商品、畅销、特价、免运费或价格等。

(4) 不要使用与商品无关的词汇,避免关键词滥用。

(5) 不要使用表情符号,标签或其他符号,如}、~、$、^、{、<、!、*、#、@、;、%、>等。

可以参考品牌+产品型号+说明+尺寸的商品名称格式。

**3. 选择正确的商品类别**

为商品选择正确的分类可以让买家更容易找到商品。当添加商品时,系统会根据商品名称为商品匹配最合适的分类。

**4. 提供完整的商品描述**

提供商品的细节、用途、优点、保质期等,完整且详细的商品描述可以帮助买家更好地了解商品,从而增加买家的购买欲望并减少沟通需求。

**5. 上传高质量的商品图片**

优质的商品图片可以吸引买家浏览商品。可以上传商品图片来宣传商品,包括封面图、细节图及商品尺寸表。

可以为每件商品上传最多 9 张图片(包括封面图片),以及 1 张商品规格(如不同颜色和大小)的图片。

可以拍摄不同角度、商品细节、使用方式、商品规格等图片。

**6. 商品视频的限制条件**

(1)大小:最大 30MB。

(2)分辨率:不超过 1 280px×1 280px。

(3)持续时间:10~60 秒(本地视频,可以直接通过添加视频编辑长度)。

(4)格式:MP4。

 **思政小课堂**

通过本节的教学,引导学生运用所学的知识和方法规避上架违规风险,让学生了解 Shopee 新品上架要求。加强学生对 Shopee 平台商品管理规则的认识,培养学生的规则意识。在选品过程中,迎合双方的文化需要,展现和提升我国文化影响力,本着构建人类命运共同体的理念,融入对目标市场分析的敬业精神、国际视野、文化包容,以诚信、自信、担当、利他为导向,拓展思路,将跨境电商选品与中国特色的农产品和大国制造相结合,探索跨境电商选品新路径。

**本节小结**

通过本节的学习,学生了解 Shopee 上架规范,懂得如何选品,如何正确上架商品。熟悉 Shopee 商品上架的全部流程,教会学生优化商品。在选品的过程中,注意"高附加值原则",通过案例教学生学习如何讲好中国故事,要善于挖掘产品中所蕴含的独特的因素,尤其是极具特色和独特竞争力的中国文化元素,对同一款产品挖出不同的使用功能,使产品在原有价值的基础上,衍生出新价值,从而进一步坚定文化自信、大国自信。

**复习思考题**

1. 商品上架有哪些新基本规则?
2. 什么是商品规格?
3. 商品属性的重要性是什么?

## 6.5 学习 Shopee 平台实操

**【学习目标】**

知识目标:了解 Shopee 平台的账号注册、卖家后台概览、创建无规格商品、创建单规格商品、创建多规格商品,创建并发布产品、营销活动、商店管理,以及商家设置操作的方法和步骤,知悉一百大牛小艾智能学习平台的登录并熟练掌握 Shopee 仿真实训平台的 10 个模拟操作任务。

能力目标:具备在 Shopee 仿真实训平台,进行跨境电商业务全流程模拟实操能力以及熟练运用 Shopee 平台前后台各项功能,具备对跨境电商交易活动进行独立模拟运营和管理的综合应用能力。

素质目标:培养学生利用 Shopee 仿真实训平台对跨境电商业务活动进行有效运营及综合管理的专业素养,培养遵规守法、诚信经商、爱岗敬业的良好职业道德。

**【重难点】**

教学重点:熟练掌握 Shopee 平台账号注册、卖家后台概览、创建无规格商品、创建单规格商品、创建多规格商品,创建并发布产品、营销活动、商店管理的重点实操。

教学难点:Shopee 平台批量上传商品、管理及优化。

### 6.5.1 账号注册

(1)进入实训平台官网,注意这个只是模拟操作,如是真实注册请按照要求填写真实信息。单击右上角的登录按钮,如图 6-9 所示。

图 6-9 小艾智能学习平台登录页面

(2)输入教师或者学生的账号和密码登录,如图 6-10 所示。

(3)单击右上角的实训平台,如图 6-11 所示。

(4)在实训平台的页面中选择 Shopee,如图 6-12 所示。

(5)登录后可以看到任务进度,如果教师已经发布了任务,就会自动领取任务,如图 6-13 所示。

（6）进入 Shopee 实训平台后，找到账号注册实操任务，单击"点击进入"，账号注册实操步骤如图 6-14 所示。

图 6-10　小艾智能学习平台账号登录

图 6-11　小艾智能学习平台实训平台入口

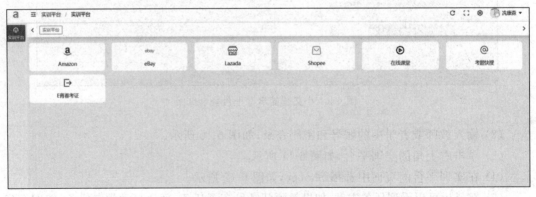

图 6-12　实训平台主页面

第6章　Shopee平台　169

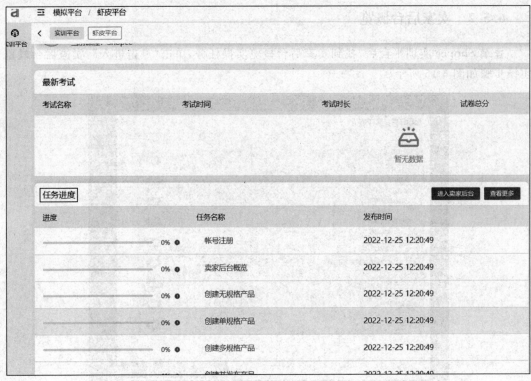

图 6-13　Shopee 模拟平台主页

图 6-14　账号注册的任务步骤

## 6.5.2 卖家后台概览

登录 Shopee 实训平台后,找到卖家后台概览实操任务,单击"点击进入",卖家后台概览实操步骤如图 6-15 所示。

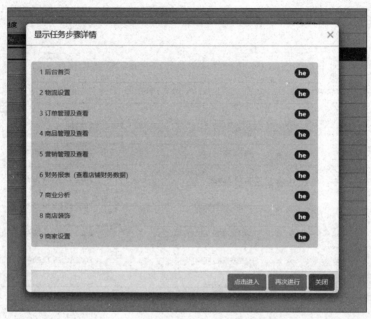

图 6-15 卖家后台概览的任务步骤

## 6.5.3 创建无规格产品

登录 Shopee 实训平台后,找到创建无规格产品实操任务,单击"点击进入",创建无规格产品实操步骤如图 6-16 所示。

图 6-16 创建无规格产品的任务步骤

### 6.5.4 创建单规格产品

登录 Shopee 实训平台后,找到创建单规格产品实操任务,单击"点击进入",创建单规格产品实操步骤如图 6-17 所示。

图 6-17 创建单规格产品的任务步骤

### 6.5.5 创建多规格产品

登录 Shopee 实训平台后,找到创建多规格商品实操任务,单击"点击进入",创建多规格产品实操步骤如图 6-18 所示。

图 6-18 创建多规格产品的任务步骤

### 6.5.6 创建并发布产品

登录 Shopee 实训平台后,找到创建并发布产品实操任务,单击"点击进入",创建并发布产品实操步骤如图 6-19 所示。

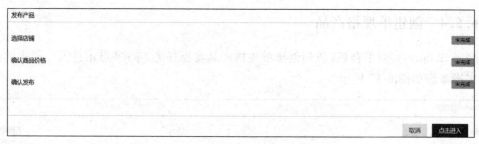

图 6-19　创建并发布产品实操步骤

### 6.5.7　发布产品

登录 Shopee 实训平台后,找到发布产品实操任务,单击"点击进入",发布产品实操步骤如图 6-20 所示。

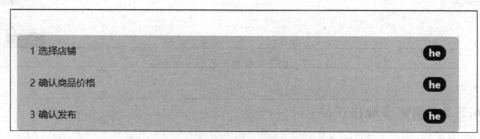

图 6-20　发布产品的任务步骤

### 6.5.8　营销活动

登录 Shopee 实训平台后,找到营销活动实操任务,单击"点击进入",营销活动实操步骤如图 6-21 所示。

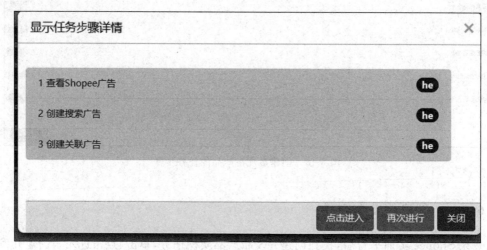

图 6-21　营销活动的任务步骤

### 6.5.9 商店管理

登录 Shopee 实训平台后,找到商店管理实操任务,单击"点击进入",商店管理实操步骤如图 6-22 所示。

图 6-22　商店管理的任务步骤

### 6.5.10 商家设置

登录 Shopee 实训平台后,找到商家设置实操任务,单击"点击进入",商家设置实操步骤如图 6-23 所示。

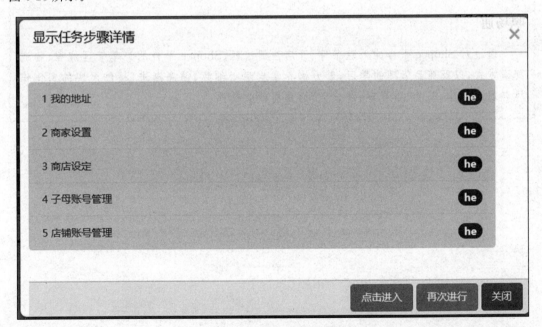

图 6-23　商家设置任务步骤

**思政小课堂**

通过本节的教学,引导学生在 Shopee 平台实训模拟平台中,学习账号注册、卖家后台操作、创建商品、发布产品、营销活动、商店管理,以及商家设置等一系列实操流程,培养学生进行有效运营及综合管理的专业素养和遵规守法、诚信经商、爱岗敬业的良好职业道德,提高学生跨境电商的创新创业和就业能力以及对跨境电商的探索精神。

 **本节小结**

通过本节的教学,使学生掌握在 Shopee 平台实训模拟平台中,进行账号注册、卖家后台操作、创建无规格产品、创建单规格产品、创建多规格产品、创建并发布产品、营销活动、商店管理,以及商家设置等一系列实操流程。培养学生利用 Shopee 仿真实训平台,进行有效 Shopee 平台运营及综合管理的专业素养训练。

**复习思考题**

1. 如何在 Shopee 平台进行账号注册?
2. 在 Shopee 平台中如何创建商品并发布?
3. 在 Shopee 平台的运营中,应该怎么进行营销?

---

**职场通**

通过对 Shopee 平台的入驻条件、开店注册流程、Shopee 平台的订单管理流程、物流配送方式,以及商品管理的学习,着力培养学生耐心细致、循序渐进、精细严实的工作作风与职业素养,以及"今日事、今日毕"的爱岗敬业精神。

# 第7章 eBay平台

## 7.1 注册开店以及站内选品

eBay平台

【学习目标】

知识目标:学会区分个人账户和企业账户,了解注册需准备的资料,了解payoneer(派安盈)并学习注册。

能力目标:具备在eBay平台注册企业账户及选品的能力。

素质目标:在上传卖家注册资料的教学中培养学生诚实守信的职业品质;在注册开店流程操作教学中启迪学生养成循序渐进、精细严实的工作作风与职业素养;在eBay选品方法教学中培养学生善于发掘市场潜在需求的选品意识和优中选优、精益求精的选品理念。

【重难点】

教学重点:首先了解eBay如何开店,并准备eBay的开店资料注册开店。

教学难点:学会区分个人账户和企业账户,了解支付方式,注册payoneer(派安盈)账号。

### 7.1.1 eBay注册开店

**1. 个人账户和企业账户的区别**

账户申请包括个人卖家账户和企业卖家账户的申请。通过个人注册的个人卖家账户可以变更升级为企业注册的个人账户。企业卖家账户可以在企业注册的个人卖家账户基础上进一步申请得到,或通过eBay提供的绿色通道进行申请。

(1) 额度不同(额度超过都不能再刊登)。

(2) 企业账户有客户经理协助管理账户,普通账户则没有。

注:额度是可以随着账号的表现进行提升的。

**2. eBay注册需要准备的材料**

1) 注册邮箱

在注册eBay账号过程中需要用到邮箱。强烈推荐注册使用outlook、hotmail、Gmail等国际邮箱,以上邮箱将极大程度降低eBay账号受限冻结风险,并且在日后客服工作中更容易被客户辨认。

需要注意的是，不建议使用国内邮箱（如网易邮箱、QQ 邮箱等）。

邮箱命名规则：多个英文单词相结合，不含有数字。

个人注册的个人卖家账户需要提交的资料包括手机号码、E-mail 地址、双币的 Visa 信用卡。企业注册的个人卖家账户需要提供企业名称。

2）企业卖家需要准备的资料

（1）营业执照要求如下。

① 须为彩色文件、黑白版须加盖彩色公司公章。

② 须在有效期内。

③ 营业执照企业名称须和 eBay 账户上的企业名称一致。

④ 营业执照上的地区和省份须与 eBay 账户中的信息一致。

（2）法定代表人身份证明要求如下。

① 法定代表人身份证上的姓名须与营业执照上的姓名一致。

② 须为彩色。

（3）公司地址证明要求如下。

① 可提供银行账户月结单、公营水电煤气账单、电话账单、房地产所有证。

② 地址证明上收件公司名称须与 eBay 账户注册企业名称一致。

③ 须为彩色件；若银行账户月结账单为黑白版本，请至发行银行加盖银行公章，且公章须可清楚辨识核发银行的名称。

④ 地址证明账单周期末尾一天必须在申请企业入驻通之前的 90 天内。

⑤ 地址证明材料上的地址须与 eBay 账户注册地址信息一致。

### 3. eBay 个人账号的注册流程

准备好注册 eBay 的资料后注册 eBay 的个人账号就很简单，按照流程注册即可。eBay 个人账号注册的详细流程在 7.5.1 小节中讲到，需要了解详细注册流程，请查阅本书 7.5.1 小节学习 eBay 账号注册流程。

eBay 个人账号注册流程：首先要登录 eBay 中国香港站首页。

（1）跳转到登记注册信息的个人账户界面。

（2）选择个人账户，按要求填写姓名、电邮、密码（姓名填中文即可）。

（3）单击登记成为会员之后会跳转到联络资料填写；注意：这里的地址可以写学校的地址（注册区域一定要选择中国大陆）没有跳转也没关系，后面登录会有跳转，以上填写完，单击"继续"进入下一步。

（4）单击"继续"按钮后，进入账号后台，单击"账户"，查看联络资料里的电邮地址是否已验证，如果出现未验证的红色标记，请选择"验证"。

（5）验证电邮地址（如果在哪个电邮地址显示已验证，则跳过这一步）填完单击"确认"进入下一步。

（6）完成 eBay 账号注册。

（7）完成 eBay 新账号注册后，将直接跳转到 eBay 管理支付页面单击"立即开始"。

（8）eBay 管理支付流程有两种情况，完成支付注册流程：①新建 Payoneer（派安盈）账号［没有 Payoneer（派安盈）账号则此时单击"否，新建账户"］。②绑定已有 Payoneer（派安盈）账号［若事先注册好了 Payoneer（派安盈）账号则单击"是，登入"］。

**注意**：如果在注册 eBay 账号后，或者在 eBay 管理支付注册过程中中断注册流程请到 ebay.com.hk 账号后台付款页面，继续完成管理支付注册；或者在刊登过程中，选择支付方式时，根据跳出的注册页面完成管理支付注册。

**4. eBay 企业账户注册**

企业入驻通道适用于无客户经理的卖家，有 eBay 客户经理的卖家请通过客户经理申请。

（1）申请流程如下：准备资料→提交资料→审核资料（7 个工作日内）→收到邮件通知审核结果。

（2）申请资格如下：合法登记的企业用户，并且能提供 eBay 要求的所有相关文件；须注册为商业账户；每一个卖家只能申请一个企业入驻通道账户。

（3）需准备资料如下：政府核发的营业执照；身份证明，如中国二代身份证、中国香港身份证、中国台湾身份证、护照、港澳通行证、驾照；地址证明，如信用卡账单、银行账户的月结单（仅限中国香港地区）、水电煤气账单、电话账单、房地产所有证；企业入驻通道申请表（需下载）；账户操作人授权书（如有需要）（需下载）；现有账户申报表格（需下载）；Value-Added Tax(VAT)号（如使用海外仓）；商标注册证（如有需要）；CE/FCC/RoHS/CCC/CQC 安全认证（如有需要）。

选择需要用到的申请表下载，如图 7-1 所示。

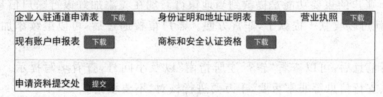

图 7-1 申请表下载图标

**5. Payoneer 账号注册流程**

1) Payoneer 介绍

Payoneer 成立于 2005 年，总部设在美国纽约，是万事达卡组织授权的具有发卡资格的机构，为支付人群分布广而多的联盟提供简单、安全、快捷的转款服务。数千家联盟以及数百万收款人的加入，使得 Payoneer 已成为支付行业的领先者。

Payoneer 的合作伙伴涉及的领域众多并已将服务遍布全球 210 多个国家及地区。

2) Payoneer 收费标准

（1）转账到全球 210 个国家及地区的当地银行账户，收取 2% 的手续费。

（2）ATM 取款机直接取人民币（每天最多 2 500 美元，每笔 Payoneer 取款收取 3.15 美元的固定费用）。

（3）超市商场消费（每天最多 2 500 美元，Payoneer 不收手续费）。

（4）根据合作联盟的不同，以上费用都有所不同。

3) 各项费用明细

（1）Payoneer 万事达预付卡的年费为 29.95 美元，每年收一次。

（2）美国银行账户转账金额的 1%，每笔进账都收。

（3）使用 Payoneer 万事达卡内的资金时：POS 机消费，免费（每笔消费 Payoneer 不收取费用）。ATM 取现，每笔取现为 3.15 美元，在中国提取人民币时，还有会不高于 3%的汇率损失。使用 P 卡做非美元交易时，这块收费是有争议的，因为涉及汇率转换的问题。

4）Payoneer 注册流程

Payoneer 注册详细流程在本章 7.5.2 小节中讲到，需要了解详细注册流程，请查阅本书 7.5.2 小节的 Payoneer 注册。

首先进入 Payoneer 的中文官网，单击"注册"，就看到列出了两种可选账户类型：个人或公司。选择左边的"个人"。

5）填写基本信息

注意页面右上角可以选择语言，选"简体中文"。可以用拼音填写姓名并填写注册邮箱和生日。每一项填写内容右侧都有填写提示，可以单击小问号查看。

6）填写联系信息

用拼音输入详细到门牌号的地址并留下手机号，语句不详的信息可能导致账户审批过程延长或卡片投递延迟。

7）填写安全信息

安全问题及答案请务必牢记，这是今后进行密码找回和账户验证的密钥。

8）添加银行信息

Payoneer 账户的重要功能是提款到当地银行。现在先添加好银行账户信息，账户审核通过的时候，就可以收款＋提款了，非常方便。账户审核通过后，可以继续添加多个提款银行信息。

添加银行信息后，可以查看"银行注册指南"以及小问号，查看填写提示。这一页的账号、证件号码、支行信息等非常重要，千万要进行核对，不要填错。

灰色提示部分是中文，应也填写中文；灰色提示部分是拼音，那么也对应地填写拼音。

阅读条款与政策，确认同意后单击"完成"，注册流程就完成了。注册流程最好一气呵成，否则会因为页面超时而需要重新填写。如果重新填写，请注意要和之前填写过的信息保持一致。

9）提交后续材料，等待账户审核通过

上述所有材料填写完成后提交即可，然后等待审核，按工作人员提示进行操作。

10）eBay 管理支付注册流程

（1）Payoneer 工作人员收到账户申请之后，会发邮件到注册邮箱，通知提交进一步的资料以供审核，单击提供信息，如图 7-2 所示。

（2）单击提供信息，前往安全问题界面，更新账户信息，如图 7-3 所示。

（3）填完提交后，再次登录 Payoneer 账户，出现下面页面的验证信息，单击"eBay 启动流程所需的信息"，如图 7-4 所示。

（4）单击"附加客户信息"，提供资料，单击提交，如图 7-5 所示。

（5）提交完之后单击返回，出现以下页面信息，继续填写和提交，如图 7-6 所示。

（6）此页面的 3 个重要信息必须提交，点开文字之后会有提交的具体要求，按照要求上传文件（必填且真实），如图 7-7 所示。

（7）提交资料后，等待 Payoneer 的进一步确认邮件，同时继续回到 eBay 账号 Seller hub（卖家中心）的付款界面，单击"继续注册"，如图 7-8 所示。

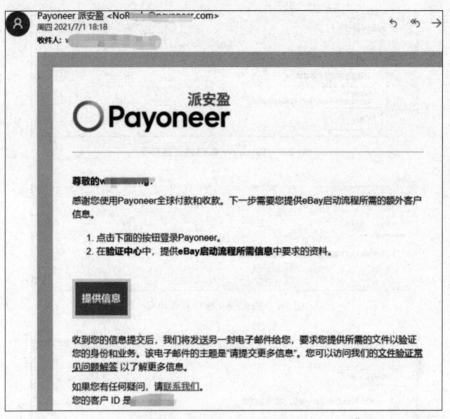

图 7-2  Payoneer 邮件提交进一步资料

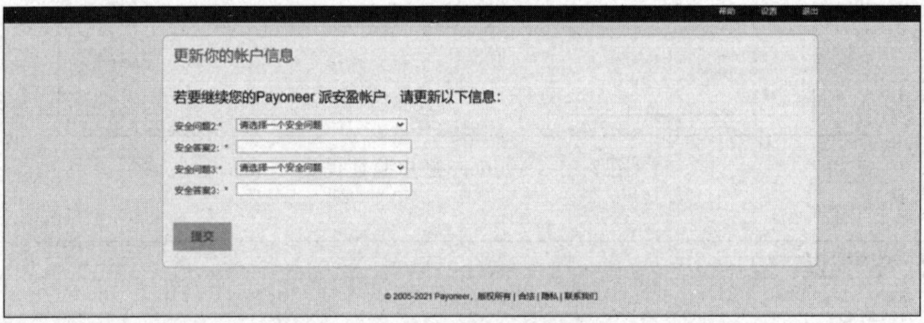

图 7-3  Payoneer 设置安全问题

图 7-4  Payoneer 账户验证路径 1

图 7-5　Payoneer 账户验证路径 2

图 7-6　Payoneer 账户验证填写

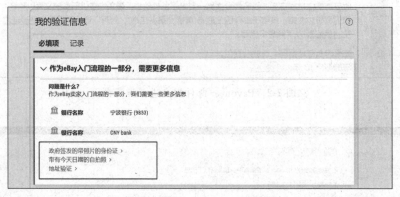

图 7-7　Payoneer 账户验证提交

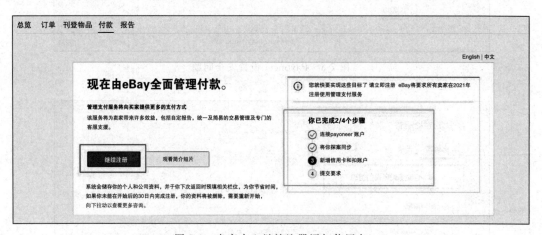

图 7-8　卖家中心继续注册添加信用卡

(8)进入添加信用卡页面,此处必须要添加信用卡才可以,储蓄卡是没有用的,所以需要提前准备好任意银行的一张 Visa 或者 Master 信用卡,填写好所有的信息之后提交。提交之后进入以下页面,继续选择"提出要求",如图 7-9 所示。

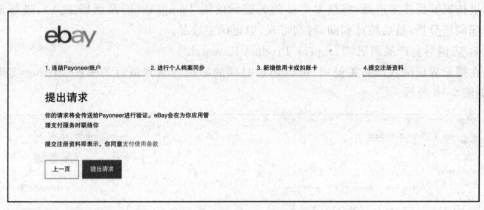

图 7-9　提出请求绑定账户

(9)单击"完成"之后,表示所有资料已提交完毕,等待 eBay 的审核与反馈即可。

### 7.1.2　eBay 选品

**1. eBay 站内选品**

在站内选品时,要注意考虑下面这些因素,这样才能为店铺带来更大的效益,减少一些不必要的影响。

1)可以通过一些选品工具辅助分析

可以借助市场上的一些 eBay 卖家选品工具了解平台有哪些热销产品,比如常见的 Algopix(市场研究工具)、Terapeak(数据分析工具)等选品工具。

2)通过参考其他平台

eBay 平台跟其他电商平台模式略有不同,不过还是可以参考一些以欧美地区为市场的电商平台,如亚马逊、Wish 等,这些跨境电商平台对了解消费者的习惯有很大的参考价值,方便定价,掌握以后可以知道适合一口价还是拍卖,这样店铺才能有更多流量和销量。

除此之外,可以到一些社交平台上了解近期的产品趋势,这也是选品途径之一。

3)注意产品的便捷性

必须要考虑到买家的操作,毕竟是跨境电商,操作比较复杂很不利于买家的购物体验,影响店铺营业额,对店铺有不利影响。便捷轻便的产品,可以为 eBay 卖家节省物流运输费用,更大地提升店铺的利润空间。

4)保证利润空间

选品时一定要确保自己的产品有比较高的利润空间,否则不利于店铺运营;当然也要保证产品的价格不能太高,一般 eBay 的买家主要都是一些中年消费者群体,相对更为追求性价比,不太建议 eBay 卖家去做高客单价的产品。

5）eBay 前台搜索页搜索

使用 eBay 前台搜索产品首先确定目标品类，用该品类对应的关键词进行搜索，查找该关键词搜索结果页热卖产品，找到热卖产品后进行以下步骤分析：进入该热卖 Listing 卖家店铺里拓展其他热卖产品；将热卖产品的关键词使用 Terapeak（产品调研工具），进行该产品市场调研分析；最后核算利润，利润可观，即可确定选品。

6）店铺后台产品调研（Terapeak Product Research）

在搜索界面输入产品关键词，可以通过时间的筛选搜索到最近的哪些 Listing 卖得更好，如图 7-10 所示。

图 7-10　产品调研页面

## 2. eBay 站外选品

1）根据其他电商平台热卖品类选品

eBay 和亚马逊等跨境电商平台的目标市场有一定的重合度，卖家可以通过其他平台的销售现状，分析并确定自己的选品。

2）Facebook 广告

Facebook 作为全球最大的社交平台，投放 Facebook 广告，建议先提前了解自己推广的目的（是提高销量还是做品牌）、受众、产品定位、预算等内容，然后开通广告账户，广告账户开通之后就可以直接上架 Facebook 广告。

3）谷歌广告

谷歌（Google）作为一款搜索引擎，已经成为日常生活中离不开的工具，自然少不了流量，谷歌的规则相对比较明了，只要不是明确的违规，一般不会有大的问题，而且谷歌购物（Googleshopping）是专为跨境电商定制的产品。

## 3. 产品定价

1）成本导向定价法

以营销产品的成本为主要依据制定价格的方法统称为成本导向定价法，这是最简单、应用相当广泛的一种定价方法。

2)需求导向定价法

需求导向定价法是指根据市场需求状况和消费者对产品的感觉差异来确定价格的定价方法。

3)竞争导向定价法

在竞争十分激烈的市场上,企业通过研究竞争对手的生产条件、服务状况、价格水平等因素,依据自身的竞争实力,参考成本和供求状况来确定商品价格。这种定价方法就是通常所说的竞争导向定价法。

 **思政小课堂**

通过本节的教学,弄清个人账户和企业账户的区别,eBay注册所需的资料以及注册流程的要素等,了解派安盈账户的内容,培养学生对账户理解的能力,让学生通过努力学习,培养在注册经营方面的能力。

学生通过对本节的学习,能够运用所学的知识和方法分析如何选择产品,在了解选品原则的同时,理解中国智造、品牌出海概念,领悟国产品牌的魅力,深植民族自信;深入理解国际国内双循环相互促进的新发展格局,通过推广好的选品,树立科学发展的理念,带动地方经济发展。利用数据分析工具辅助选品,进行分析,使学生明确辨别品质的重要性,提升学生的选品技能,提高学生的辨识能力。

**本节小结**

通过本节的教学,学生可以弄清选品的方法和技巧,分析eBay站内选品和站外选品的区别,选择合适的选品方法,培养学生站外、站内的选品能力,加强运营技巧。

通过本节的学习,引导学生运用所学的知识和方法分析如何进行eBay账号注册,加强学生对eBay账号以及派安盈账号的认识,引导学生如何注册eBay企业账号,掌握个人账户和企业账户的区别,通过学习使学生了解账号注册全部流程,培养学生全面、深入了解eBay账号重要知识,为新手注册运营eBay店铺奠定基础。

**复习思考题**

1. 个人账户和企业账户的区别是什么?
2. eBay账号注册需要准备哪些资料?
3. 派安盈的优势是什么?
4. 除了文章中提到选品方法外,你认为还有哪些?

## 7.2 Listing(产品详情页)的打造

【学习目标】

知识目标:了解产品Listing打造的方法和技巧,学会刊登Listing。

能力目标：具备分析 eBay 后台刊登能力，懂得如何编写 Listing。

素质目标：在刊登产品上，要求学生如实填写商品信息，切勿夸大描述商品，切勿虚假交易，着重培养学生诚实守信运营的品质。

【重难点】

教学重点：eBay 产品详情页打造是非常重要的内容，因此，根据图片上架要求、标题编写要求以及标准，编辑吸引买家的产品描述作为教学重点。

教学难点：分析 eBay 后台刊登和万邑链一键刊登，并学会刊登 Listing 为教学难点。

### 7.2.1 Listing 基础

Listing 基础尽量选择 eBay 平台推荐的分类，可以手动选择与产品最接近、最适合的分类，因为在分类选择错误的情况下，可能会降低产品的曝光。

### 7.2.2 Title 标题

物品标题是有效的广告语，可以带来高搜索率、高浏览量，让买家直接了解到物品的重要信息，并做出是否进一步了解的判断。

标题拟定的注意事项包括：检查拼写是否准确；产品标题总共 80 个字符；检查产品标题上有没有出现侵权的词；不能输入网址、E-mail 或电话之类的信息；不能输入类似 WOW 或者 Look 等单词；不能使用多个同义词或者复数。

### 7.2.3 Variations 变体

填写 Variations 对结构化数据完善很重要，可以避免重复，让更多买家更倾向于在单条 Listing 进行多样性的选择。

### 7.2.4 图片与产品描述要求

**1. 图片要求**

（1）图片要求 500～1 600 像素，最大不超过 7MB。

（2）不能出现店铺标志、宣传、促销等文字。

（3）不能有边框、底纹及插图。

（4）尽量使用纯色背景。

（5）不要使用模糊、抖动的图片。

（6）尽量将产品放置于图片中间，产品占到整个图片的 80% 以上。

（7）首图只放产品本身，不要放置配件。

（8）自行拍摄图片，请勿盗图。

（9）请尽量用满 12 张免费图片。

（10）不能在图片中包括边框、文字或插图，如图 7-11 所示。

**2. 产品描述注意事项**

（1）尽量避免复杂字体和过多的颜色。

图 7-11　产品图片示例

(2) 重点的字眼可以选择加粗。

(3) 尽量提供详细产品尺寸、参数和配件信息，同时可填写产品使用说明、售后、常见问题解答等相关信息。

(4) 不能出现任何不实的描述。

(5) 不能在未经许可的情况下使用品牌商标。

(6) 不能使用中文撰写。

(7) 不能使用动态内容。

(8) 不要在描述中嵌入 E-mail 或其他链接。

### 7.2.5　创建 Listing 通道

创建 Listing 详细流程在 7.5.3 小节中讲到，需要了解详细注册流程，请查阅本书 7.5.3 小节创建 Listing。以美国站为例：打开 eBay→登入"店铺后台"→Sell→Create your listing。

(1) 输入将要刊登上架的产品的关键词，然后选择类目。

(2) 跳转页面后是 Listing 详情编辑页，首先需要填写标题、产品分类（带"＊"是必填内容）。

(3) 接下来要填 UPC、Condition，这个一般选 New，还要上传图片。

(4) 填写详细信息，选择出售方式：一口价或者拍卖。

(5) 填完必填内容后，选择 List item，也可以选择 Preview listing（预上架）或 Save and continue later（保存草稿）。

 **思政小课堂**

通过本节的教学，引导学生在填写商品 Listing 时，不能一味为了营销效果而忽略消费者的感受，不能跨越法律的红线，不可触碰低俗底线，不可突破道德底线，也不得挑战不同国家及地区的文化禁忌，拒绝虚假宣传，拒绝抄袭其他商家的文案和描述。培育学生爱国、敬业、诚信、友善的社会主义核心价值观，提升学生的职业道德、法律意识、诚信意识，引导学生深入挖掘商品特色，从目标消费人群和竞争对手等不同的角度来考虑如何展示商品的最佳卖点，将产品的独特优点与消费者的痛点相结合，善于思考并发挥创意，激发消费者强烈的购买欲望，以精益求精的工匠精神，培养学生善于钻研的职业道德品质，提升企业品牌和商品在市场中的竞争力。

**本节小结**

通过本节的教学,培养学生编写 Listing 的能力,引导学生运用所学的知识和方法分析如何编辑 Listing,加强学生对 Listing 的认识,引导掌握 Listing 的内容以及分销平台的运用。通过本节的学习使学生了解 Listing 刊登的全部流程,培养学生全面、深入了解 Listing 的重要知识,编辑出吸引买家的产品描述,学会通过 eBay 后台刊登和分销平台刊登的区别,增加产品流量,以提高店铺销售额。

**复习思考题**

1. 标题要求多少字符?
2. 图片要求包括哪些?
3. 怎么编写商品 Listing?

## 7.3 eBay 政策解读

【学习目标】

知识目标:了解 eBay 平台基本费用,制订运营计划,了解平台政策,提前检查选品。

能力目标:掌握查看账号表现和设置店铺数据的能力。

素质目标:在学习 eBay 平台政策的过程中,培养学生遵守平台规则,不能违反平台政策交易,在平台政策要求教学中,培养学生遵纪守法、坚持职业操守。

【重难点】

教学重点:根据 eBay 平台基本费用计算开店所需费用和通过费用初步制订经营计划,学习查看店铺账号表现。

教学难点:了解 eBay 账号评级标准,账号的评级表现对 eBay 账号流量会有很大影响,学会维护 eBay 账号。

### 7.3.1 eBay 账号费用

若要在 eBay 售卖商品,首先要知道平台费用有哪些?平台如何收费?这样才能知道产品该如何定价。下面来学习 eBay 平台的费用。

**1. 基本费用**

1)刊登费

不管卖家有没有订阅店铺,eBay 平台都会收取刊登费,刊登费是在建立刊登物品时收取的费用。卖家每月会享有指定数目的免费刊登,具体免费数量的额度视卖家的账户类别而定。

2)成交费

eBay 平台成交费是在物品卖出时,卖家需要支付的费用。成交费的多少是根据买家支付的总金额的百分比计算的,不同类目不同店铺类型成交费是不一样的。即使买家没有完成交易,成交费仍然适用,但是如果客户未付款成功,eBay 扣除卖家成交费,卖家可向 eBay 开 case(案件)获得成交费的退款。自 2018 年 9 月 15 日起:店铺卖家的成交费根据不同品类均不同,收取范围在 3.5%～9.15%;非店铺卖家的成交费将从 10%提高至 12%。

3) eBay 其他费用

(1) 店铺订阅费,以美国站为例,订阅 eBay 店铺有五种等级,具体费用取决于站点和所订阅的店铺等级,如表 7-1 所示。

表 7-1　店铺订阅费明细(以美国站为例)　　　　　　　　单元:美元

| 店铺类型 | 每月店铺订阅费用 | |
| --- | --- | --- |
|  | 月度更新 | 年度更新 |
| 初学者店铺 | 7.95 | 4.95 |
| 基础店铺 | 27.95 | 21.95 |
| 精选店铺 | 74.95 | 59.95 |
| 超级店铺 | 349.95 | 299.95 |
| 企业店铺 | 目前不可选用 | 2 999.95 |

数据来源:eBay 官方网站.

(2) eBay 特色功能费主要是刊登特色功能费(如副标题、字体加粗、第二分类、底价等),这个费用是根据卖家需求选择使用付费的方式。

**2. 无店铺卖家的 eBay 费用构成**

(1) 刊登费:每个月,卖家可以获得最多 200/250 个零插入费(刊登费)额度,超过部分按 0.35/条(刊登即收费,200 或 250 个免费刊登额度取决于卖家是否由 eBay 管理付款)。

(2) 成交费:由所刊登的产品类目决定,不同的类目成交费的计算比例不一样(售出即收费)。

(3) 特色功能费:包括增加第二分类、增加副标题、粗体、设置底价等(特色功能收费根据不同刊登类型,收费不一样,此功能选择性使用,可以用也可不用)。

**3. 可选费用**

eBay 平台除了有基本的费用外,平台还有其他额外的费用,这些额外的功能费用是选择性使用的,可以用也可以不用。

1) 订阅店铺费

eBay 美国站点提供五种不同类型的店铺分别是:初学者店铺(Starter)、基础店铺(Basic)、精选店铺(Premium)、超级店铺(Anchor)和企业店铺(Enterprise)。订购店铺好处和作用如下。

(1) 订阅店铺,可节约刊登费。不订购店铺的账号,每月只有 50 个免费刊登额度,而订购店铺的账号免费刊登数随着店铺等级的增加而增加:初学者店铺每月免费刊登数为 100;基础店铺为 250 固价+250 拍卖;精选店铺增加到 1 000 固价+500 拍卖;超级店铺和企业店铺就更多了。

（2）可以做站内促销活动，提高店铺流量。目前有五种站内促销活动，包括 Markdown（打折）、Order discount（满减）、Volume price（批量折扣）、Codeless coupon（优惠券）、Shipping discount（运费折扣）。不订购店铺的账号无法使用以上这些站内促销活动。

（3）店铺等级及订阅费用（以美国站为例），如图 7-12 所示。

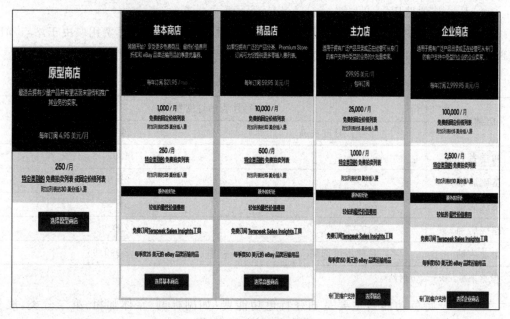

图 7-12　店铺订阅等级

（4）订阅店铺卖家刊登费（以美国站且由 eBay 管理付款为例），如表 7-2 所示。

表 7-2　5 个店铺等级的刊登额度以及刊登费　　　　　　　　　　单位：美元

| 店铺类型 | 每月免刊登额度分配 | |
|---|---|---|
| | 拍卖 | 固定价格 |
| 初学者店铺 | | 250/ $ 0.30 |
| 基本店铺 | 250/0.25 | 1 000 all categories/0.25<br>10 000 select categories/0.25 |
| 精选店铺 | 500/0.15 | 10 000 all categories/0.10<br>50 000 select categories/0.10 |
| 超级店铺 | 1 000/0.10 | 25 000 all categories/0.05<br>75 000 select categories/0.05 |
| 企业店铺 | 2 500/0.10 | 100 000 all categories/0.05<br>100 000 select categories/0.05 |

数据来源：eBay 官方网站。

**注意**：以下商业和工业类别的插入费为 20 美元，如重型设备零件和附件（重型设备）、印刷与平面艺术（商业印刷机）、餐厅和食品服务（食品卡车、拖车、手推车）。

（5）订阅店铺卖家成交费（以美国站且由 eBay 管理付款为例），如表 7-3 所示。

表 7-3 订阅店铺卖家成交费

| 初学者店铺 | | 基础店铺、精选店铺、超级店铺和企业店铺订阅者 | |
| --- | --- | --- | --- |
| 类别 | 最终价值费用%＋每笔订单 0.30 美元 | 类别 | 最终价值费用%＋每笔订单 0.30 美元 |
| 大多数类别，包括音乐＞黑胶唱片、硬币和纸币（金条除外） | 每件商品最高 7 500 美元的销售总额的 12.55%；超过 7 500 美元的销售部分的 2.35% | 古董 | 每件商品最高 2 500 美元的销售总额的 11.7%；超过 2 500 美元的销售部分的 2.35% |
| 书籍和杂志<br>电影和电视（电影 NFT 除外）<br>音乐（音乐 NFT 和黑胶唱片除外） | 每件商品最高 7 500 美元的销售总额的 14.55%；超过 7 500 美元的销售部分的 2.35% | 大多数艺术类别 | 每件商品最高 2 500 美元的销售总额的 11.7%；超过 2 500 美元的销售部分的 2.35% |
| 硬币和纸币＞金银 | 如果销售总额为 7 500 美元或更少，则为 12.35%，按每件计算；如果每件商品的销售总额超过 7 500 美元，则为 7.0% | 艺术 NFT | 销售总额的 5% |
| | | 婴儿 | 每件商品最高 2 500 美元的销售总额的 11.7%；超过 2 500 美元的销售部分的 2.35% |
| 乐器与装备＞吉他与贝司 | 每件商品最高 7 500 美元的销售总额的 5.85%；超过 7 500 美元的销售部分的 2.35% | 书籍和杂志 | 每件商品最高 2 500 美元的销售总额的 14.55%；超过 2 500 美元的销售部分的 2.35% |
| 珠宝与手表＞手表、零件与配件＞手表 | 每件商品最高 1 000 美元的销售总额的 15%；每件商品超过 1 000 至 7 500 美元的销售额部分的 6.5%；超过 7 500 美元的销售部分的 3% | 大多数商业和工业类别 | 每件商品最高 2 500 美元的销售总额的 11.7%；超过 2 500 美元的销售部分的 2.35% |

数据来源：eBay 官方网站.

（6）店铺等级与对应的功能（以美国站为例），如表 7-4 所示。

表 7-4 店铺等级对应功能

| 功　能 | 初学者店铺 | 基础店铺 | 精选店铺 | 超级店铺 | 企业店铺 |
| --- | --- | --- | --- | --- | --- |
| 按年（Yearly subscription） | US $4.95/mo | US $21.95/mo | US $59.95/mo | US $299.95/mo | US $2 999.95/mo |
| 按月（Monthly subscription） | US $7.95/mo | US $27.95/mo | US $74.95/mo | US $349.95/mo | — |

续表

| 功　能 | 初学者店铺 | 基础店铺 | 精选店铺 | 超级店铺 | 企业店铺 |
|---|---|---|---|---|---|
| 费用(Fees) | | | | | |
| 固定价格免刊登费(Free fixed price insertions) | 250/mo | 350/mo | 1 000/mo | 10 000/mo | 100 000/mo |
| 艺术收藏品拍卖免刊登费(Free Auctions in Collectibles and Fashion) | 250/mo | 250/mo | 500/mo | 1 000/mo | 2 500/mo |
| 额外的固定价格刊登费(Additional fixed price insertion) | US $0.30/mo | US $0.25/mo | US $0.10/mo | US $0.05/mo | US $0.05/mo |
| 额外的拍卖刊登费(Additional auction insertion) | US $0.30/mo | US $0.25/mo | US $0.15/mo | US $0.10/mo | US $0.10/mo |
| 成交费上限(Final Value Fee cap) | US $750.00/mo | US $350.00/mo | US $350.00/mo | US $250.00/mo | US $250.00/mo |
| 成交费:以客户支付的总金额的百分比计算(Final Value Fee) | 2.0%~12.20% | 1.5%~12.20% | 1.5%~12.20% | 1.5%~12.20% | 1.5%~12.20% |
| 收益(Benefits) | | | | | |
| 拍卖式商品售出后的上架费用信用额(Insertion fee credits for auction-style items that sell) | √ | √ | √ | √ | √ |
| 促销经理(Promotions Manager) | √ | √ | √ | √ | √ |
| 降价工具(Markdown Manager) | √ | √ | √ | √ | √ |
| 订阅折扣(Subscriber discounts) | √ | √ | √ | √ | √ |
| 店铺主页(Store home page) | √ | √ | √ | √ | √ |
| 链接到eBay店铺的列表(Link to eBay Store on Listings) | √ | √ | √ | √ | √ |

续表

| 功　能 | 初学者店铺 | 基础店铺 | 精选店铺 | 超级店铺 | 企业店铺 |
|---|---|---|---|---|---|
| 销售经理专业版（Selling Manager Pro） | US＄15.99/mo | US＄15.99/mo | √ | √ | √ |
| Terapeak 采购洞察（Terapeak Sourcing Insights） |  | √ | √ | √ | √ |
| 专门的客户支持（Dedicated customer support） |  |  |  | √ | √ |
| 固定价格补贴（10 000 fixed price listing allowance with zero insertion fee） |  |  |  |  | US＄250.00/mo |
| 固定价格补贴（50 000 fixed price listing allowance with zero insertion fee） |  |  |  |  | US＄250.00/mo |

（7）店铺等级订阅步骤（美国站：ebay.com）：单击 Home→My eBay→My Account→Subscriptions. ，如图 7-13 所示。

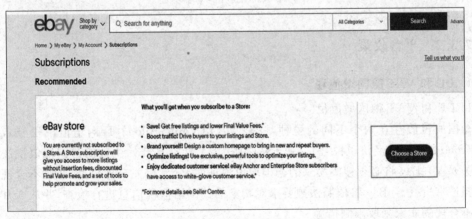

图 7-13　订阅店铺路径

2）特殊功能费

特殊功能费是 eBay 平台上的特色功能的费用，包括增加第二分类、增加副标题、粗体、设置底价等，还包括产品升级和预刊登费用，特色功能收费根据不同刊登类型，收费不一样，此功能选择性使用，可用可不用。

3）广告费

广告费就是卖家为了产品的曝光而做的推广所需要的费用,平台的推广是需要付费的,广告费也可以说是付费推广。eBay 广告功能也叫 Promoted Listing（基础版广告列表），Promoted Listing（基础版广告列表）可以把卖家的产品推送给更多的潜在买家,而卖家只需要为那些通过 Promoted Listing（基础版广告列表）广告成交的产品支付费用,该费用可以由卖家自行设置（通常是产品售价的 1% 起），eBay 也会根据 Listing（产品详情页）的质量情况给出建议广告费率。

**4. Fee Calculate（费用计算）**

Fee Calculate（费用计算）是 eBay 费用计算,eBay 有帮助卖家计算费用的功能,这样卖家能更方便快捷地算出在 eBay 需要的费用,如图 7-14 所示。

eBay 费用计算器如图 7-14 所示。

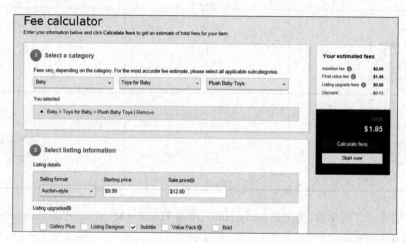

图 7-14　eBay 费用计算器界面

### 7.3.2　平台政策

**1. DE 和 VAT 德国增值税**

1）DE 和 VAT 德国增值税

德国的税收存在两个不同的税种,一是 VAT（Value Added Tax,增值税税号），二是 DE（Economic Tax,经济税税号）。基于从 2019 年 1 月 1 日开始生效的德国增值税法规及其相关要求,eBay 将必须搜集卖家的德国增值税证明、分享相关交易数据,并对不合规的卖家承担连带责任。eBay 将依照法规要求对卖家的德国增值税信息进行检查,并从 3 月 1 日起对不合规的卖家采取限制措施。

2）搜集德国增值税信息

法规要求电子商务平台向卖家搜集包括德国增值税注册证书在内的（Bescheinigung nach §22f UStG）税务信息。

3）分享数据

该法规要求电子商务平台向德国税务机关提供交易信息以及其他支持信息；德国税务

机关将可能依据上述信息判定卖家是否应当履行德国增值税的相关义务。

4) 承担连带责任

该法规要求电子商务平台将对德国增值税不合规的卖家承担连带责任。不合规情形可能包括但不限于下述情况:未能提供有效的德国增值税识别号码、未能提供有效的德国增值税注册证书,或被德国税务机关判定为违规的卖家。

5) 德国增值税(VAT)合规要求

如满足下述任一情形,则需上传德国增值税注册证书:公司设立在德国;有物品所在地为德国的刊登;有物品所在地为欧盟(非德国,含英国)的刊登,且销售给德国买家的所有渠道的此种销售年销售额超过 100 000 欧元/年;未能在 2019 年 3 月 1 日前将该证书(或该证书的申请表格)上传到 eBay 账户的卖家已受到账户限制。

**2. 欧盟增值税法规更新**

自 2021 年 7 月 1 日起,对于进口到欧盟的货物及欧盟境内的货物的增值税规定将发生变更。

1) 欧盟将对以下增值税征收的情况进行变更

(1) 进口到欧盟的货物。

(2) 非欧盟卖家在欧盟境内销售。

2) eBay 代收代缴政策更新

对于欧盟境外卖家,eBay 将根据货物价值和货物所在地代收代缴欧盟的增值税。

(1) 包含货物送达地与货物发货地为同一个欧盟国家或为不同的欧盟国家的情况。

(2) 150 欧元托运价值的阈值是以订单总额(不含运费)来计算,如表 7-5 所示。

表 7-5 eBay 代收代缴政策

| 卖家所在地 | 托运价值 | 物品所在地 | eBay 将根据欧盟境内的送达地代收和代缴增值税 |
| --- | --- | --- | --- |
| 欧盟境外 | ≤150 欧元 | 欧盟境外 | √ |
| 欧盟境外 | >150 欧元 | 欧盟境外 | × |
| 欧盟境外 | 任意价格 | 欧盟境内 | √ |

3) 提供增值税税率

如果已经注册欧盟增值税税号,需要采取如图 7-15 所示的措施。

用户需要提供含税价以及用于计算该含税价所适用的增值税税率

对于eBay有代征代缴义务的用户销售给欧盟买家的交易,eBay会根据卖家所提供的含税价格及税率计算出产品净价,在此基础上加上适当的税率。这样可以确保始终向买家展示正确的含税价格,并且不会对已含税价格额外征税而影响到物品的竞争力

对于用户认为不适用增值税的刊登,用户可以将税率一栏留空。对于eBay有代征代缴义务的交易,eBay将在刊登价格上加收增值税

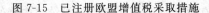

图 7-15 已注册欧盟增值税采取措施

4）了解欧盟进口增值税

如果已经注册了欧盟增值税，需要在个人或者企业 eBay 账号中提供个人或者企业的增值税 ID 并更新刊登，以确保在欧盟网站的刊登中提供用于计算含税价的增值税税率以及含税价。

如果未注册欧盟增值税，那么不需要在刊登中添加增值税税率。针对 eBay 有代征代缴增值税义务的进口到欧盟价值不超过 150 欧元的货物，可以直接在产品价格上直接征收增值税。

5）直邮运往欧盟不超过 150 欧元的交易

提供进口一站式（Import One Stop Shop，IOSS）服务编号，适用于直邮运往欧盟不超过 150 欧元的交易。

（1）立即联系承运商，了解对于提供 eBay 的进口一站式服务编号需要采取哪些行动。

（2）如果正在使用第三方工具，请立即与第三方工具服务商联系了解他们如何识别需要 eBay 的进口一站式服务编号的交易以及操作上的调整。

（3）也可以在和承运商提交电子申报时，手动提供 eBay 的进口一站式服务编号。

（4）SpeedPAK（橙联物流）物流管理方案会为企业或者个人进行电子申报，无须个人额外提供 eBay 的 IOSS 服务编号给到 SpeedPAK。

（5）对于 eBay 代征代缴增值税的交易，eBay 会向买家提供一个账单，其中会包含缴纳的增值税税额以及 eBay 的 IOSS 服务编号。如果买家在包裹入关时被要求再次缴纳增值税，请告知买家查看该账单并提供给海关。也可以将订单明细页面（View order detail page）提供给买家，该页面中也会包含 eBay 代征代缴的增值税税额以及 eBay 的 IOSS 服务编号。

6）欧盟境内的 Economic Operator（代理人）

从 2021 年 7 月 16 日开始，当带有 CE 标志的产品销售到欧盟地区时，将需要在欧盟有一个代理人。主要是针对销往欧盟地区带有 CE 标志的产品。

7）法规介绍

欧盟新出台了加强产品合规性的法规，将影响中国卖家向欧盟地区销售产品。欧盟市场监督条例及实际实施指南为海关及监管机构建立了法律框架，以执行欧盟产品合规要求，包括 CE 符号 $C\in$。该标志是制造商证明产品符合欧盟法律和安全标准的证明。

从 2021 年 7 月 16 日开始，当带有 CE 标志的产品销售到欧盟地区时，将需要在欧盟有一个代理人。代理人负责和欧盟当地政府合作，提供产品的相关技术信息或对产品采取某些行动。代理人可以是制造商、进口商、授权代表或物流服务提供商。大多数较大品牌的 CE 标志产品都将在欧盟设立一个代理人。

8）使用 SpeedPAK 发货的卖家

为了满足包裹在目的国的清关要求，卖家在使用 SpeedPAK 服务运输销往欧盟地区带有 CE 标志的产品时，必须提供代理人信息并将代理人信息和包裹绑定，否则可能导致货物在目的国无法清关，或在更严重的情况下，SpeedPAK 将停止承运没有提供代理人信息的包裹。

**3. 刊登政策**

1）重复刊登定义

如果刊登的物品之间没有明显的分别，或者在搜寻结果中看似为相同的物品，便会被视为重复刊登。eBay 也会审查刊登物品的其他部分(如物品说明),以判定是否为重复刊登。

2) 制定该政策的目的

eBay 制定重复刊登政策,是为了让买家在 eBay 平台上更易查找、更易比较不同的物品。

3) 避免重复刊登

要避免刊登物品被视为重复刊登,请确保在刊登物品的标题、价格、物品状态、图片、副标题、物品细节或零件适用性部分,清楚地标明物品的不同之处。记得加入有关的物品细节,并提供如 UPC 和 MPN 之类的产品识别码(如适用),清楚显示物品的不同之处,提升曝光率。

4) 重复刊登政策(Duplicate Listing Policy)

(1) 为维护平台的良好秩序,以及更好地为买家提供购物体验,eBay 要求卖家不可以在同一个时间内重复刊登相同的物品,以满足相同的客户需求。

(2) 关于物品刊登的建议:清晰地标明物品的特征,体现物品的独特价值;刊登物品时,使用 multi-quantity/multi-variation(多数量/多品种)选项(包括数量、颜色、大小等);尽可能详尽客观地列出物品详情(包括物品状态、型号、尺寸、产品编号等相关描述)。如有违规,根据违规程度,卖家将会受到一系列处罚,其中包括下架刊登或者冻结账户等措施。

**4. 侵权产品**

1) 选品避免侵权商品

选品要避免侵犯其他商品的商标权、复制权、专利权。申请成为 eBay 知识产权所有人,保护自己的合法权益。

2) 被知识产权所有人举报了该如何处理

被知识产权所有人举报时,应立即下线类似商品;联系被移除的商品且与仍在途的买家沟通。

**5. 评价政策**

1) 不索要好评

(1) 买家不能以低分、差评的方式威胁卖家获取额外的利益。

(2) 卖家不能以提供利益的方式要求买家留取好评或 DSR 高分或修改一个评价。

2) 不操纵评价

(1) 卖家不能以交换好评的方式来增加好评数。

(2) 买家不得通过重复购买来留下评价,导致增加或损害卖家的回评。

3) 不买卖评价

在 Listing title(产品标题)中不能使用 feedback(反馈)等带有引导性的词语作为关键词,除非反馈及相关词是用来描述产品本身的。

4) 评价移除

在有一些情况下,买家留下的评价是可以被移除的,比如买家对结构式细节中的信息不满(结构式细节:物品属性、付款方式、合并运费、退货政策、运输方式、运送国家);买家声称运送时间太长或物品未收到;买家提供的运送地址有误或无理要求改变地址;买家留下了明显是好评的差评;买家的评价内容与实际交易售出的物品无关;对于移除不了的评价,请联系买家尽量协商修改:每 1 000 个评价有 5 次修改机会。

#### 6. OFF eBay 政策

Off eBay(关闭 eBay)政策不允许卖家使用 eBay 站内提供的信息去达成站外交易。任何通过 eBay 获取信息,去联系他人并进行线下交易的行为都是违背 eBay 政策的且账号可能会受到限制。

#### 7. Seller Hub 查看提醒信息

卖家可在 Seller Hub(卖家中心)中查看需要修改的刊登信息。不使用 Seller Hub 的卖家可在 Selling Manager/Pro(销售经理专业版)中查看,如图 7-16 所示。

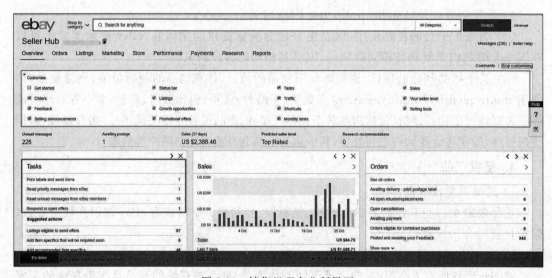

图 7-16 销售经理专业版界面

#### 8. 其他

(1) 严禁买卖账号。

(2) 严禁攻击他人。

### 7.3.3 账号表现

#### 1. 账号评级

eBay 卖家等级有三种,分别是 Top rated seller(优秀)、Above Standard(合格)以及 Below Standard(不合格)。

1) 成为 eBay Top Rate seller 的优势

(1) 有效提升商品搜索排名和曝光度。

(2) 有机会收到成交费退还,降低运营成本。

(3) 2017 年 5 月 1 日起,美国站成交费折扣为 10%。

(4) 2017 年 5 月 1 日起,美国站 Below Standard(不合格)卖家成交费增加 4%。

卖家评级标准与评级时间如表 7-6 所示。

表 7-6　卖家评级标准与评级时间

| 每月评级时间 | 每月 20 号 |
|---|---|
| 考评交易周期 | 前 3 个自然月的交易状况(总数大于 400 笔) |
| | 前 12 个自然月的交易状况(前 3 个月总数少于 400 笔) |
| 例子 | 若大于 400 笔,6 月 20 日评级,考评 3 月 1 日至 5 月 31 日的交易状况 |
| 考评结果 | Below standard(不合格) |
| | Above standard(合格) |
| | Top rated Seller(优秀) |

2) 评级影响

当卖家评级跌至 Below standard(不合格)将增加 6% 成交费,Listing 排名下降影响 Listing 转化,无法提升额度、申请绿色通道子账号。当卖家达到 Top rated Seller(优秀)评级,卖家将有机会获得 10% 成交费返还(包括物流和税),获得 SRP 和 VIP 有小标识,并且 Listing 排名提升,曝光提高,转化提升。

**2. 影响账号评级的因素**

1) 不良交易率(Transaction Defect Rate)

(1) 卖家取消的交易:物品缺货或各种原因未能履约。

(2) 未解决的交易纠纷:买家要求 eBay 介入并帮助解决"物品未收到"或退货请求。

(3) 纠纷,且 eBay 发现为卖方责任。

2) 准时运送(On-Time Shipping)/延迟运送率(Late Shipment)

(1) 物品在约定的处理时间内发货。

(2) 在预计送达期内送达。

(3) 买家确认物品准时送达。

3) 延迟运送率

$$eBay 延迟运送率 = \frac{延迟运送的交易}{有物流表现的交易} \times 100\%$$

(1) 延迟运送的交易:买家表明延迟或者 tracking 表明延迟。

(2) 有物流表现的交易:至少有 tracking 信息或者有买家评价。

(3) 不同国家延迟运送率指标不同,如表 7-7 所示。

表 7-7　延迟运送率的指标

| 项　　目 | 美　国 | | 英国或德国 | | 全　　球 | |
|---|---|---|---|---|---|---|
| eBay 卖家标准 | 优秀评级 Top-Rated | 最低要求 | 优秀评级 Top-Rated | 最低要求 | 优秀评级 Top-Rated | 最低要求 |
| 运送延迟的最大比率或数量 | 3.0%(5) | | 4.0%(5) | | 5.0%(5) | |

4）卖家评级标准

卖家评级标准如表 7-8 所示。

表 7-8 卖家评级标准

| 项　目 | 美国 | | 英国和德国 | | 全球 | |
| --- | --- | --- | --- | --- | --- | --- |
| eBay 卖家标准 | 优秀评级（Top-Rated） | 最低要求 | 优秀评级（Top-Rated） | 最低要求 | 优秀评级（Top-Rated） | 最低要求 |
| 不良交易率或交易量（括号内）的门栏：<br>·卖家取消交易；<br>·无卖家纠纷调解的交易关闭 | 0.5％(3) | 2.0％(4) | 0.5％(3) | 2.0％(4) | 0.5％(3) | 2.0％(4) |
| 无卖家调解的已结纠纷的最大比例或数量 | 0.3％(2) | 0.3％(2) | 0.3％(2) | 0.3％(2) | 0.3％(2) | 0.3％(2) |
| 运送延迟的最大比率或数量 | 3％(6) | 7％(8) | 3％(6) | 7％(8) | 3％(6) | 7％(8) |
| 及时上传有效的物流信息 | 95％ | | | | | |
| 交易数量/额 | 100/1000 | | 100/1000 | | 100/1000 | |
| 优秀评级卖家物品刊登要求（Top-Rated Plus） | 美国站点 | | 英国及德国站点 | | 澳大利亚站点 | 全球其他站点 |
| *30 日退款 | √ | 不适用 | √ | 不适用 | √ | 不适用 | 不适用 |
| 一日或同日处理 | √ | 不适用 | √ | 不适用 | √ | 不适用 | 不适用 |
| **快速邮寄选项 | 不适用 | 不适用 | √ | 不适用 | √ | 不适用 | 不适用 |
| 免费运费选项 | 不适用 | 不适用 | √ | 不适用 | √ | 不适用 | 不适用 |
| 月评估中所含的退货率 | 不适用 | 不适用 | 不适用 | 不适用 | 不适用 | 不适用 | 不适用 |
| 月评估中所含的退货率 | 不适用 | 不适用 | 不适用 | 不适用 | 不适用 | | 不适用 |

### 3. 账号自查

（1）卖家可在 My eBay→Seller Dashboard 中查看卖家评级，如图 7-17 所示。

（2）成为 Top Rated Plus 卖家（最优评级卖家）的必要条件，必须提供至少 30 日的免费退货才能享受 Top Rated Plus（最优评级卖家）优惠（特殊商品除外）。如果支持免费退货，卖家有权选择申请部分退款。如果买家升级案例，eBay 将协助处理并帮助删除对应的中差评。

（3）买家体验周报可查看卖家账号健康度，如图 7-18 所示。

① 正常：账号所有考核单项均未超过标准值。

② 超标：账号所有考核单项均超过标准值，但由于该账号正受到其他 eBay 政策的限制，因而此政策暂时未对该账号产生影响。

③ 警告：账号有一个或多个考核单项超过标准值，若未及时改善，该账号将有可能会受到销售限制，甚至导致账号冻结。

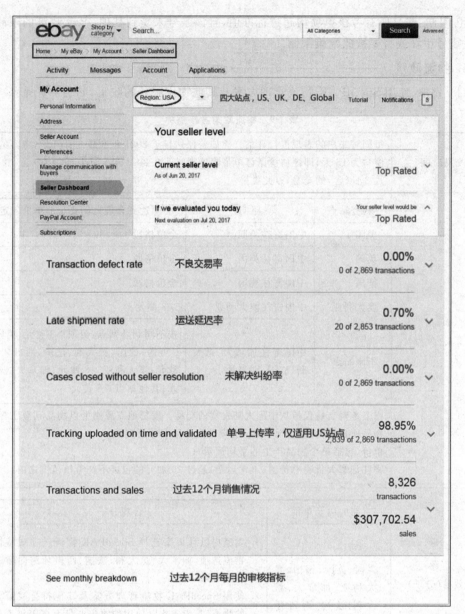

图 7-17 账号自查

图 7-18 卖家账号健康度

④ 限制：账号所有考核单项均超过标准值，且该账号未受到其他 eBay 政策的限制。因此，该账号正在或将要被此政策限制。

**4. 物流政策**

（1）直邮、使用 SpeedPAK 物流管理方案及其他物流服务的政策，如表 7-9 所示。

表 7-9　物流政策考核指标

| 考察交易时间 | 每周对账户的表现进行评估。比如若评估日于 2021 年 6 月 6 日开始，考察的交易窗口为 18 天，即评估承诺订单最晚处理时间在 2021 年 5 月 16 日（含）至 2021 年 6 月 2 日（含）的交易，以此类推 | | |
|---|---|---|---|
| 考察交易（分母） | 刊登站点 | 路向 | 必须达到合规比例要求的单价×定义 |
| | 美国 | 中国寄往美国 | 全价格段 |
| | 英国 | 中国寄往英国 | 全价格段 |
| | 德国 | 中国寄往德国 | 全价格段 |
| | 澳大利亚 | 中国寄往澳大利亚 | ＞8 澳元 |
| | 不限站点 | 中国寄往加拿大、意大利、法国、西班牙 | 按不同刊登站点：美国＞6 美元；英国＞5 英镑；德国、意大利、法国、西班牙＞5 欧元；澳大利亚＞8 澳元；加拿大＞8 加元；其他站点＞6 美元 |
| | 以上考察交易仅指从中国大陆发货的交易。发货地点原则上以物品刊登所标注的物品所在地为准，同时，eBay 会审核发货地点的真实性。<br>单价（包括单个物品产生的平均运费）；<br>寄往加拿大货物总价值（不含运费）超过 20 加元的包裹不在考核范围之内 | | |
| 合规效易（分子） | 路向以及单价 | 合规分子 | |
| | 美国、英国、德国、澳大利亚、加拿大、意大利、法国、西班牙路向 | 1. 卖家提供且买家选择 SpeedPAK 物流选项或特快型物流选项（加拿大、意大利、法国、西班牙路向暂不做此要求）；<br>2. 使用 SpeedPAK 物流管理方案及其他符合政策要求的物流，且卖家实际使用的物流产品服务等级不低于买家在交易中指定的服务等级；<br>3. 取得及时的揽收扫描 | |
| 合规比例要求 | 美国 | 美国 | 德国 | 澳大利亚 | 澳大利亚 |
| | 90％ | 90％ | 90％ | 90％ | 40％ |
| | 如果卖家同一账户在多个区域都有销售，则各个区域须同时满足使用比例要求，不达标卖家将有可能会受到警告或不同程度的销售限制 | | | | |

（2）SpeedPAK 物流管理方案及其他符合政策要求的物流服务列表，如表 7-10 所示。

表 7-10 物流管理方案及其他政策要求

| 服务名称 | 服务区域 | 上传跟踪号码时所使用的承运者名称 | 跟踪号上传站点 | 跟踪号段规则 | 当买家选择特快型物流服务时是否可用 | 当买家选择标准型物流服务时是否可用 | 当买家选择经济型物流服务时是否可用 | 当买家选择SpeedPAK Mini物流服务时是否可用 |
|---|---|---|---|---|---|---|---|---|
| 联邦快递全球服务 | | FedEx | 全部站点 | 12 位数字 | 是 | 是 | 是 | 是 |
| DHL 国际快递服务 | | DHL | 全部站点 | 10 位数字 | 是 | 是 | 是 | 是 |
| UPS 国际快递服务 | | UPS | 全部站点 | H＋10 位数字和字母的组合＋6 位数字和字母的组合＋10 位数字或 1Z＋8 位数字和字母的组合＋8 位数字 | 是 | 是 | | 是 |
| 中国香港橙联股份有限公司 SpeedPAK 服务（标准型） | 美国、英国、德国、澳大利亚、加拿大 | eBay eDIS 平台会自动上传跟踪号码，卖家无需再做上传。对于通过API 上传跟踪号者名称设家，请将承运者名称设置为 SpeedPAK | | ES＋26 位数字和字母组合 | 否 | 是 | 是 | 是 |
| 中国邮政 EMS 类服务 | | China Post | 全部站点 | CX/CY＋9 位数字＋CN 或 E＋1 位字母＋9 位数字＋CN | 否 | 是 | 是 | 是 |
| 中国香港邮政 EMS 类服务 | | Chinese Hong Kong Post | 全部站点 | EA/EB/EE/EG＋9 位数字＋HK | 否 | 是 | 是 | 是 |

续表

| 服务名称 | 服务区域 | 上传跟踪号码时所使用的承运者名称 | 跟踪号上传站点 | 跟踪号段规则 | 当买家选择特快型物流服务时是否可用 | 当买家选择标准型物流服务时是否可用 | 当买家选择经济型物流服务时是否可用 | 当买家选择SpeedPAK Mini物流服务时是否可用 |
|---|---|---|---|---|---|---|---|---|
| 中国香港橙联股份有限公司 SpeedPAK 服务（经济型） | 英国、德国、澳大利亚、意大利、法国、西班牙 | eBay eDIS 平台会自动上传跟踪号码，卖家无需再做上传。对于追踪号上传通过 API 上传承运者名称设置为 SpeedPAK | | EE+26位数字和字母组合 | 否 | 否 | 是 | |
| 中国香港橙联股份有限公司 SpeedPAK Lite 轻小件服务（经济型） | 英国、德国、英国、德国路向不适用 | | | | 否 | 否 | 是（备注：当买家选择 SpeedPAK 经济型物流选项时，使用该服务算服务降级） | 是 |
| 中国香港橙联股份有限公司 SpeedPAK Mini 服务 | 英国、德国、加拿大、意大利、法国、西班牙 | | | EM+26位数字和字母组合 | | | | 是 |

（3）SpeedPAK 物流选项使用政策（SpeedPAK Option Misuse），如表 7-11 所示。

表 7-11 物流选项使用政策

| 被评估交易（分母） | 往返美国、英国、德国、澳大利亚、加拿大、法国、意大利、西班牙方向，且买家选择 SpeedPAK 物流选项的交易。<br>注意：此项考核不限定物品发货地，即对于低单价物品或者物品所在地标注为非中国的交易，只要买家选择了 SpeedPAK 物流选项，此交易即纳入考核范围 |
|---|---|
| 合规交易（分子） | （1）使用 SpeedPAK 物流管理方案，且有揽收扫描；<br>（2）所使用的服务等级必须和买家选择的等级一致或更高 |
| 合规比例要求 | 100% |

(4) 认可的物流方式,针对发货至美国的交易要求,如表 7-12 所示。

表 7-12 物流标准货运政策

| 考核范围 | 发货至美国的交易不包括 |
|---|---|
| | 单件售价不高于 5 美元(包括运费) |
| | 特殊品类 |
| 考核制度 | 每周考核前第二周和第三周的交易,如果两周交易低于 20 笔,将维持原来的考核结果 |
| 标准要求 | 直邮美国大于 5 美元的交易 |
| | 直邮美国小于 5 美元的交易 |

(5) 海外仓标准要求,如图 7-19 所示。

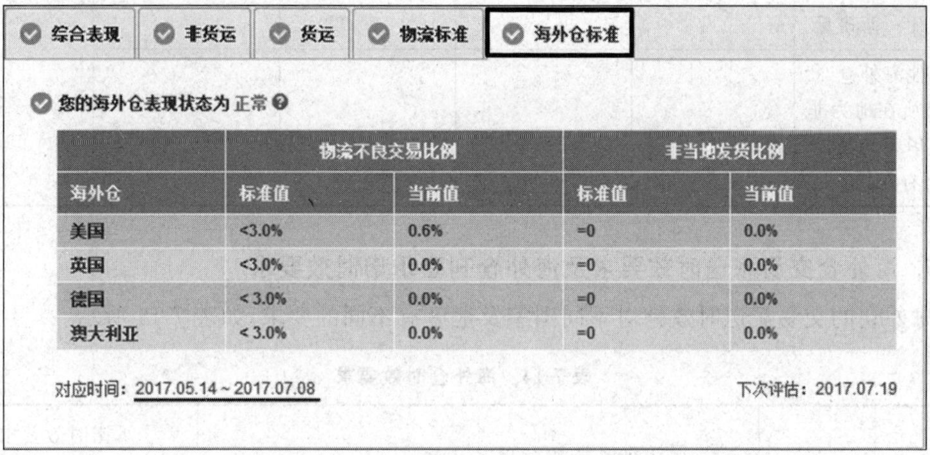

图 7-19 海外仓标准指标

**5. Long Handling Time(处理时间长)海外仓管理政策**

海外仓超过 3 天订单处理时间的交易物流不良率较高,为提升买家体验和提高海外仓交易发货的时效性,进一步缩短买家付款到确认收货的时间。超过 3 天订单处理时间的选项将不再对海外仓刊登开放。

eBay 要求卖家在 3 天之内完成物品出库并交给物流承运方揽收。为了避免后续刊登更新失败、新刊登提交失败等问题的影响,应即刻检视自己的海外仓刊登并做如下调整。

(1) 如果产品并非在海外仓时,应填写真实产品所在地;刊登物品所在地不属实的情况一旦被发现,账户即被限制。

(2) 如果产品确实在海外仓时,为了减少产品改动生效对刊登的影响,务必通过优化操作流程保证在 3 天之内完成订单操作及发货,同时将订单处理时间调整为 3 天或 3 天以内。

(3) 如果使用 API/UI 做新刊登,确保处理时间的设置在 3 天或 3 天以内,否则刊登提交不成功。如特殊情况需要 3 天以上的订单处理时间,应联系客户经理。

**6. 海外仓考核指标要求**

海外仓的考核指标针对不同国家有不同的要求,如表 7-13 所示。

表 7-13　海外仓考核指标

| 物品所在地—派送国家 | 承诺时效考核 | 实际派送时效考核 | | | 不诚信或使用不合规渠道/服务行为考核 |
|---|---|---|---|---|---|
| | 合规刊登率 | 及时发货率 | 及时送达率 | 未收到货纠纷率 | 不合规交易数 |
| 美国—美国 | 100% | 100% | ≥90% | ≤2.0% | 0笔 |
| 英国—英国 | 100% | 100% | ≥90% | ≤2.0% | |
| 德国—德国 | 100% | 100% | ≥90% | ≤2.0% | |
| 澳大利亚—澳大利亚 | 100% | 100% | ≥90% | ≤2.0% | |
| 法国—法国、意大利—意大利、西班牙—西班牙 | 100% | 100% | ≥60% | ≤2.0% | |
| 其他海外仓（物品所在地为非大中华区的其他所有交易） | — | — | | ≤2.5% | |

**7. 海外仓交易派送时效要求及海外仓刊登承诺时效要求**

海外仓的交易派送时效针对不同国家及地区有不同的要求,如表 7-14 所示。

表 7-14　海外仓时效要求

| 物品所在地 | 派送目的地 | 派送时效要求（自买家付款之日起到完成妥投） | 派送时效要求（特定时期） | 承诺时效要求（特定时期）（订单处理＋物流选项派送天数） |
|---|---|---|---|---|
| 美国 | 美国 | 付款后6个工作日内(含) | 付款后7个工作日内(含) | ≤8个工作日内(含) |
| 英国 | 英国 | 付款后5个工作日内(含) | 付款后6个工作日内(含) | ≤8个工作日内(含) |
| 德国 | 德国 | 付款后5个工作日内(含) | 付款后7个工作日内(含) | ≤8个工作日内(含) |
| 澳大利亚 | 澳大利亚 | 付款后8个工作日内(含) | 付款后10个工作日内(含) | ≤12个工作日内(含) |
| 法国 | 法国 | 付款后7个工作日内(含) | 付款后12个工作日内(含) | ≤12个工作日内(含) |
| 意大利 | 意大利 | 付款后7个工作日内(含) | 付款后7个工作日内(含) | ≤8个工作日内(含) |
| 西班牙 | 西班牙 | 付款后7个工作日内(含) | 付款后9个工作日内(含) | ≤10个工作日内(含) |

思政小课堂

通过本节的教学,引导学生运用所学的知识和方法分析 eBay 相关费用,了解店铺运营中的各项平台政策,引导学生在运营当中要加强规则意识,遵循平台规定,避免违法违规,培养诚实守信的职业道德。同时要不断强化服务意识,讲究工作效率和时间观念,提高工作效率和服务效率,维护企业形象,以优质的服务提升客户的购物体验。要让学生了解中国在世界市场上所处的地位,树立大国自信,在与外国消费者或合作伙伴沟通交流时以及维护客户关系、处理交易纠纷方面,做到不自卑、不自大。培养德法兼修的职业素养,树立正确的价值观和文化观,面对复杂的经济环境能够明辨是非,培养学生的家国情怀,深刻认识国与家之间的关系,结合我国"一带一路"倡议,提升学生的民族自豪感和进取精神,以及实现中国梦的信心与决心。

### 本节小结

通过本节的教学,学生可以弄清 eBay 费用、eBay 平台费用、账号表现等内容,它们之间相辅相成,在出售商品前起到了至关重要的作用,在经营时可有所借鉴;学生学习 eBay 费用的主要内容,从 eBay 基本费用到 eBay 其他费用以及关于免费刊登额度细节可选费用的要素等,可以通过分析 eBay 的平台政策的内容,以及分析账号好表现的内容,从而制订精细计划辅助店铺经营。

### 复习思考题

1. eBay 费用包括什么?
2. 禁售商品主要包括哪些?
3. 账号等级分别是什么?

## 7.4 站内营销

【学习目标】

知识目标:了解店铺分类设置,学会查找店铺分类和添加店铺分类;了解店铺装修内容,准备店铺装修需要的图片文本;了解 eBay 广告,尝试用广告推广引流。

能力目标:培养学生具备运营 eBay 店铺的能力。

素质目标:在店铺促销活动教学中培养学生诚实交易,切勿虚假促销;在参加 Deals 活动基本要求教学中培养学生要成为一个合格的卖家、合格的人才。

【重难点】

教学重点:从教学内容来看,eBay 广告内容的基础知识和店铺后台页面为教学重点。

教学难点:设置店铺分类、设置店铺促销活动、优化店铺设置,把如何让店铺页面美观大方作为教学难点。

### 7.4.1 店铺促销活动设置

**1. 订单促销(Order discount)**

为买家订单的金额或者数量提供一定的折扣,这种方式卖家认可度高,使用广泛。

### 2. 降价活动(Sales event)

卖家可以形象地理解为商场外挂的广告，比如最低3折起。而商场内的产品折扣可以是4折或者5折。降价活动一定要起一个具有吸引力的标题。

### 3. 优惠通道(Codeless coupon)

只有通过单击这条链接才能看到促销产品，常规搜索浏览是无法看到这个折扣设置的。一般这种方式常被用于给一些复购率高的买家或者店铺VIP定期发送专属的优惠以及邮件营销的时候。

### 4. 运费折扣(Shipping discount)

合并订单免运费是通过买家购买达到一定的金额或者数量时获得物流服务的升级。当买家对于得到产品有需求的时候，而卖家又提供了更快速的物流选项，就可以让消费者增加单次购买量来获得更快速的物流方式。

## 7.4.2 Promoted Listing

eBay推出的营销推广工具Promoted Listing(PL)，该工具作为eBay广告营销利器，可以让卖家所售的产品获得更大的曝光率。

### 1. Promoted Listings 的优势

(1) 提高曝光。促销列表可以将商品放在更多买家面前，将可见度提高多达30%。

(2) 按效果收费。在买家单击推荐的商家信息并在30天内购买促销商品之前，不会收取任何费用。

(3) 引导式设置。指导工具有助于消除猜测，并会建议推广哪些项目以及成本。

(4) 详细报告。访问详细的广告系列指标和销售报告，以监控效果并微调广告系列。

### 2. 设置 Promoted Listings 的程序

(1) 以下是在eBay上刊登广告的5个基本步骤：访问卖方中心的Promoted Listings；登录并转至eBay卖家中心；进入后，单击Marketing→Promoted Listings；单击制作新的广告系列Create a new campaign。

(2) 如果之前从未创建过Promoted Listing，则如图7-20所示。

(3) 单击Create your first campaign创建第一个广告系列。或者，向下滚动至广告系列Campaigns，然后单击Create a new campaign创建新的广告系列，如图7-21所示。

(4) 需要选择推广单个Listing还是批量选择多个Listing。可以在一个广告系列中选择多达50 000个Listing。

(5) 选择Listing后，就可以应用广告费率了。如果Promoted Listing导致购买者在开始促销后的30天内单击并购买了促销商品，则将支付最终销售价格的百分比。

注意：最新的趋势广告费率会显示在每个广告费率切换项的下方。灰色文字的右侧是为Promoted Listing所支付的总价。

(6) 为了宣传eBay Listing，需要完成所有工作。设置广告费率之后，可为广告系列命名，以便稍后可以在Promoted Listings仪表板中轻松跟踪其进度。

(7) 可以设置推广的开始日期和结束日期。完成所有步骤后，单击复选框以同意服务

图 7-20　制作广告系列

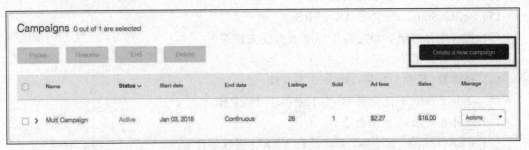

图 7-21　创建广告系列

条款，然后单击 Launch 启动。

（8）Promoted Listings 的费用根据需求而定。只有当销售发生时，才需要支付这笔费用。这笔费用可能占销售额的 1%～20% 不等。出价越高，Listing 就越有可能在搜索结果中占据优势。

（9）出价金额取决于当前的趋势广告费率，即通过 Promoted Listings 出售类似商品的平均费率。例如，目前视频游戏的总体趋势广告率是销售额的 4.46%。

### 7.4.3　eBay Deals & Events

**1. 重点活动**

打开 eBay 网址首页可以看到最上面的位置一定是留给 Primary Deals 的，是留给最重要的那个重点活动的。eBay 的界面展示最顶端的那一排位置，位置数量是有限的，因此如果卖家加入这个活动的要求会比较严格。目前 Deals 的参加还是 eBay 邀请制的，经过 eBay 的筛选之后，如果 eBay 觉得符合参加这个活动，才会通知卖家参加，并且报名之后还不一定会被选中。

目前可以选择参加 Primary Deals 活动的站点有美国、德国、法国、意大利、西班牙、加拿大、澳大利亚、英国和 GBH。

GBH 全称是 Global Buying Hub，就是指除了那些拥有自己 eBay 站点的国家，所有没有自己国家 eBay 站点的国家，如俄罗斯、北欧国家、东欧国家、拉美国家、以色列、非洲国家等都属于 GBH 范围中。

**2. 主力活动**

主力活动包括了 Weekly Deals(DE FR IT ES AU CA UK)、DBC Deals(US+GBH)、GBH Deals(每周交易)，每周的 Deals 主要包括德国、澳大利亚、加拿大等这些国家可以参与。

**3. 普通营销活动**

可参与站点：德国、英国、法国、意大利、西班牙、加拿大、GBH、美国站点。这些活动主要出现在各品类主页的 Events 或 Deals 各品类下的活动版面。

### 7.4.4 参加 Deals 活动的基本要求

**1. 美国站的基本要求**

美国站参加 Deals 基本要求如下。

（1）Seller Standard：US AS/eTRS。

（2）要求账号等级必须是高于标准或者优先评级。

（3）账号好评率≥98%。

（4）好评数：至少 100 条，≥1 000 条尤佳。

（5）Defect rate 不良交易率：小于或等于 2% 尤佳。

（6）海外仓要求：US 海外仓。

（7）VERO 风险：过去 90 天内没有 VERO 侵权事件发生。

（8）物流妥投时间要求：<6 天。

（9）Required for vetting：是。

**2. 美国站的其他要求**

美国站其他要求如下。

（1）在过去 90 天内没有账号受限记录。

（2）没有操纵评价记录。

（3）必须提供 UPC 码或者 EPID。

（4）至少提供 30 天的 return 服务。

（5）产品价格需要行业低价。

**3. 英国站的基本要求**

英国站参加 Deals 基本要求如下。

（1）Seller Standard：UK AS/eTRS。

（2）账号好评率≥98%。

（3）Defect rate 不良交易率：<0.75%。

（4）海外仓要求：UK 海外仓。

(5) Value-added Tax(缩写 VAT)：UK Value-added Tax(VAT)required。

(6) VERO 风险：过去 6 个月内没有 VERO 侵权事件发生。

(7) Required for vetting：是。

### 4．英国站的其他要求

英国站的其他要求如下。

(1) 卖家需要确认其有 UK VAT 并且将相应的 Value-added Tax 号显示在 listing 上。禁止使用他人的 VAT 号码。

(2) 卖家需要确认相应库存在英国海外仓。

(3) lisitng 中不能含有任何可能引起误解的词，如 No VAT、No Tax 等。

### 5．德国站的基本要求

德国站的基本要求如下。

(1) Seller Standard：AS/eTRS。

(2) 账号好评率：≥98%。

(3) 好评数：>100 条。

(4) Defect rate 不良交易率<4%。

(5) 海外仓要求：DE 海外仓。

(6) Value-added Tax：DE Value-added Tax。

(7) 物流妥投时间要求：Within 5 days。

(8) Required for vetting：是。

### 6．德国站的其他要求

德国站的其他要求如下。

(1) 至少提供 30 天的 return 服务。

(2) Free shipping。

(3) CE 认证。

(4) 物品描述页面内容为德文，无英文、中文或其他语言文字。

(5) 物品描述页面显示商务信息。

(6) 公司地址等信息用德文或英文填写，与申报 VAT 时填写的信息一致。

### 7．澳大利亚站的基本要求

澳大利亚站的基本要求如下。

(1) Seller Standard：AS/eTRS。

(2) 账号好评率：≥99%。

(3) 好评数：>100 条。

(4) 海外仓要求：AU 海外仓。

### 8．澳大利亚站的其他要求

澳大利亚站的其他要求如下。

(1) Free shipping。

(2) AU 海外仓。

(3) 主图清晰干净、白底、无标识、无水印。

(4) 非多属性刊登。

### 9. 参加 Deals 活动的流程

参加 Deals 活动流程大致分为 4 步,即查收活动、活动报名、正式报名以及活动开始与结束。

(1) 向 eBay 客户经理/招商经理更新卖家在 eBay 的主要联系邮箱(重要)。

(2) 查收标题为"eBay Deals & Events!"的活动通知邮件。

(3) 根据通知邮件里的活动入选刊登,登录对应的 eBay 账号卖家中心查看具体活动要求。

(4) 未收到报名邮件的卖家也可直接登录各 eBay 账号的卖家中心→营销活动直接查看,如图 7-22 所示。

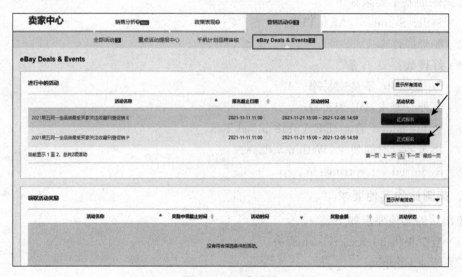

图 7-22　查看页面

(5) 登录卖家中心,打开营销活动页面,对于需要卖家报名的活动,单击下载模板,如图 7-23 所示。

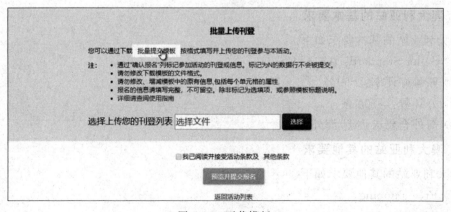

图 7-23　下载模板

（6）在下载的模板中将要参加的刊登，确认报名一列从 N 修改为 Y，同时填写活动数量、活动价格、活动后价格，如图 7-24 所示。

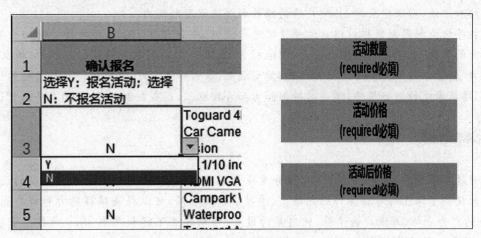

图 7-24　模板填写

（7）将填写完整的模板在卖家中心的对应活动中上传，此时系统提示成功提交报名，如图 7-25 所示。

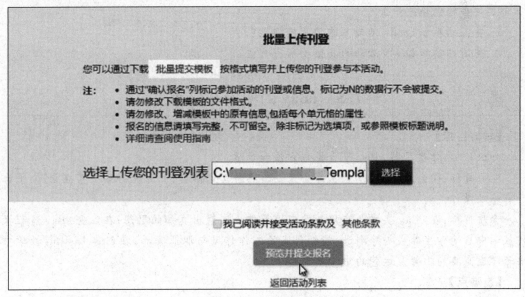

图 7-25　上传页面

（8）Listing 被选作 Deals 的时候最终展示的价格不一定是当时填表的那个价格，大概会有 1% 的误差。

 思政小课堂

通过本节的教学，引导学生运用所学的知识和方法分析 eBay 广告的内容，引导学生在运营当中要注重店铺装修,着重注意产品的真实性和店铺美观性,理解店铺分类设置和店铺促销活动设置的内容,培养学生全面、深入了解站内营销的重要知识,提高学生使用广告时的策略和方法,增强学生对 eBay 广告的操作和解决问题的能力。

指导学生利用大数据对网店运营情况进行诊断,分析文化、群体、情境等外部因素对消费行为的影响,在深入洞察用户行为,因地制宜、因时而异地制定营销策略过程中,树立"敢于创新、精益求精、精诚守信、以客为尊、爱岗敬业、争创一流"的"劳模精神",并激发学生的思维,培养学生的创新精神,提高其辨识能力和责任意识,形成创新创业、努力奋斗的意识。

### 本节小结

通过本节的学习,学生了解了店铺分类设置页面和设置流程以及店铺促销活动的设置,极大地提高了学生对后台操作的熟练度,学习店铺的装修,可以提高编辑能力和审美能力。eBay 的广告分析、开设广告步骤、优惠券的设置,帮助学生了解和熟悉 eBay 的推广手段和运用,为站内营销奠定基础。

### 复习思考题

1. 广告的优势是什么?
2. 美国站参加 Deals 活动基本要求有哪些?
3. 美国站参加 Deals 活动的其他要求有哪些?

## 7.5 eBay 的实操与应用

【学习目标】

知识目标:学生了解 eBay 平台操作方法和步骤。

能力目标:学会注册 eBay 卖家并登录查看熟悉卖家后台,并且能够熟练掌握 eBay 平台所有基础操作。

素质目标:在 eBay 实操与应用教学中培养学生实践出真知的思想;在注册 eBay 流程操作教学中启迪学生养成循序渐进、精细严实的工作作风与职业素养;在创建 Listing 教学中培养学生商品的上架是运营的中心的理念。

【重难点】

教学重点:学习 eBay 平台操作步骤,熟悉 eBay 卖家后台并能够进行基础操作。

教学难点:使学生能够熟练操作 eBay 平台并将知识运用在实际开店操作中。

### 7.5.1 eBay 账号注册

(1) 登录实训平台,输入账号和密码进行登录,如图 7-26 所示。

(2) 在实训平台中找到 eBay 平台,如图 7-27 所示。

(3) 进入 eBay 实训平台后,找到 eBay 账号注册,eBay 账户注册实操步骤如图 7-28 所示。

图 7-26 登录页面

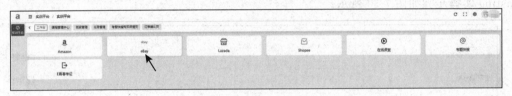

图 7-27 找到 eBay 平台

图 7-28 eBay 账号注册步骤页面

### 7.5.2 Payoneer 派安盈注册

进入 eBay 实训平台后,找到 Payoneer 派安盈注册实操任务,单击"点击进入",Payoneer 派安盈注册实操步骤如图 7-29 所示。

图 7-29　Payoneer 注册实操步骤

## 7.5.3　创建 Listing

**1. 创建拍卖 Listing**

登录 eBay 实训平台后,找到创建拍卖 Listing 实操任务,单击"点击进入",创建拍卖 Listing 实操步骤如图 7-30 所示。

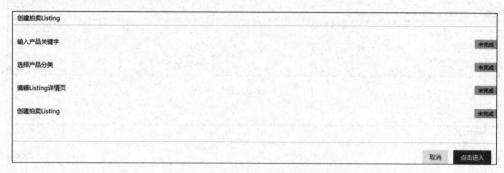

图 7-30　创建拍卖 Listing 步骤页面

**2. 创建一口价 Listing**

登录 eBay 实训平台后,找到创建一口价 Listing 实操任务,单击"点击进入",创建一口价 Listing 实操步骤如图 7-31 所示。

图 7-31　创建一口价 Listing 步骤页面

### 3. 创建多属性 Listing

进入 eBay 实训平台后,找到创建多属性 Listing 实操任务,单击"点击进入",创建多属性 Listing 实操步骤如图 7-32 所示。

图 7-32　创建多属性 Listing 步骤页面

## 7.5.4　eBay 客服操作

### 1. eBay 客服(售前)

登录 eBay 实训平台后,找到 eBay 客服(售前)实操任务,单击"点击进入",eBay 客服(售前)实操步骤如图 7-33 所示。

图 7-33　eBay 客服(售前)步骤页面

### 2. eBay 客服(售中)

登录 eBay 实训平台后,找到 eBay 客服(售中)实操任务,单击"点击进入",eBay 客服(售中)实操步骤如图 7-34 所示。

图 7-34　eBay 客服(售中)步骤页面

### 3. eBay 客服(售后)

登录 eBay 实训平台后,找到 eBay 客服(售后)实操任务,单击"点击进入",eBay 客服(售后)实操步骤如图 7-35 所示。

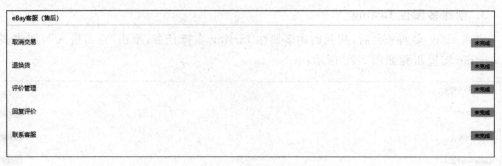

图 7-35　eBay 客服（售后）步骤页面

### 7.5.5　处理 eBay 订单

**1. 订单发货**

登录 eBay 实训平台后，找到订单发货实操任务，单击"点击进入"，订单发货实操步骤如图 7-36 所示。

图 7-36　订单发货步骤页面

**2. 取消订单**

登录 eBay 实训平台后，找到取消订单实操任务，单击"点击进入"，取消订单实操步骤如图 7-37 所示。

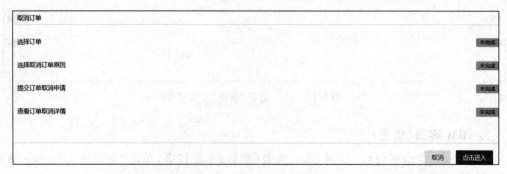

图 7-37　取消订单步骤页面

### 7.5.6 使用 eBay 促销

**1. 使用 eBay 多件折扣**

登录 eBay 实训平台后,找到 eBay 多件折扣实操任务,单击"点击进入",eBay 多件折扣实操步骤如图 7-38 所示。

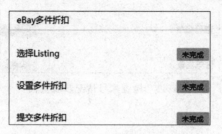

图 7-38　eBay 多件折扣步骤页面

**2. 做 PL 广告**

登录 eBay 实训平台后,找到 PL 广告实操任务,单击"点击进入",PL 广告实操步骤如图 7-39 所示。

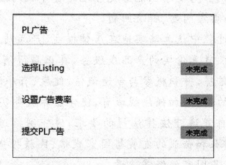

图 7-39　PL 广告步骤页面

### 7.5.7 订阅店铺

登录 eBay 实训平台后,找到订阅店铺实操任务,单击"点击进入",订阅店铺实操步骤如图 7-40 所示。

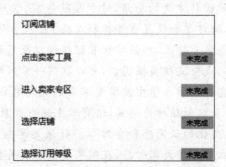

图 7-40　订阅店铺步骤页面

### 7.5.8 检查账号情况

登录 eBay 实训平台后,找到检查账号情况实操任务,单击"点击进入",检查账号情况实操步骤如图 7-41 所示。

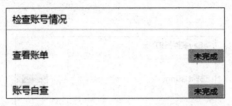

图 7-41 检查账号情况步骤页面

### 思政小课堂

通过本节的教学,引导学生在此过程中完成 eBay 运营全流程实操实训,以取得一系列跨境电商操作与运营经验,锻炼提高其跨境电商创新创业能力,从而培养学生对跨境电商领域的探索,打开学生的国际视野,使学生能够更好地结合中国跨境电商,联系国际跨境电商领域新形势,深入辩证地去思考问题、解决问题。

引导学生在店铺运营过程中认真踏实地在店铺描述、产品质量、物流配送、售后服务等方面做足文章,以童叟无欺、货真价实的产品或服务,真正赢得消费者好评,以诚信经营、高质量产品和服务换取企业信誉,并积极参与创造诚信、健康、有序的电商环境,加强社会责任感。在提升学生专业技能的同时,加强法规教育,使学生养成务实、严谨的工作作风、良好的工作习惯,严格要求自己,自觉遵守法律法规的要求,遵守网络道德,诚信为商、爱岗敬业。培养学生的家国情怀,将个人和企业的发展与国家战略、民族振兴相联系,为跨境电商产业的发展做出自己的贡献,服务国家的经济建设。

### 本节小结

通过本节的教学,使学生了解到 eBay 运营过程中的主要内容,引导学生掌握 eBay 的实操步骤以及具备独立运用的能力,通过对 eBay 如何刊登一口价 Listing、上传多属性 Listing、创建拍卖 Listing 的操作方法的介绍,对于客服售前、售中和售后的设置运用,带领学生模拟操作订单发货、取消订单和设置多件折扣以及 PL 广告的设置,使学生掌握订阅店铺的操作步骤以及如何检查账号情况,加强学生管理店铺以及店铺设置的能力。

学生在此过程中通过完成全流程实操实训,可以取得一系列跨境电商操作与运营经验,提高其跨境电商创新创业能力。树立学生爱国爱家乡的大局意识,服务乡村振兴的责任担当和主人翁意识;以新商科和双创精神为两翼,培育学生的自我激励、前瞻性、创新创业和耐挫折素养,增强学生对祖国文化的认同感和自信心。引导大学生在认同国家的主流意识的基础上,与祖国共命运,树立负责任大国心态,在国家的不断发展壮大中,找准自己的定位和方向,将知识导向与价值引导有机结合。

但电子商务从业者依然需要遵循行业规范,减少网络纠纷、消费者信息泄露等问题的出现,为共同建设良好网络环境贡献一份力量。在法律法规不完善的情况下,教师需要及时对学生开展法律意识教育。

## 复习思考题

1. 在创建多属性 Listing 时,在销售细节内容中,格式要选择固定价还是拍卖?
2. 如何处理取消的订单?
3. 如何做多件折扣?

### 职场通

在跨境电商 eBay 平台的学习中,学生要做到学以致用,将 eBay 平台所学的知识运用到职场里面。在实际运营中,eBay 的开店是运营的前提条件,eBay 刊登产品是运营基础,eBay 站内营销是运营手段,eBay 客户服务是工作日常,学生在运营 eBay 店铺中要了解 eBay 平台政策,这样能帮助学生在职场中降低企业的损失。

# 第8章 跨境电商法律法规

## 8.1 欧盟及东南亚地区跨境税法

跨境电商
法律法规

【学习目标】

知识目标:了解跨境相关税法,了解欧美地区税法以及东南亚相关税法政策。

能力目标:具备进口税计算,增值税注册,学会 Economic Operator Registration and Identification(EORI)号码登记备案的能力。

素质目标:在跨境税法的教学中培养学生遵纪守法,在欧洲地区税法和东南亚税法教学中,培养学生尊重其他国家法律,遵守他国的法规政策。

【重难点】

教学重点:学习跨境相关税法,弄清欧美地区税法以及东南亚相关税法政策。

教学难点:理解进口税、增值税、Economic Operator Registration and Identification(EORI)号码的概念。

### 8.1.1 跨境税法相关概念

**1. 进口税**

任何个人和公司在进口商品到欧盟的时候,海关会对其商品征缴进口税,进口税包括关税(Import Duty)和进口增值税(Import Vat)。

计算方式如下:

关税＝申报货值×产品税率(这里的税率是指关税税率)

进口增值税＝(申报货值＋头程运费＋关税)×20%(商家可以在申报时作为抵扣)

**2. VAT 税**

VAT 税是增值税的简称,是欧盟国家应用的一种税制,是售后增值税,也是货物售价的利润税。增值税在欧洲国家或地区之间的业务交易、进口商品和运输商品时征收,由注册了增值税的卖家根据欧洲境内的销售向消费者征收,并向相关欧洲国家的税局进行申报和缴纳。

例如,在我国从事经营活动需要向我国缴纳增值税。同样的 VAT 就是指在欧盟国家从事经营活动需要给当地缴纳的增值税,如表8-1所示。

表 8-1　欧盟 6 国国税率

| 国　　家 | 标准税率 | 申报周期 | 年度申报次数 |
| --- | --- | --- | --- |
| 德国 | 19% | 月报/季报＋年报 | 13/5 |
| 意大利 | 22% | 月报/委报＋年报 | 13/5 |
| 西班牙 | 21% | 季报/年报 | 4/1 |
| 法国 | 20% | 月报 | 12 |
| 波兰 | 23% | 月报 | 12 |
| 捷克 | 21% | 月报 | 12 |

**3．EORI 号码**

EORI(Economic Operators Registration and Identification)号码是欧盟国家内凡是有经济活动,尤其是有进出口生意的个人/企业必备的一个登记号。无论有无增值税号,卖家要以进口方的名义进口货物到英国,并在之后进行进口税的退税(仅对有增值税号的商家),就必须要向海关提交此 EORI 号码。

企业在自己的货到达欧盟任何港口之前,或在离开港口之前需要向相关海关提供该登记号。企业从非欧盟国家或地区进口物资,在向海关做申报时也需要,甚至当企业或个人需要从欧盟之外的国家或地区引进商品、样品、设备、办公用品等物品时也需要提供该号码,即使该企业或个人平时并不从事进出口事业。各国海关间关于商品流动信息交换时也需要。

## 8.1.2　欧盟地区 VAT 税法

在跨境电商从业者的日常工作中,难免少不了与各国的各种税务打交道。欧盟地区的税务法规对跨境电商运营影响重大。跨境电商卖家及时地了解欧盟的税务制度变化,对跨境电商判定、估量市场风险多有裨益。

**1．欧盟 VAT 增值税的定义及计算公式**

增值税是以商品(含应税劳务)在流转过程中产生的增值额作为计税依据而征收的一种流转税。从计税原理上说,增值税是对商品生产、流通、劳务服务中多个环节的新增价值或商品的附加值征收的一种流转税。对于跨境电商产品而言,通常会遇到的两个环节就是产品进入其他国家或地区,在清关缴纳关税时需要缴纳进口增值税,最终产品销售之后,需要缴纳销售增值税。

进口增值税的计算公式为

$$进口增值税＝(申报货值＋FBA 头程＋关税)\times 征税国增值税税率$$

销售增值税的计算公式为

$$销售增值税＝最终售价\div (1＋征税国增值税税率)$$

**2．了解欧盟**

欧盟现在有 27 个成员。现在欧盟 27 个成员分别有奥地利、德国、荷兰、比利时、希腊、波兰、保加利亚、匈牙利、葡萄牙、克罗地亚、爱尔兰、罗马尼亚、塞浦路斯、意大利、斯洛伐克、捷克、拉脱维亚、斯洛文尼亚、丹麦、立陶宛、西班牙、爱沙尼亚、卢森堡、瑞典、芬兰、马耳他、法国。

### 3. 欧盟的单一市场机制

1993年1月1日起,欧盟采用了单一市场规则。在这一规则下,货物在成员国之间可以无障碍(包括海关控制)自由移动。所以,进口和出口的概念已经不适用于欧盟成员国之间的跨境贸易。

出口适用于货物从欧盟境内供应至欧盟境外国家或地区(第三方)。进口适用于货物从欧盟境外国家或地区进入欧盟境内。货物进口到欧盟境内后可"自由流通",这是指货物在欧盟境内流通无须缴纳关税,也没有其他的边境管制。也就是说,在欧盟境内,不存在严格意义上的进口和出口。

非应纳税人是指没有注册VAT的个人或法人实体。在欧盟,货物供应到非应税人士时需要缴纳VAT,使用"发货国原则",即在货物供应商的国家或地区缴纳VAT。所以,缴纳VAT的税率是供货方所在国家或地区的税率,而不是消费者所在国家或地区的税率。例如,一个丹麦游客在巴黎的店铺里买了一件裙子,她应该按照法国的税率20%支付,而不是丹麦25%的税率,即使这件裙子后续将会被"出口"到丹麦。当然,这个规则也是有例外的,包括"货物的远程销售","新交通工具"的销售以及销售到"非应纳税人"。

远程销售是指供货商(或其代表)从一个欧盟国家将货物销售到另一个欧盟国家的特定类型的消费者手中,这类消费者没有注册VAT税号,例如非应纳税人。一般来说,远程销售包括邮购的货物以及网络购物等。

非应纳税人需要承担VAT费用。因为非应纳税人不能从销售中收取VAT,也不允许抵消购买时支付的VAT。所以对于非应纳税人,VAT的税率直接影响其购买物品的价格。在单一市场中,非应纳税人会更倾向于购买那些低税率国家或地区的产品,这样发货国原则可能会引起不当竞争,导致一些成员国VAT税收的损失。为了避免这种竞争扭曲,欧盟为非应纳税人(以及在其原籍国未注册VAT的应税人士)制定了"远程销售"的规则。

若远程卖家向另一成员国客户提供的货物价值超过了销售额度,该远程卖家必须在另一国家或地区(目的国或地区)注册VAT。然后VAT必须在目的国缴纳,适用目的国的税率。每个国家或地区的远程销售额度可以参见各成员国的独立章节。

如果销售额度没有超过门槛,远程卖家也可以选择在目的国缴税。否则,在销售额达到门槛前,发货国原则仍然适用。

总的来说,应税人士的跨境货物供应,VAT的征收使用的是"目的国原则"。在这一原则下,VAT不是在货物供应国(称为发货国)缴纳,而是在货物送达的国家或地区(称为目的国或地区)缴纳。

2016年6月,欧盟委员会采用了一项指令,统一了欧盟VAT付款凭证的处理方式。该指令区别了单用途付款凭证和多用途付款凭证。单用途付款凭证的定义是供应货物或服务的地点的付款凭证以及付款凭证相关的信息;开具付款证明时会知道应付增值税的日期,其他的付款凭证均为多用途付款凭证。由以自己名义行事的纳税人转让单一用途凭证被视为该凭证所涉及的商品或服务的供应。实际交付货物或实际提供服务以换取供应商考虑接受的单一用途凭证不被视为独立交易。但是,在将多用途凭证作为实际移交货物或实际提供服务的对价之前,转让多用途凭证不需缴纳增值税。

欧盟委员会于2018年1月28日提出新规,给予在各成员国有交易的小企业更多的灵活性。现在成员国对于未达到固定年收入的小企业可以免征收 VAT,每个国家的限额不同。此外,简化原则只在本国适用,这意味着跨境交易的企业无法在其他国家或地区享受免税和简化原则。当前的免税额度依然有效,同时加入了新规:欧盟内收入低于 200 万欧元的小企业可以使用简化原则,不论其是否已经免征收 VAT;成员国免征所有符合资格小企业的 VAT,包括认证、发票、会计或申报等义务;营业额低于 10 万欧元的小企业(在超过一个欧盟国家运营),可以在所有欧盟国家免征收 VAT,并且享受简化原则。

### 8.1.3 东南亚税法

目前,东南亚各国的司法辖区税收制度有较大的差异,如何实现税务优化,需要从各国税收制度出发做多维度思考。

我们对越南、印度尼西亚、泰国和柬埔寨四个东南亚主流国家的主要税种进行简单介绍及对比,如表 8-2 所示。

表 8-2 四个东南亚主流国家税种对比

| 税种 | 越南 | 印度尼西亚 | 泰国 | 柬埔寨 |
| --- | --- | --- | --- | --- |
| 企业所得税 | 20% | 20% | 20% | 20% |
| 增值税 | 10% | 11% | 7% | 10% |
| 个人所得税 | 5%~35% | 5%~35% | 0~35% | 0~20% |
| 企业所得税优惠政策 | 四免九减半;两免四减半等 | 5~20 年 20%~100% 的企业所得税减免 | 3~13 年的企业所得税减免 | 3~9 年的企业所得税减免 |
| | 主要取决于投资地点、投资领域以及投资金额 | 主要取决于投资地点、投资领域、投资期限及投资金额 | 主要取决于投资领域和投资地点,通过申请 BOI 获得 | 主要取决于投资领域及投资地点,通过申请 QIP 获得 |

**1. 越南主要税种介绍**

越南标准企业所得税率现为 20%。从事石油、天然气及自然资源等企业须按其项目类别缴纳 32%~50% 的企业所得税。

企业所得税减免政策设立在指定的投资区域即经济区、高科技区、工业区和出口加工区的企业享有优惠的企业所得税税率以及相关奖励措施,详情见表 8-3。

表 8-3 越南站点企业所得税减免政策

| 序号 | 描述 | 经济区(包括一般、门户经济区) | 高科技区 | 工业区 | 出口加工区 |
| --- | --- | --- | --- | --- | --- |
| 1 | CIT 税率 | 15 年内 10% | 15 年内 10% | 税率 20% | 税率 20% |
| 2 | 免 CIT | 4 年内 | 4 年内 | 2 年内 | 无 |
| 3 | 减 CIT | 9 年内减半 | 9 年内减半 | 5 年内减半 | 无 |

续表

| 序号 | 描述 | 经济区(包括一般、门户经济区) | 高科技区 | 工业区 | 出口加工区 |
|---|---|---|---|---|---|
| 4 | 总结 | CIT 税率自获得利润第 1 年起开始适用;CIT 减免自获得应税收入第 1 年起开始适用,如果前 3 年内无应税收入,CIT 减免从第 4 年开始 | CIT 税率自获得利润第 1 年起开始适用;CIT 减免自获得应税收入第 1 年起开始适用,如果前 3 年内无应税收入,CIT 减免从第 4 年开始 | CIT 减免自获得应税收入第 1 年起开始适用,如果前 3 年内无应税收入,CIT 减免从第 4 年开始,但处于经济、社会优势名单的企业不享受此优惠 | CIT 减免不适用全部出口加工区,视企业具体情况而定 |

越南减免税实行自核自免,年终清算。在越南享受税收减免的企业不需向税务部门报告申请,企业只要对照税收法律,若符合税法规定减免税的,自行核算自行减免,年终税务部门在进行一年一度的税收清查时,对企业的减免税情况一同审核认定,如果发现企业不符合减免税规定,在要求企业补税的同时加收滞纳金,并处不缴或少缴税款 1 倍以上 5 倍以下的罚款。

越南增值税税率分为零税率、5%、10%(基本税率)。零税率适用于出口商品,5%的税率适用农业、医药、卫生教学、科学技术服务等,10%的税率适用于石化、电子、化工机械制造、建筑、运输等。

越南个人所得税要求个人在任何纳税年度内一次或多次在越南居住 183 天或以上,则被视为越南纳税居民。越南实行分类与综合相结合的个人所得税制。应税所得包括经常所得和非经常所得,经常所得如工资薪金、奖金、提供劳务所得等,非经常所得如科技转让所得、中奖所得等。

**2. 印度尼西亚主要税种介绍**

印度尼西亚企业所得税税率适用于居民企业和常设机构的税率为 20%。企业所得税税收优惠印度尼西亚政府对先锋行业及经济特区的投资,给予 5~20 年,20%~100%的企业所得税减免,随后两年还可享受 50%的企业所得税减免,免税期从公司生产当年开始执行。

2022 年 3 月,印度尼西亚财政部税务总局根据《税收法规协调法》,将增值税标准税率上调至 11%,2022 年 4 月 1 日起生效。当企业年收入超过 48 亿印度尼西亚盾时,必须申请一般纳税人资格(PKP),缴纳增值税。年收入在 48 亿印度尼西亚盾以下的企业可自愿申请 PKP,但没有 PKP 不能开具增值税发票。

印度尼西亚个人所得税要求个人在任何纳税年度内一次或多次在印度尼西亚居住 183 天或以上,则被视为印度尼西亚纳税居民。印度尼西亚的个人所得税为累进税,具体详情见表 8-4。

表 8-4 印度尼西亚个人所得税税率

| 全年应纳税所得税(印度尼西亚盾) | 税 率 |
|---|---|
| 0~6 000 万 | 5% |
| 6 000 万~2.5 亿 | 15% |

续表

| 全年应纳税所得税（印度尼西亚盾） | 税　率 |
| --- | --- |
| 2.5亿～5亿 | 25% |
| 5亿～50亿 | 30% |
| 超过50亿 | 35% |

**3. 泰国主要税种介绍**

泰国企业所得税税率为20%。对于小型企业（注册资本五百万泰铢以下且年度收入不超过三千万泰铢）可以适用较低税率。

泰国企业所得税优惠，泰国政府对获得BOI批准的项目进行企业所得税减免。BOI将企业所得税减免分成A1+到B六档，免税年限从3～13年不等。具体取决于投资领域及投资地点。

泰国增值税的标准税率是10%，但目前实行7%的优惠税率。9月13日，泰国内阁会议同意将7%增值税优惠措施截止时间向后延长1年，直到2024年9月30日。年营业额超过180万泰铢的经营者应办理增值税登记，否则不能办理增值税抵免和进项税抵减。

泰国个人所得税要求个人在任何纳税年度内一次或多次在泰国居住180天或以上，则被视为泰国纳税居民。泰国的个人收入是以每年为基础的，并按照从5%～35%的七个等级的超额累积税率进行征税。

**4. 柬埔寨主要税种介绍**

柬埔寨企业所得税一般税率为20%。具体税率根据纳税人公司类型、业务类型和营业水平而定。被归类为大中型纳税人（QIP项目默认为大型纳税人）的公司的标准企业所得税税率为20%。被归类为小规模纳税人的公司按0～20%的税率征税。

柬埔寨企业所得税优惠，柬埔寨政府对经济特区（含工业园）内企业以及批准为QIP的项目给予3～9年的企业所得税豁免。在豁免期之后，无论类别如何，都将在之后6年内有资格按照与适用税额总额成比例的累进税率缴纳所得税。豁免期限取决于投资活动类别。具体取决于投资是高、中还是低技术，以及投资是否属于政府设定的优先部门。

柬埔寨增值税按照应税供应品的10%税率征收。以下货物销售或服务提供的适用增值税税率为0：所有销售至境外的应税货物以及出口至境外的应税服务；鼓励类行业或向出口企业提供某些特定货物或服务的外包企业所销售的应税货物或提供的应税服务。

柬埔寨个人所得税要求个人在任何纳税年度内一次或多次在柬埔寨居住183天或以上，则被视为柬埔寨纳税居民。柬埔寨新的所得税起征点将于2023年1月1日起正式实施，居民的每月现金工资按以下税率征税，具体详情见表8-5。

表8-5　柬埔寨税率征收标准

| 缴纳工资税的工资标准（瑞尔） | 税　率 |
| --- | --- |
| 0～150万 | 免税 |
| 1 500 001～200万 | 5% |

续表

| 缴纳工资税的工资标准(瑞尔) | 税率 |
| --- | --- |
| 2 000 001～850 万 | 10% |
| 8 500 001～1250 万 | 15% |
| 1 250 万以上 | 20% |

### 思政小课堂

在新时代背景下,法律法规、规章制度等都是跨境电商在实践工作中必须遵守的标准。一旦缺乏遵纪守法的素养,则在经营过程中势必会遇到重重阻碍甚至出现违法乱纪的情况。在本节的课程中,首先要培养学生掌握相关法律法规、增强法律意识的相关素养,其次要将社会主义核心价值观教育、爱国主义教育、诚信教育、道德意识教育融入教育过程,引导学生主动抵制不法行为,切实做到依法合规经营。

### 本节小结

通过跨境电商法律法规的教学,全面了解跨境税法相关概念、欧美地区税法要求以及东南亚税法要求。把握欧美地区税法和东南亚税法的区别,具备各国税法解读的能力。

### 复习思考题

1. 跨境电商税法包含哪些内容?
2. 美国零售商与特朗普讨论税制改革是什么时候?
3. 关于东南亚税法菲律宾有哪些政策?

## 8.2 跨境电商知识产权

**【学习目标】**

知识目标:了解知识产权定义和知识产权类型,了解如何申请知识产权保护,懂得知识产权保护的重要性。

能力目标:具备区分什么是知识产权,如何防范跨境电商知识产权侵犯的能力。

素质目标:在亚马逊、速卖通、阿里巴巴国际站以及Shopee平台知识产权规则的教学中培养学生知识产权保护意识,遵守平台规则;在跨境电商知识产权规则教学中,培养学生重视知识产权的保护,不侵犯他人的知识产权的素养。

**【重难点】**

教学重点:了解知识产权的定义和知识产权的类型,了解如何申请跨境电商知识产权保护的重要性。

教学难点：面对跨境电商平台知识产权侵犯时，学会如何应对知识产权纠纷。

目前，跨境电商主流平台有亚马逊、速卖通和阿里巴巴、Shopee、eBay等。

跨境卖家通过向工厂（供应商）采购商品放到中介平台（亚马逊等第三方平台）售卖给境外的顾客（卖家），其中交易主体不一样也可能会导致多种知识产权纠纷出现，而跨境电商平台主要涉及的知识产权纠纷有假冒和盗版问题，不同跨境平台针对知识产权纠纷的处理方式也不太一样，下面来看看不同跨境平台知识产权的规则。

### 8.2.1 亚马逊平台知识产权规则

亚马逊对于其平台第三方卖家的知识产权保护格外重视，平台所承认的知识产权的主要类型主要有版权（Copyright）、商标权（Trademark）、发明专利权（Utility Patent）、设计专利权（Design Patent）。

拥有所举报知识产权的权利的卖家，或者是经权利所有者许可代表其提交通知的卖家，才有权向亚马逊平台提出举报。

若权利人的品牌已在亚马逊品牌注册中注册，则可以通过举报违规行为（RAV）工具或亚马逊的举报侵权表单提交举报通知。如果权利人的产品在亚马逊品牌中没有注册，而被他人使用，而卖家相关证明该品牌属于你，就可以通过举报侵权表单提交举报通知。被侵权的卖家需登录到亚马逊账户，以便使用任一表单提交有关侵犯商标、版权、专利或其他知识产权索赔的举报。

被举报的卖家可以通过在账户状况—知识产权投诉一栏中查看专利侵权提醒，单击登录会看到商品的侵权类型提示和对应侵权的商标号、专利号、版权号、享有版权的图片或者链接。

### 8.2.2 速卖通平台知识产权规则

全球速卖通平台严禁用户未经授权发布、销售涉嫌侵犯第三方知识产权的商品或发布涉嫌侵犯第三方知识产权的信息。

若卖家发布涉嫌侵犯第三方知识产权的信息，或销售涉嫌侵犯第三方知识产权的商品，则有可能被知识产权所有人或者买家投诉，速卖通平台也会随机对店铺信息、商品（包含下架商品）信息、产品组名进行抽查，若涉嫌侵权，则信息、商品会被退回或删除。根据侵权类型执行处罚。

**1. 侵权类型**

1）商标侵权

（1）严重违规：未经注册商标权人许可，在同一种商品上使用与其注册商标相同或相似的商标。

（2）处罚规则：3次违规者关闭账号。

（3）一般违规：其他未经权利人许可使用他人商标的情况。

2）商标侵权处罚规则

（1）首次违规扣0分。

（2）其后每次重复违规扣6分。

(3) 累计达 48 分者关闭账号。

3) 著作权侵权

未经权利人授权,擅自使用受版权保护的作品材料,如文本、照片、视频、音乐和软件,构成著作权侵权。

(1) 实物层面侵权:盗版实体产品或其包装;实体产品或其包装非盗版,但包括未经授权的受版权保护的作品。

(2) 信息层面信息:产品及其包装不侵权,但未经授权在店铺信息中使用图片、文字等受著作权保护的作品

4) 著作权处罚规则

首次违规扣 0 分;其后每次重复违规扣 6 分;累计达 48 分者关闭账号。

5) 专利侵权

侵犯他人外观专利、实用新型专利、发明专利、外观设计,一般违规或严重违规的判定视个案而定。

6) 专利权处罚规则

首次违规扣 0 分;其后每次重复违规扣 6 分;累计达 48 分者关闭账号。(严重违规情况,3 次违规者关闭账号。)

**2. 知识产权违规处罚**

(1) 严重违规行为处罚措施,如表 8-6 所示。

表 8-6　严重违规措施

| 违规情节 | 处理措施 |
| --- | --- |
| 首次违规 | 侵权信息:退回或删除;<br>账号:冻结 1 天;<br>(侵权情节特别严重者,直接关闭账号) |
| 第二次违规 | 侵权信息:退回或删除;<br>账号:冻结 7 天 |
| 第三次违规 | 关闭账号 |

(2) 一般违规行为与禁限售规则执行 48 分积分处罚措施,同时对侵权信息退回或删除,如表 8-7 所示。

表 8-7　处罚规则

| 处罚标准 | 处罚方式 |
| --- | --- |
| 分数累计达 2 分 | 严重警告 |
| 分数累计达 6 分 | 限制商品操作 3 天 |
| 分数累计达 12 分 | 冻结账号 7 天 |
| 分数累计达 24 分 | 冻结账号 14 天 |

续表

| 处罚标准 | 处罚方式 |
| --- | --- |
| 分数累计达 36 分 | 冻结账号 30 天 |
| 分数累计达 48 分 | 关闭账号 |

**3. 知识产权申诉时长**

被投诉会员有 3 次申诉机会,且每次申诉均有时效限制,具体为:会员须在收到投诉后的限定时效内提交申诉,逾期未发起申诉视为申诉不成立,且本次申诉机会用尽,其中第一次申诉时效为 3 个工作日;第二次、第三次申诉时效分别为 7 个工作日,3 次申诉机会用尽则申诉入口关闭。

**4. 建议**

(1) 尊重知识产权:请卖家严格排查自己的在线及下架商品,若存在侵权行为,立即将侵权商品删除。同时,严格把控进货来源,杜绝来源不明的产品,建议实拍图片,提高图片质量,让买家更直观地了解商品,获得更多订单。

(2) 发展有品质的自营品牌:如果产品有品质,可以注册自有品牌,跟平台一起,扩大自营品牌影响力,让自己的品牌商品出海,不断增加附加值。

(3) 完成品牌准入流程:完成品牌准入再发布品牌商品,不要发布未获得发布权限的品牌商品。

### 8.2.3 阿里巴巴国际站平台知识产权规则

阿里巴巴国际站(简称"国际站")致力于知识产权保护,严禁用户未经授权发布、销售或允诺销售涉嫌侵犯第三方知识产权的产品。

阿里巴巴国际站若用户发布涉嫌侵犯第三方知识产权的信息,销售或允诺销售涉嫌侵犯第三方知识产权的商品,则有可能被知识产权所有人投诉或被举报,平台也会随机对店铺信息、商品信息、产品组名等进行抽查,若涉嫌侵权,则信息、商品会被退回或删除,且根据侵权类型执行处罚。

侵权类型主要分为商标侵权、著作权侵权、专利侵权三类,如表 8-8 所示。

表 8-8 具体规则表

| 侵权类型 | 定义 | 处罚规则 |
| --- | --- | --- |
| 商标侵权 | 严重违规:未经权利人许可,在所发布、销售的同一种产品或其包装上使用与其注册商标相同或相似的商标或其他商标性使用的情况 | 累计被记录次数,3 次违规者关闭账号 |
| | 一般违规:其他未经权利人许可,不正当使用他人商标的行为 | 1. 首次违规扣 0 分。<br>2. 其后每次重复违规扣 6 分。<br>3. 累计达 48 分者关闭账号 |

续表

| 侵权类型 | 定义 | 处罚规则 |
|---|---|---|
| 著作权侵权 | 未经著作权人许可,擅自发布、复制、销售或允诺销售受著作权保护的产品(如书籍、文字、图片、电子出版物、音像制品、软件、工艺品等),以及其他未经著作权人许可使用他人著作权的行为。<br>具体场景说明如下(仅作示例,详细内容见解读):<br>(1) 发布或销售的产品或其包装是侵权复制品。<br>(2) 发布或销售的产品或其包装非侵权复制品,但包含未经授权的受著作权保护的内容或图片。<br>(3) 在详情页上未经授权使用权利人图片作品。<br>(4) 在详情页上未经授权使用权利人文字作品。 | 1. 首次违规扣 0 分。<br>2. 其后每次重复违规扣 6 分。<br>3. 累计达 48 分者关闭账号 |
| 专利侵权 | 严重违规:视专利侵权案件情节而定 | 累计被记录次数,3 次违规者关闭账号 |
| | 一般违规:未经权利人许可,擅自发布、销售或允诺销售包含他人专利(包括外观设计专利、实用新型专利或发明专利等)的产品,以及其他未经专利权人许可,使用他人专利的行为 | 1. 首次违规扣 0 分。<br>2. 其后每次重复违规扣 6 分。<br>3. 累计达 48 分者关闭账号 |

### 8.2.4 Shopee 平台知识产权规则

违反 Shopee 上架规范是指上架不符合 Shopee 政策的商品。为确保买家获得安全的购物体验,Shopee 将对违反以下三种主要违规行为的卖家采取惩罚措施:禁止刊登,侵犯知识产权或假冒产品,劣质刊登,如表 8-9 所示。

表 8-9 Shopee 平台知识产权规则表

| 违反上架规范 | 违反类型 | 细节 |
|---|---|---|
| 禁止刊登 | 禁止上架销售商品 | • 各个国家和地区不允许在网上销售的商品;<br>• 各个国家和地区仅允许持有当地营业执照或许可证的卖家销售的产品;<br>• 各个国家和地区海关原因禁止销售的商品 |
| | 刊登广告或销售无实物商品 | 卖家刊登的商品图片中带有导向外部平台的内容水印 |
| | 同一商品 ID 下更换不同商品 | 对现有商品进行编辑来销售不同的商品,以维持销售数量或评论 |
| | 虚假折扣 | 在促销活动之前故意提高商品价格,以夸大所提供的折扣 |
| 侵犯知识产权或假冒产品 | 侵犯知识产权 | 在商品中使用商标、版权或其他受知识产权保护的材料 |
| | 假冒产品 | 完全模仿现有品牌生产的商品,意图欺骗或欺诈 |

续表

| 违反上架规范 | 违反类型 | 细节 |
|---|---|---|
| 劣质刊登 | 商品品类设置错误 | 若品类设置错误,第一次被平台发现,该商品将会被系统下架;若修改后仍为错误品类,该商品将被系统删除并产生相应的惩罚计分 |
| | 重复刊登商品 | 与同一商店中的其他商品没有明显差异的商品 |
| | 误导性定价 | 卖家设置过高或者过低的价格以赢取更多的曝光量,但并不会真正卖出陈列商品的行为 |
| | 关键词/品牌滥用 | 在商品标题中使用不相关的搜索词 |
| | 属性滥用 | 在商品详情中使用了错误的属性 |
| | 图片质量不佳 | 商品占图片面积<70% |
| 重新上传相似的违规商品 | 重新上传相似的违规商品 | 因为违规被删除的商品,卖家重新上架相似的商品 |
| 在商品图片中使用误导性店铺标签 | 在商品图片中使用误导性店铺标签 | 未经授权及允许,将本应由Shopee官方根据卖家类型、表现自动生成的标签通过人为加入商品图片,包括但不限于以下情形:<br>• 本土卖家标签;<br>• 优选卖家徽章 |

数据来源:Shopee平台知识产权规则.

可以遵循以下规则来避免违反上架规范。

(1) 在上传产品之前,对照禁止刊登进行检查。

(2) 删除个人联系信息、任何误导性声明以及外部交易平台的链接。

(3) 避免劣质刊登。

(4) 不要重新上传由于违反上架规范而被删除的商品。

(5) 重新提交之前,先查看和编辑不合格的商品。

### 8.2.5 跨境电商知识产权规则

**1. 知识产权保护的类型**

1) 商标权

商标所有人被商标主管机关合法授予的权利,即为商标权,此权利是受法律保护的。

由于商品的服务来源不同,比如文字、图形、三维标志,数字、字母、颜色,都是组成商标的一部分,所以要用商标来作为区别,对于商标的申请也有要求和限制,凡是带有负面的、敌对的、对国家和政府带有歧视性的,以及在国际上出现一样的,都不能够作为商标去注册。并且注册过程中,要秉承先注册的原则,必须按照注册程序进行。商标权和专利权不同的作用在于,专利权是促进产业的发展,而商标权则是维护消费市场中产业的秩序。

2) 专利权

专利权是指自身发明的专利向国家专利局提出申请后,受到当局认可并审查合格,在一定的时间内,本人对此发明享有专有的权利。发明创造又分为外观设计类型、发明类型和实用新型类型三种。而发明和实用新型这两种类型所占的权重会更大一些,因为一旦被授予专利权后,就拥有独自占有权,任何人和任何单位未经允许都不得使用,也正因为这样,专利权才有它独特的价值。而产品设计类型的专利就显得更加直白,授权后,其他人或其他生产部门未经当事人允许,不得生产、买卖和进出口。

3)著作权

著作权是指自然人、法人或者其他组织对文学、艺术和科学作品享有的财产权利和精神权利的总称。在我国,著作权即指版权。广义的著作权还包括邻接权,《中华人民共和国著作权法》称之为"与著作权有关的权利"。

**2. 跨境电商知识产权保护**

1)商标注册

人们在市场上亿万次接触商品,稍加留神就会发现在每个商品上都贴有各式各样的文字、图形、符号等标记,这些标志就是商标法中所要研究的问题。在世界各国的法律上,商标的定义并不完全一样,但是,在绝大多数国家或地区,商标的实质是相同的。商标在商品中的生产和交换方面很重要,与人们的日常生活也有着密切的联系。商标是商品的标记。它是商品生产者或经营者为把自己新生产或经营的商品与其他人生产或经营的同类商品显著地区别出来,而使用在一定的商品、商品包装及其他宣传品上面的专用标记。这种标记用文字、图形、字母、数码、线条、名称、颜色或声音等组成。

2)商标的基本特征

(1)商标是使用于一定商品或服务上的专用标记。商品是用于交换的劳动产品。商标法意义上的商品是指能够通过市场进行流通的产品,是在"一定范围"和"一定质量"上使用的商品。服务则是指广告、金融、建筑、洗涤等服务行业所为人们提供的劳务,是一种无形的商品。商标不是一般性的标志,它是专用标记,是商品的生产者或者经营者有意识地使用于商品上的标记。

(2)商标是区别同一类商品的不同质量和不同的生产者和经营者的标记,它应当有显著特征,便于识别。同一类商品包括相同商品和类似商品,商标的基本功能在于对不同来源、质量和特点的同一类商品加以明显的区分,从而表明商品的一定质量,树立商品生产者和经营者的信誉。

(3)构成商标的因素主要是文字、图形或文字与图形的组合。用文字构成的商标称"文字商标",如"牡丹"牌电视;用图形构成的商标称"图形商标",如长城电扇商标的城墙图案;由文字与图形结合组成的商标称"组合商标"。此外,商标与商品的名称、商店牌号既有联系,又不能相互混用。商标不能仅是一种图形文字构成的"标志",还必须具有一定的名称,如"光明"牌、"灯塔"牌等。

(4)商标可以通过树立信誉,标示商品的一定质量。它可以在市场上向消费者提供商品信息,反映特定商品的质量和咨询服务,使消费者认牌选购,所以商标又具有竞争性。如可口可乐公司的商标的公开标价达244亿美元,靠的就是商标的信誉。

3)商标保护

商标保护是指对商标依法进行保护的行为、活动,商标保护也是指对商标进行保护的制度(程序法或实体法),我国对商标的保护已经很完善了。

商标保护的作用在于使商标注册人及商标使用权人的商标使用权受到法律的保护,告知他人不要使用与该商标相同或近似的商标,追究侵犯他人注册商标专用权的违法分子的相关责任。保证广大的消费者能够通过商标区分不同的商品或服务的提供者。同时,最大限度地维护消费者和企业的合法权益。

### 3. 专利申请

专利申请是获得专利权的必须程序。专利权的获得,要由申请人向国家专利机关提出申请,经国家专利机关批准并颁发证书。申请人在向国家专利机关提出专利申请时,还应提交一系列的申请文件,如请求书、说明书、摘要和权利要求书等。在专利的申请方面,世界各国专利法的规定比较一致,但也存在许多差异。

专利申请是发明人、设计人或者其他有申请权的主体向专利局提出就某一发明或设计取得专利权的请求。依中国专利法规定,专利申请应向专利局提交申请书、说明书、权利要求、摘要、附图、优先权请求。其中附图、优先权请求这两个文件就每个申请而言,并非均必不可少,但这有利于专利申请通过。专利申请案中,申请书应以书面形式,主要载明如下内容:授予专利的请求、发明或设计名称,申请人姓名及身份,代理人姓名及身份、签名。

申请专利并获得专利权后,既可以保护自己的发明成果,防止科研成果流失,获取垄断利润来弥补研发投入,同时也有利于科技进步和经济发展。可以通过申请专利的方式占据新技术及其产品的市场空间,获得相应的经济利益。

专利保护是指在专利权被授予后,未经专利权人的同意,不得对发明进行商业性制造、使用、许诺销售、销售或者进口,在专利权受到侵害后,专利权人通过协商、请求专利行政部门干预或诉讼的方法保护专利权的行为。不同领域的专利保护方式也不同。

### 4. 版权登记

1)版权的定义

版权,又称"著作权",指作者或其他人(包括法人)依法对某一著作物享受的权利。

根据规定,作者享受下列权利:以本名、化名或以不署名的方式发表作品;保护作品的完整性;修改已经发表的作品;因观点改变或其他正当理由声明收回已经发表的作品,但应适当赔偿出版单位损失;通过合法途径,以出版、复制、播放、表演、展览、摄制片、翻译或改编等形式使用作品;因他人使用作品而获得经济报酬。上述权利受到侵犯,作者或其他版权所有者有权要求停止侵权行为和赔偿损失。

2)版权登记

在中国,版权自作品创作完成之日起产生,版权登记不是取得版权的前提条件,但是版权登记证明文件是登记事项的一种初步证明,可以作为主张权利或提出权利纠纷行政处理或诉讼的证明文件。计算机软件,可由中国版权保护中心负责登记;其他具有独创性的作品,如文字、美术、摄影、电影、音乐、建筑作品及工程设计图等,可由省版权登记部门负责登记。

数字作品版权登记也可以选择在行业协会等第三方平台登记备案或选择基于自主知识产权的包括并不限于数字指纹技术、数字水印技术、反盗载技术、融合可信时间戳技术、公证邮箱等可信第三方群技术的大众版权认证中心进行存证,进行数字作品多维度智能认证,认证其科学性需要时,司法鉴定机构可以验证对证。作品如未登记,将产生一些不利后果。

**5. 跨境电商知识产权侵权的防范**

跨境电商避免知识产权侵犯有两个方面。

1) 产品来源方面

首先是生产企业,研发的产品要去申请专利和版权,要做好目标国家的知识产权检索分析工作,重要的产品需要出详细的产品报告。其次是贸易企业,需要保证货源合法合规,保存交易凭证等。再次是跨境电商 B2C 卖家,卖家在向工厂采购时,需要试探性地向工厂咨询其相关的研发思路和设计理念来进行判断。同时要调研产品的信息,对于热销的产品,要签署知识产权授权协议,针对没有专利的产品,需要查询确认同类产品的生产者有没有专利。

2) 店铺管理方面

跨境电商店铺管理方面,卖家必须正确地设置店铺名称和产品名称以及产品描述;不对他人原创的图片及文字视频进行修改使用,不模仿底纹或款式类似的知名产品,不用图片处理工具遮掩知名品牌,不使用知名品牌的图案。

### 思政小课堂

随着各国贸易政策和跨境电商平台规则的调整,合规已成为我国跨境电商出口领域的重要议题。在跨境电商知识产权的教学中,要注重培养学生遵守跨境电商平台政策和知识产权保护的职业意识,引导学生养成遵守规则的意识,保护知识产权,保障产品安全,维护市场秩序,维护相关权益人的合法权益的职业素养,使学生将法制意识、诚信意识、规则意识融入血液。随着中国崛起,中美贸易战的愈演愈烈,美国政府频繁对中国跨境电商发起知识产权调查,针对中国跨境电商消极的应诉态度,引导学生提前防范知识产权领域的法律风险,加强知识产权风险监管,让学生明白中美贸易战不仅仅是贸易冲突,更是一场政治博弈,作为中国的跨境电商从业者,在自身合规的前提下,要发扬斗争精神,提升跨境电商应诉能力。

### 本节小结

通过跨境电商知识产权的教学,全面了解亚马逊平台知识产权规则、速卖通平台知识规则、阿里巴巴国际站平台知识产权规则、Shopee 平台知识产权规则,清楚亚马逊平台、速卖通平台、阿里巴巴国际站以及 Shopee 平台的侵权政策,具备知识产权侵权的处理能力。

### 复习思考题

1. 亚马逊平台知识产权的主要类型有哪些?
2. 速卖通侵权类型有哪些?
3. 阿里巴巴国际站商标侵权处罚规则是什么?
4. Shopee 平台如何避免违反上架规范?

5. 专利权的定义是什么?

> **职场通**
> 
> 在跨境电商平台知识产权的学习中,学生要了解各平台知识产权主要类型,在职场中可以尽量去规避侵权问题,要了解各大跨境电商平台的侵权政策和处罚规则,在职场中遇到相关侵权违规问题时,能有相应的解决应对问题的能力。

# 参考文献

[1] 纵雨果.亚马逊跨境电商运营从入门到精通[M].北京:电子工业出版社,2018.
[2] 杨舸霈.亚马逊跨境电商运营实操手册[M].北京:电子工业出版社,2019.
[3] 叶鹏飞.亚马逊跨境电商运营实战:揭开畅销品与A9算法的秘密[M].北京:中国铁道出版社,2019.
[4] 叶鹏飞.亚马逊跨境电商数据化运营指南[M].北京:中国铁道出版社,2020.
[5] 王紫仪,陈瑜,张黎.跨境电商运营实战技能(活页)[M].上海:复旦大学出版社,2020.